国家级技工教育规划教材
全国技工院校医药类专业教材

医药企业管理实务

杨文章　施　勇　主编

中国劳动社会保障出版社

图书在版编目（CIP）数据

医药企业管理实务/杨文章，施勇主编．--北京：中国劳动社会保障出版社，2023
全国技工院校医药类专业教材
ISBN 978 - 7 - 5167 - 5857 - 1

Ⅰ．①医… Ⅱ．①杨… ②施… Ⅲ．①制药工业－工业企业管理－技工学校－教材
Ⅳ．①F407.7

中国国家版本馆 CIP 数据核字（2023）第 103652 号

中国劳动社会保障出版社出版发行
（北京市惠新东街 1 号 邮政编码：100029）

*

北京市科星印刷有限责任公司印刷装订 新华书店经销

787 毫米×1092 毫米 16 开本 15.25 印张 326 千字
2023 年 6 月第 1 版 2023 年 6 月第 1 次印刷
定价：40.00 元

营销中心电话：400 - 606 - 6496
出版社网址：http://www.class.com.cn

版权专有 侵权必究
如有印装差错，请与本社联系调换：（010）81211666
我社将与版权执法机关配合，大力打击盗印、销售和使用盗版图书活动，敬请广大读者协助举报，经查实将给予举报者奖励。
举报电话：（010）64954652

《医药企业管理实务》编审委员会

主　　编　杨文章　施　勇

副 主 编　王　堃　叶军妹　杨　帆　谭彦琦

编　　者　**（以姓氏笔画为序）**

王　丹（河南医药健康技师学院）
王　堃（长江职业学院）
王　颖（北京卫生职业学院）
叶军妹（杭州第一技师学院）
刘　若（江西省医药技师学院）
刘忠德（泰山学院生物与酿酒工程学院）
杨文章（山东医药技师学院）
杨田龙（黑龙江省高级技工学校）
杨　帆（山东医药技师学院）
罗　迪（天津医学高等专科学校）
赵云虹（黑龙江省高级技工学校）
施　勇（北京卫生职业学院）
徐小娟（湖南省医药技工学校）
黄伟芳（杭州第一技师学院）
谭彦琦（湖南食品药品职业学院）
熊丝丝（江西省医药技师学院）

主　　审　**（以姓氏笔画为序）**

张发余（山东医药技师学院）
张　瑜（山东医药技师学院）

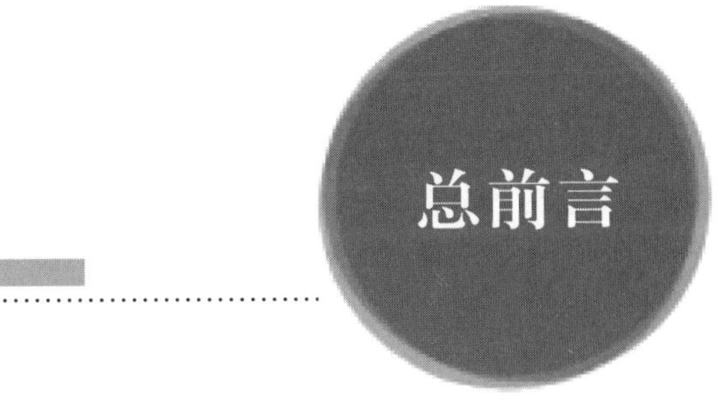

总前言

为了深入贯彻党的二十大精神和习近平总书记关于大力发展技工教育的重要指示精神，落实中共中央办公厅、国务院办公厅印发的《关于推动现代职业教育高质量发展的意见》，推进技工教育高质量发展，全面推进技工院校工学一体化人才培养模式改革，适应技工院校教学模式改革创新，同时为更好地适应技工院校医药类专业的教学要求，全面提升教学质量，我们组织有关学校的一线教师和行业、企业专家，在充分调研企业生产和学校教学情况、广泛听取教师意见的基础上，吸收和借鉴各地技工院校教学改革的成功经验，组织编写了本套全国技工院校医药类专业教材。

总体来看，本套教材具有以下特色：

第一，坚持知识性、准确性、适用性、先进性，体现专业特点。教材编写过程中，努力做到以市场需求为导向，根据医药行业发展现状和趋势，合理选择教材内容，做到“适用、管用、够用”。同时，在严格执行国家有关技术标准的基础上，尽可能多地在教材中介绍医药行业的新知识、新技术、新工艺和新设备，突出教材的先进性。

第二，突出职业教育特色，重视实践能力的培养。以职业能力为本位，根据医药专业毕业生所从事职业的实际需要，适当调整专业知识的深度和难度，合理确定学生应具备的知识结构和能力结构。同时，进一步加强实践性教学的内容，以满足企业对技能型人才的要求。

第三，创新教材编写模式，激发学生学习兴趣。按照教学规律和学生的认知规律，合理安排教材内容，并注重利用图表、实物照片辅助讲解知识点和技能点，为学生营造生动、直观的学习环境。部分教材采用工作手册式、新型活页式，全流程体现产教融合、校企合作，实现理论知识与企业岗位标准、技能要求的高度融合。部分教材在印刷工艺上采用了四色印刷，增强了教材的表现力。

本套教材配有习题册和多媒体电子课件等教学资源，方便教师上课使用，可以通过技工教育网（http://jg.class.com.cn）下载。另外，在部分教材中针对教学重点和难点制作了演示视频、音频等多媒体素材，学生可扫描二维码在线观看或收听相应内容。

本套教材的编写工作得到了河南、浙江、山东、江苏、江西、四川、广西、广东等省（自治区）人力资源社会保障厅及有关学校的大力支持，教材编审人员做了大量的工作，在此我们表示诚挚的谢意。同时，恳切希望广大读者对教材提出宝贵的意见和建议。

本书前言

本教材主要内容包括九个项目：项目一医药企业管理概论、项目二医药企业管理职能与决策、项目三新医药产品研发管理、项目四医药企业质量管理、项目五医药企业市场运营管理、项目六医药企业人力资源管理、项目七医药企业财务与税务管理、项目八医药生产企业管理、项目九医药经营企业管理。

本教材的特点：一是符合技能人才成长规律和技工院校学生认知特点，适应技能人才培养实际，满足医药企业生产经营工作需要；二是在深度和广度上，按照“必须、够用”为度的标准，采用“项目→任务”式结构，每个项目任务前有“学习目标”，后有“任务实施”和“目标检测”，加大技能培训力度，实现“一体化教学”的目标；三是注重趣味教学、力求寓乐于学，注重博取众长、力求新颖科学的特点。

本教材在编写过程中得到山东医药技师学院、北京卫生职业学院、湖南药品食品职业学院、杭州第一技师学院、上海市第二轻工业学校、河南医药健康技师学院、江西省医药技师学院、黑龙江省高级技工学校、湖南省医药技工学校、天津医学高等专科学校、长江职业学院、泰山学院生物与酿酒工程学院等单位的大力支持与协助，在此一并表示衷心的感谢。

本教材编写组的各位编者，在编写过程中严谨治学、一丝不苟，虽经各位编者的不懈努力，但由于时间仓促和水平所限，可能还会有不完善之处，我们恳请广大读者提出宝贵的意见。

编者

2023 年 5 月

目　录

项目一

医药企业管理概论

通过本项目的学习，了解医药企业的概念与特点，掌握企业管理理论的发展历史和医药企业管理的内容；了解医药企业建立的原则，掌握医药企业的组织结构形式；了解医药企业形象与文化的重要意义，掌握医药企业形象与文化的设计方法。

任务一　医药企业管理认知

学习目标

1. 了解医药企业的概念与特点。
2. 掌握医药企业管理的内容。
3. 掌握企业管理理论的发展历史。

【任务引入】

某医药企业总经理出门时对他新来的秘书说："小张，门锁坏了，请物业部门来修一下。另外，办公室挂的画歪了，你把它扶正。"第二天总经理又对小张说："会议室的饮水机漏水了，叫人去擦一擦，还有那几盆君子兰长偏了，你让办公室的人经常转转方向。"经常接到类似要求的张秘书，在午餐时不由地对同事感叹道："这领导眼睛真尖，做事真细啊！"同事告诉他："你才知道？总经理管的事具体着呢，你小心点吧！还有，领导没对你说过吗，管理无小事！"

无独有偶，在另外一家企业里，董事长下班时发现一名员工手里拿着几张出勤记录卡正在打卡，便直接打电话把他的总经理给训了一顿，并立即召集多名高层领导开会讨论这件事。当有人认为他不应当过问这么具体的事情时，他斩钉截铁地说："管理无小事！"

思考问题：

1. 什么是管理？

2. 你认为管理有大小事之分吗？

3. 你认为管理者应该做什么？管理者需要和应该关注的要点是什么？

我们将通过调研，归纳整理和分析管理案例，更好地回答以上问题。

相关知识

一、医药企业的概念与特点

1. 医药企业的概念及分类

医药企业是指属于医药行业的企业，是以盈利为目的，从事医药产品生产、经营等经济活动并提供相关服务的经济组织。一般可以将医药企业分为以下三种类型。

（1）医药生产企业

医药生产企业是指生产药品的专营企业或者兼营企业。按照生产的药品分类，可以分为原料药制药企业、中药制药企业、化学药制药企业和生物制品制药企业。

（2）医药经营企业

医药经营企业是指经营药品的专营企业或者兼营企业，包括药品批发企业和药品零售企业。

（3）医药研发企业

医药研发企业是指以药品研发为主要业务的企业。新药研发具有开发周期长、资金投入大、风险高等特点。《中华人民共和国药品管理法》（以下简称《药品管理法》）对药品研制和注册有明确的要求。取得药品注册证书的企业或者药品研制机构被称为药品上市许可持有人，药品上市许可持有人可以自行生产药品，也可以委托药品生产企业生产。药品上市许可持有人可以自行销售其取得药品注册证书的药品，也可以委托药品经营企业销售。药品上市许可持有人从事药品零售活动的，应当取得药品经营许可证。

2. 医药企业的特点

医药企业具有医药行业的基本特征，同时也具有一般企业的特征。

（1）高风险和高收益并存

医药企业在追求利润的过程中，开展新药研发是最行之有效的措施，但研发新药对每一个医药企业都是高风险和高收益并存的选择。

（2）高技术和大投入并存

首先，医药产品的研发和生产涉及医学、药学、化学、生物学、材料学等诸多学科领域，需要多学科融合，具有明显的技术导向特点。其次，医药企业需要投入大量的人力、物力、财力，才有可能在市场竞争中取得技术领先地位，从而获得更多利润，在激烈的市场竞争中占据优势位置。

【扩展阅读】

2021年A股研发费用逾12 000亿元——医药生物公司“最投入”

上市公司作为我国经济发展的主力军，其研发费用占营收比例这一财务指标也成为投资者衡量企业发展质量的“试金石”。相关数据显示，截至2022年4月30日，在披露2021年度财务报告的A股上市公司中，有4 352家公司披露了研发费用，共计12 009.32亿元，按可比口径计算，同比增长20.42%。研发费用占营收比例排名前50的公司该比例均超30%，并集中在医药生物、电子、计算机等创新赛道。

（3）受到严格监管

医药产品与人民的生命健康息息相关，其研制、生产和流通等各环节均受到政府相关部门的严格监管。《药品管理法》要求，从事药品研制活动，应当遵守药物非临床研究质量管理规范、药物临床试验质量管理规范，保证药品研制全过程持续符合法定要求。《药品生产质量管理规范》（GMP）要求，企业应当建立药品质量管理体系，最大限度地降低药品生产过程中污染、交叉污染以及混淆、差错等风险，确保持续稳定地生产出符合预定用途和注册要求的药品。《药品经营质量管理规范》（GSP）要求，企业应规范药品经营行为，在药品采购、储存、销售、运输等环节采取有效的质量控制措施，确保药品质量，保障人体用药安全、有效。《药品网络销售监督管理办法》要求，从事药品网络销售、提供药品网络交易平台服务，应当遵守药品法律、法规、规章、标准和规范，依法诚信经营，保障药品质量安全。

【扩展阅读】

从重处罚假药劣药犯罪

《最高人民法院　最高人民检察院关于办理危害药品安全刑事案件适用法律若干问题的解释》（自2022年3月6日起施行）中明确了生产、销售、提供假药，酌情从重处罚的情形：

1. 涉案药品以孕产妇、儿童或者危重病人为主要使用对象的；

2. 涉案药品属于麻醉药品、精神药品、医疗用毒性药品、放射性药品、生物制品，或者以药品类易制毒化学品冒充其他药品的；

3. 涉案药品属于注射药品、急救药品的；

4. 涉案药品系用于应对自然灾害、事故灾难、公共卫生事件、社会安全事件等突发事件的；

5. 药品使用单位及其工作人员生产、销售假药的；

6. 其他应当酌情从重处罚的情形。

根据《中华人民共和国刑法》（以下简称《刑法》）第一百四十一条的规定，生产、销售假药，以及药品使用单位的人员明知是假药而提供给他人使用，致人死亡或者有其他特别严重情节的，最高处死刑并没收财产。

根据《刑法》第一百四十二条的规定，生产、销售劣药，或者药品使用单位的人员明知是劣药而提供给他人使用，对人体健康造成严重危害，后果特别严重的，最高处无期徒刑并没收财产。

二、医药企业管理概述

1. 企业管理的概念

企业管理是管理活动的重要形式之一，是社会生产力高度发展和社会化分工日趋精细的客观要求和必然产物。

企业管理的概念包含三方面要点。

（1）企业管理的目的是提高效率

企业追求尽可能少的投入获得尽可能高的产出，也追求通过降低成本或提高技术来击败竞争对手，尽可能占领市场。

（2）企业管理的最终目标是盈利

企业在不同时期、不同环境条件下有不同的具体目标，在特殊时期企业可能会因为追求社会效益目标而放弃盈利。但从长远来看，作为一个经济组织，没有盈利能力的企业是无法在经济活动中长期生存下去的。

（3）企业管理的核心是以人为本

人力资源在企业运行中起决定性作用，企业管理的重要功能就是要把合适的人安排到合适的岗位上。只有做到这一点，才能充分发挥人的潜能，促进劳动生产率的提高。

2. 医药企业管理的特征

医药企业管理是指医药企业管理人员根据企业内部条件和外界环境确定企业经营方针和目标，并对人、财、物各要素和产、供、销各环节，进行计划、组织、指挥、协调、控制，在提高经济效益的前提下实现经营目标的全部活动。

医药企业所生产经营的产品与人的生命健康息息相关。因此，作为比较特殊的医药企业的管理，既有普通企业管理的一般性要求，也有其特殊性要求和特征。

（1）法律法规监管力度大

世界各国均制定了严格的法律法规以规范药品生产经营过程，确保药品质量。目前我国已颁布（含修订）《中华人民共和国产品质量法》（以下简称《产品质量法》）、《药品管理法》、《药物非临床研究质量管理规范》、《药物临床试验质量管理规范》、《药品注册管理办法》、《药品生产监督管理办法》、《药品网络销售监督管理办法》、《药品生产质量管理规范》、《药品经营质量管理规范》、《药品召回管理办法》等一系列法律、行政法规或部门规章，对药品的研发、生产、流通和使用等环节实施严格的法律法规监管控制，保证药品质量，从而保证人们用药安全。

（2）医药产品质量要求高

一方面，医药企业必须以消费者为中心，充分了解消费者的需求，生产、提供相应的医药产品和服务；另一方面，消费者对医药产品质量要求高，要求治疗效果能达到预期。

（3）社会责任感和道德意识要求高

药品作为特殊商品，直接关系到人的生命安危和健康。因此，医药企业只有具备高度的社会责任感和道德意识，为消费者提供准确可靠的产品信息，树立良好的社会形象，才能在市场竞争中立足和发展。

三、企业管理思想的发展

人具有社会性，其生产活动和社会活动都是以集体形式开展的，要组织和协调集体活动就离不开管理。随着社会的不断进步，管理的思想也在不断发展。管理的发展历史大致可分为管理思想萌芽、科学管理理论、行为科学理论和现代管理理论四个阶段。

1. 管理思想萌芽

在人类历史发展进程中，无论中外，各古代文明国家均在国家治理、军事作战和经济管理等方面，采取了行之有效的管理措施。例如，古埃及动用了大量人力，花费了很多时间和金钱才建造成金字塔，这就需要周密的计划、组织和控制工作做保障；古代中国的长城和运河在修建过程中，如果没有良好的指挥、组织、协调和控制，显然也是难以完成的；古巴比伦制定了世界上第一部完整的法律文件《汉谟拉比法典》，其中不少条款涉及经济管理思想。需要指出的是，在社会分工尚未到达一定高度的时期，人们还基本处于经验管理阶段，传统的管理没有摆脱小生产方式的影响，主要是靠个人经验进行生产和管理。这些实践中诞生的管理思想不系统、不全面，没有形成一套科学的管理理论和管理方式。

2. 科学管理理论

随着第二次工业革命出现的新技术得到广泛应用，企业生产规模不断扩大，专业化和社会化程度日益提高，单纯用降低工资、延长工时、提高劳动强度等追求利润的手段，容易激化企业主和工人之间的矛盾。因此，更科学的管理方法应运而生。该时期形成的管理理论被称为科学管理理论或古典管理理论，主要学派包括以泰勒为代表的科学管理理论、以法约尔为代表的一般管理理论和以韦伯为代表的行政组织理论。

（1）科学管理理论基础

1911 年，美国管理学家弗雷德里克·温斯洛·泰勒出版了管理学上的经典著作《科学管理原理》一书，奠定了科学管理的理论基础，标志着科学管理理论的正式形成。泰勒的科学管理理论主要是从企业生产现场的管理工作入手，研究用科学的方法提高生产效率，主要包括以下六个方面。

1）工作定额。泰勒认为要提高效率首先要解决“磨洋工”的问题，因此要用科学工作方法取代经验工作方法。通过科学的观测和分析，可以对工人劳动过程中操作的方法、使用的工具、劳动和休息的时间，以及机器设备的安排、作业环境的布置等进行分析，通过消除各种不合理因素，从中归纳出完成每项工作的标准时间，得出每个工人每天必须完成的最低工作量，即“合理的日工作量”。

2）标准化原理。“合理的日工作量”建立在标准化的前提之下，通过创设标准化的工作环境，制定标准化的操作方法，工人使用标准化的工具、机器和材料等，可以实现工作过程的制度化、规范化、科学化，这就是所谓的标准化原理。

3）合理用人。泰勒认为，要根据工人的能力把他们分配到相应的工作岗位上（即工作与能力相适应原理），为工作挑选“第一流的工人”。需要指出的是，第一流的工人不是指各方面都最优秀的工人，而是指最适合且最愿意去做这项工作的工人。

4）有差别的计件工资制。泰勒认为，要在科学制定劳动定额的前提下，采用“有差别的计件工资制”。在该制度下，工人的工作量超过规定的件数时，按照较高的工资率给付；反之，没达到标准定额时，则按低工资率给付。此外，还要有一定的奖惩措施。

5）计划职能和执行职能相分离。为了提高劳动生产率，泰勒主张将计划职能与执行职能分开，即专业分工。例如，泰勒提出一种“职能工长制”以便有效发挥工长职能，将管理工作予以细分，一个工长只承担一项管理职能，每个工长在其业务范围内有权监督和指导工人的工作。

6）例外原则。为帮助经理人员摆脱日常具体事务，以集中精力对重大问题进行决策监督，泰勒认为高层管理者应把例行的一般日常具体事务授权给下级管理者处理，自己只保留对例外事项或重要事项的决策权和监督权。例外或重要事项包括未在原权限中出现的新情况、企业重要战略问题、部门之间出现的自己不能解决的矛盾等。

科学管理理论的精髓是用精确的调查研究和科学知识代替个人的判断、意见和经验，创造和发展了一系列有助于提高生产效率的技术和方法，对提高企业的生产效率有很高的指导意义。但是，泰勒忽视了工人在工作过程中的主观能动性，把工人看成会说话的工具，只能按照管理人员的决定、指示、命令进行劳动。此外，泰勒的科学管理理论只重视技术因素，而忽视了人群社会因素。

（2）一般管理理论

1925 年，法国管理学家亨利·法约尔的《工业管理与一般管理》一书的英文版正式出版，标志着一般管理理论的形成，该书也成为经典管理文献之一。与科学管理理论不同，法约尔的一般管理理论以组织的整体利益为研究对象，主要内容体现在以下四个方面。

1）企业的经营活动。法约尔认为，所有工业企业的经营都包括技术、商业、财务、安全、会计及管理六大类基本活动，即企业经营具有六大职能。

2）管理要素。法约尔提出，所谓管理，就是计划、组织、指挥、协调和控制。在这五大管理要素中，计划和组织是最重要的因素。

3）十四条管理原则。法约尔总结了劳动分工、权力与责任对应、纪律严明、统一命令、统一领导、个人利益服从整体利益、报酬、适当的集权和分权、等级制度、秩序、平等、人员稳定、主动性和人员团结等十四条原则。法约尔强调，为了适应变化的需要，在运用管理原则时要有灵活性，需要在实践中根据不同环境加以利用。

4）管理者素质。法约尔认为，所有的管理者应具有身体条件、智力条件、精神条件、通用知识、专门知识和经验等六项品质和能力。

法约尔对管理理论的突出贡献主要体现在他对管理职能和管理原则的归纳上，从而把管理科学提升到一个新的高度，使管理科学不仅在工商业界受到重视，而且对其他领域也产生了重要影响。不过法约尔的一般管理理论也存在缺点，其管理原则缺乏弹性，以至于有时管理者无法完全遵守。

（3）行政组织理论

马克斯·韦伯的代表作是《社会组织与经济组织理论》，其管理思想主要体现在权力的种类和理想行政组织体系的要素两方面。韦伯的理想型行政组织体系具有如下六个特点。

1）明确的分工。组织内所有工作进行分解后得到明确的分工，明确规定每一个职位的权力和责任。

2）权力体系。各种职位按权力等级组织起来，形成一个等级链上的上下级关系，下级人员要服从上一级人员的指挥和领导。

3）人员考评和教育。根据职务要求，组织中的人员要通过教育培训，考核合格后进行任命。

4）职业管理人员。管理人员形成职业，不再是组织的所有者。管理人员有固定的薪金和明确的晋升制度。

5）遵守规则和纪律。组织中所有成员必须严格遵守组织的规则和纪律，避免感情用事、滥用职权，以减少摩擦和冲突，确保职权的正确使用。

6）组织成员之间的关系。组织成员之间的关系以理性准则为指导，不受个人情感的影响，企业不能任意解雇组织中的人员，应鼓励大家忠于组织。

韦伯的行政组织理论强调组织通过构建规章制度，降低个人主观因素对整个组织运转的影响，适合于工业革命以来的大型企业组织的管理需要。但是过分强调制度的重要性，从而抑制了创造力、创新精神和冒险精神，忽视组织成员在情感方面的需求，不利于调动组织成员的积极性。

3. 行为科学理论

科学管理理论虽然完成了使管理从经验上升为科学的转变，促进了企业生产效率的提高。但他们都以机械的观点来看待组织和工作，没有看到组织与外部的联系，忽视了个人的情感需求，更强调对个人行为的控制和规范，将人与机器等同起来，引起了工人的不满和社会的责难。在此背景下，一些学者从心理学、社会学等角度，对人的行为以及产生这些行为的原因进行分析研究，形成了行为科学理论。该理论代表性的流派包括梅奥的人际关系学说、马斯洛的需求层次理论、赫茨伯格的双因素理论和麦格雷戈的 X－Y 理论。

（1）人际关系学说

1927 年，乔治·埃尔顿·梅奥在美国芝加哥西方电气公司霍桑工厂进行了一项工作环境、物质条件与劳动生产率关系的研究实验，即被认为是对行为科学理论做出重要贡献的“霍桑试验”，得到了如下三个结论。

1）人是“社会人”。人们从事工作除了追求金钱收入外，还有社会心理等方面的需求，如追求友情、安全感、归属感和受人尊重等。因此，管理者不能只考虑技术和物质条件，还要从社会和心理方面激励员工，从而提高生产效率。

2）新的领导能力在于提高工人的满意度。在决定劳动生产率的诸多因素中，首要因素是工人社会心理的满意度。因此，新的领导能力在于提高工人的满意度。管理者不仅要具有解决技术、经济问题的能力，而且还要具有与被管理者建立良好人际关系的能力。简而言之，生产效率主要取决于工人的工作态度和人与人之间的相互关系。

3）重视“非正式组织”的存在和作用。梅奥认为企业中不仅存在“正式组织”，而且还存在着“非正式组织”，它是由于共同的社会感情、爱好、业余活动而形成的，以感情逻辑为其行为规范。管理人员要想实施有效管理，就应该重视“非正式组织”的存在和作用。

人际关系学说注重人的因素，关注人的社会和心理需求，改变了人与机器无差别的观点。但它过分强调“非正式组织”的作用，过多强调情感作用，过分否定经济报酬、物质条件的影响。

（2）需求层次理论

美国社会心理学家亚伯拉罕·马斯洛提出了关于人类需求的五级模型，通常描绘为金字塔形状，从低到高分别是生理需求、安全需求、社交需求、尊重需求和自我实现需求。马斯洛认为五种需求是最基本且与生俱来的，构成不同的等级或水平，成为激励和指引个体行为的力量。一般较低层次的需求得到满足后高层次需求才会出现，但在特殊情况下低层次需求只要部分的满足也是可以的。

（3）双因素理论

美国心理学家赫茨伯格把企业中有关因素分为两种，即满意因素和不满意因素，从而形成了双因素理论，也称“激励－保健理论”。其中满意因素（亦称激励因素）是指可以使人得到满足和激励的因素，包括成就、赞赏、工作本身的意义及挑战性、责任感、晋升、发展等。不满意因素（亦称保健因素）是指容易产生意见和消极行为的因素，包括公司的政策与管理、监督、工资、同事关系和工作条件等。双因素理论认为满足不满意因素，能消除不满情绪，维持原有的工作效率，但不能激励人们更积极的行为。满足满意因素可以使人产生很大的激励，若得不到满足，也不会像不满意因素那样产生不满情绪。

（4）X－Y 理论

X－Y 理论的提出者是美国行为科学家道格拉斯·麦格雷戈。在《企业的人性方面》一书中，麦格雷戈认为，人的本性与人的行为是决定管理者行为模式的最重要因素，管理者基于他们关于人的本性的假定，按照不同的方式对人进行组织、领导、控制与激励。在此基础上形成了 X 理论和 Y 理论。

X 理论所代表的是关于指挥与控制的传统观念，假定人天生厌恶工作，愿意受人指挥，希望逃避责任，把安全感看得重于一切。因此，管理者需要用金钱和地位鼓励人们工作，同时采用惩罚、强迫、威胁等强制措施迫使他们努力工作。

Y 理论则认为如果工作环境好，人们工作就像游戏一样自然。正常情况下，人是愿意承担责任的，而且大多数人胸怀大志，有自我满足和自我实现的需求，能发挥自己的聪明才智来实现组织的目标，并以此作为个人最大的报酬。因此，在管理上要将权力下放，给予工人更多自主权，调动工人的工作积极性。

4. 现代管理理论

第二次世界大战到 20 世纪 60 年代，科学技术得到迅猛发展和广泛应用，企业生产过程的自动化、连续化以及生产社会化程度空前提高。企业规模的扩大、市场竞争的激烈、市场环境的变化、员工素质的大幅提高等新变化都对企业管理提出了更高要求，许多研究人员就企业如何在变化的环境中经营进行了多方面研究，在此基础上形成了社会系统理论学派、管理科学理论学派、权变理论学派、决策理论学派、系统管理理论学派等一系列不同的理论观点学派，推动了管理思想的新发展。

（1）社会系统理论

社会系统理论学派的代表人物是美国管理学家切斯特·巴纳德。该理论从社会学的观点来分析和研究管理问题，认为组织是一个由个人组成的协作系统，个人只有在一定的相互作用的社会关系下，同他人协作才能发挥作用。组织的三个要素是信息交流、做贡献的意愿和共同的目的。经理人充当组织运转的中心，对组织成员的活动进行协调，指导组织的运转，从而实现组织的目标。

（2）管理科学理论

管理科学理论学派的代表人物是美国学者埃尔伍德·斯潘塞·伯法。该理论又称数理理论，其典型特征就是将管理问题数量化、数字化，并借助电子计算机使管理过程模型化，实现管理的准确性。

（3）权变理论

权变理论学派的代表人物是美国管理学家路桑斯、英国学者琼·伍德沃德。该理论认为环境变量与管理变量（管理观念和技术）之间存在着函数关系，即权变关系。一般情况下，环境是自变量，管理观念和技术是因变量。因此，没有一种普遍适用的管理理论和方法，管理者要适应不断变化的环境，根据组织的实际情况来选择与之相适应的管理原理、方法和技术。

（4）决策理论

决策理论学派的代表人物是美国人赫伯特·亚历山大·西蒙，因其在决策理论、决策应用等方面进行的开创性研究，获得 1978 年诺贝尔经济学奖。该理论在系统理论的基础上，吸收了行为科学、运筹学和计算机科学等研究成果，认为管理的实质是决策，决策贯穿于管理的全过程，决定了整个管理活动的成败。决策问题可以根据是否反复分为程序化决策和非程序化决策，以降低决策成本。

（5）系统管理理论

系统管理理论学派的代表人物包括美国管理学者弗里蒙特·卡斯特、詹姆斯·E. 罗森茨韦克和理查德·约翰逊。该理论侧重于用系统的观念来考察组织结构和管理的基本职能，认为组织是一个以人为主体，由许多子系统构成的开放的大系统，并且是社会大系统的一个分系统，强调组织要不断地从外部环境获取资源以适应环境的变化，管理必须建立在系统的基础之上。

任务实施

一、组建团队，分配任务

班级同学按 3 ~ 5 人规模，自愿组成若干个学习团队，推选负责人。

二、医药企业管理案例分析挑战赛

1. 调查整理医药企业管理案例

团队成员通过网络查阅、实地访谈等形式搜集案例，建议访谈有医药企业从业背景的家人或亲戚朋友。可以围绕以下方面进行归纳：

（1）医药企业管理实践中存在的问题；

（2）医药企业管理实践中，由于采取了某种管理措施所产生的积极变化；

（3）医药企业管理实践中的历史故事、经验教训等。

每个团队整理出 1～2 个管理案例，每个案例至少设定 2 个问题，问题设定要结合本任务相关知识来开展，同时团队讨论后给出参考答案。管理案例保存为 WORD 格式文档，注明出处，作为课程学习资源的组成部分。

2. 案例分析挑战赛

教师收集汇总各团队典型案例，形成案例集。各团队开展案例分析挑战赛，可以采用配对抽签、自由选择等形式，选定团队间交叉调整挑战分析的案例。各团队通过集中讨论，对其他团队的某个案例进行分析后给出自己团队的共识答案。

3. 制作汇报 PPT

团队成员合理分工，围绕搜集的案例和挑战分析的案例，制作汇报 PPT。

三、团队汇报成果

每个团队用 5～8 分钟展示搜集的案例资料，汇报挑战分析案例的答案。根据汇报情况进行点评和评分。

【操作提示】

教师在组织案例分析挑战赛时，提供的案例集要隐去参考答案信息，避免参考答案泄露情况的发生。教师要加强和学生的沟通交流，保证案例的真实性和参与比赛的积极性。任务测评的前两项考核内容由教师评分，案例分析挑战赛考核内容采用学生团队互评形式实施。

任务测评

序号	考核内容	考核标准	配分	得分
1	案例资料	1. 资料来源权威真实，注明出处 2. 案例具有代表性 3. 案例整理清晰，格式规范，可阅读性强 4. 问题切合实际，分析能结合所学知识扩展，总结准确深刻	40 分	
2	汇报 PPT	1. 分工明确，全员参与 2. 文档美观，图文并茂 3. 展示详略得当 4. 编排得当，表达流利	40 分	

续表

序号	考核内容	考核标准	配分	得分
3	案例分析挑战赛	1. 结合所学知识分析，答案准确，言之有理 2. 表达清晰，逻辑性强	20 分	
合计			100 分	

【扩展阅读】

彼得·德鲁克

彼得·德鲁克，现代管理学之父，其著作影响范围广泛，不仅包括研究学者，也包括众多一线企业家，各类商业管理课程也都深受德鲁克思想的影响。

对管理感兴趣或想拓宽知识面的同学，可以课后阅读德鲁克的经典著作，主要包括《管理的实践》《卓有成效的管理者》《巨变时代的管理》《创新与企业家精神》《21 世纪的管理挑战》等。

任务二　医药企业的建立

学习目标

1. 了解医药企业的建立原则。
2. 掌握医药企业的组织结构形式。

【任务引入】

机构为什么越来越臃肿

英国著名历史学家西里尔·诺斯古德·帕金森通过长期调查研究，写出《帕金森定律》一书。他在书中阐述了机构人员膨胀的原因及后果，一个不称职的官员，可能有三条出路：第一是申请退职，把位子让给能干的人；第二是让一位能干的人来协助自己工作；第三是用两个比自己水平更低的人当助手。第一条路是万万走不得的，因为那样会丧失许多权力；第二条路也不能走，因为那个能干的人会成为自己的对手；在他看来只有第三条路最适宜。于是，两个平庸的助手分担了他的工作，他自己则高高在上地发号施令，助手不会对自己的权力构成威胁。两个助手既然无能，他们就会上行下效，再为自己找两个更加无能的助手。以此类推，就形成了一个机构臃肿、人浮于事、相互扯皮、效率低下的领导体系和组织机构。

思考问题：

如何避免机构人员臃肿的问题？

我们将通过调研医药企业组织结构，进行分析讨论，加深对以上思考问题的理解。

相关知识

一、医药企业的建立原则

建立医药企业，必须依法向登记机关申请登记，其生产或经营活动要符合《药品管理法》、《中华人民共和国药品管理法实施条例》（以下简称《药品管理法实施条例》）、《药品生产质量管理规范》、《药品经营质量管理规范》等法律法规的要求。

1. 真实准确完整和可回溯原则

从事药品研制、生产、经营、使用活动，应当遵守法律、法规、规章、标准和规范，保证全过程信息真实、准确、完整和可追溯。

2. 人员及设施环境要求条件

（1）药品生产企业，从事药品生产活动，应当具备以下条件：

1）有依法经过资格认定的药学技术人员、工程技术人员及相应的技术工人；

2）有与药品生产相适应的厂房、设施和卫生环境；

3）有能对所生产药品进行质量管理和质量检验的机构、人员及必要的仪器设备；

4）有保证药品质量的规章制度，并符合国务院药品监督管理部门依法制定的药品生产质量管理规范要求。

（2）药品经营企业，从事药品经营活动应当具备以下条件：

1）有依法经过资格认定的药师或者其他药学技术人员；

2）有与所经营药品相适应的营业场所、设备、仓储设施和卫生环境；

3）有与所经营药品相适应的质量管理机构或者人员；

4）有保证药品质量的规章制度，并符合国务院药品监督管理部门依法制定的药品经营质量管理规范要求。

3. 资质许可原则

（1）药品生产企业资质要求

药品生产企业要依法取得营业执照和药品生产许可证。

从事药品生产活动，应当经所在地省、自治区、直辖市人民政府药品监督管理部门批准，取得药品生产许可证。无药品生产许可证的，不得生产药品。

开办药品生产企业，申办人应当向拟办企业所在地省、自治区、直辖市人民政府药品监督管理部门提出申请；省、自治区、直辖市药品监督管理部门应当自受理之日起三十日内，作出决定。省、自治区、直辖市药品监督管理部门按照药品生产质量管理规范等有关规定组织开展申报资料技术审查和评定、现场检查；经审查符合规定的，予以批准，并自书面批准决定作出之日起十日内颁发药品生产许可证；不符合规定的，作出不予批准的书面决定，并说明理由。

药品生产许可证有效期为五年，分为正本和副本。药品生产许可证电子证书与纸质证书具有同等法律效力。药品生产许可证有效期届满，需要继续生产药品的，应当在有效期届满前六个月，向原发证机关申请重新发放药品生产许可证。

(2) 药品经营企业资质要求

药品经营企业要依法取得营业执照和药品经营许可证。

从事药品批发活动，应当经所在地省、自治区、直辖市人民政府药品监督管理部门批准，取得药品经营许可证。从事药品零售活动，应当经所在地县级以上地方人民政府药品监督管理部门批准，取得药品经营许可证。无药品经营许可证的，不得经营药品。

药品网络销售企业必须是线下实体药品企业。从事药品网络销售的，应当是具备保证网络销售药品安全能力的药品上市许可持有人或者药品经营企业。即药品上市许可持有人或者取得药品经营许可证的经营企业才能开展药品网络销售业务。

药品经营许可证有效期为五年。药品经营许可证有效期届满，需要继续经营药品的，持证企业应当在许可证有效期届满前六个月，按照国务院药品监督管理部门的规定申请换发药品经营许可证。

需要特别指出的是，2019 年新修订的《药品管理法》不再要求进行药品生产质量管理规范（GMP）、药品经营质量管理规范（GSP）认证。因此，企业无需取得 GMP 证书或 GSP 证书。

二、医药企业的组织结构形式

医药企业建立后，还需要根据管理幅度和有效管理层次设计出对应的组织结构。随着生产、技术和经济的发展，企业的组织结构模式也在不断发生变化。从最常见的直线制、职能制，发展到直线职能制、事业部制、矩阵制等组织结构形式。

1. 直线制组织结构

直线制组织结构是最先出现、最简单的一种组织结构形式。组织中各种职务按垂直系统直线排列，各级主管人员对所属下级拥有直接的管理职权，上下级一一对应。直线制组织结构如图 1－1 所示。

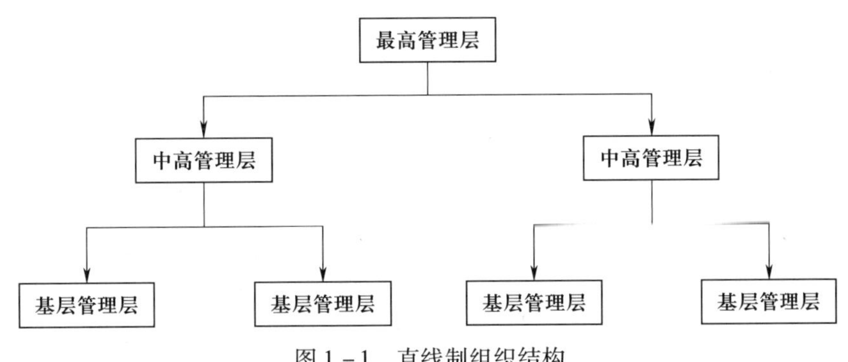

图 1－1　直线制组织结构

直线制组织结构的优点在于结构简单、权责分明、管理机构简单、命令统一、联系简捷。其缺点是缺乏弹性，容易导致专制，不利于组织总体管理水平的提高，组织发展易受管理者个人能力限制。一般只适用于生产规模较小、产品单一、业务性质单纯的小型组织或者是现场的作业管理。

2. 职能制组织结构

职能制组织结构，是按照专业分工设置相应的职能部门，各职能部门在自己的业务范围内有权向下级下达命令和指示，即下级除了要服从直接上级行政领导的领导以外，还要接受上级各职能部门的指挥。职能制组织结构如图 1－2 所示。

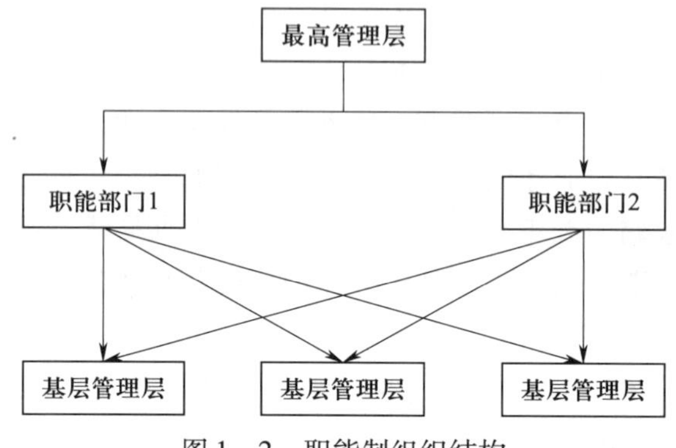

图 1－2　职能制组织结构

职能制组织结构的优点在于实现职能专业化，便于组织内部的信息沟通，同时减轻了各级领导人的工作负担。但是该结构违背了组织设计的统一指挥原则，容易导致多头领导，不利于明确职责权限，易造成管理混乱。

职能制组织结构适用于任务复杂的社会管理组织和生产技术复杂、各项管理工作需要具有专门知识的组织。

3. 直线职能制组织结构

在直线制组织结构的基础上，设置相应的从事专业管理的职能部门，这就是直线职能制组织结构。它将组织中的管理人员划分为两类：一类是直线指挥人员，拥有对下级实行直接指挥和命令的权力，并对该组织的工作负全部责任；另一类是职能管理人员，充当直线指挥人员的参谋角色，负责对下级机构进行业务指导，而不是直接进行指挥和命令。直线职能制组织结构如图 1－3 所示。

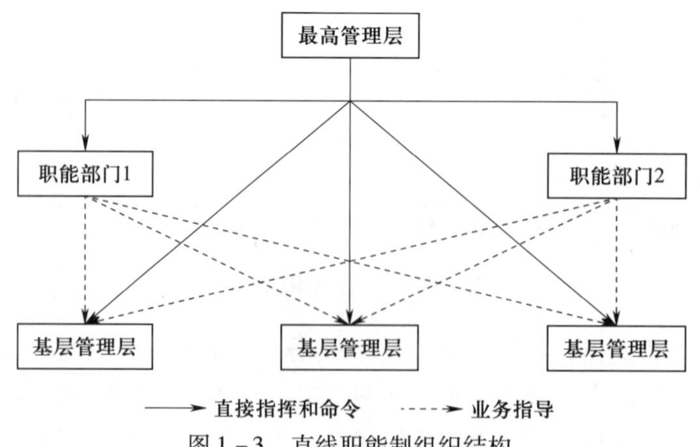

图 1－3　直线职能制组织结构

直线职能制组织结构兼顾了直线制和职能制的优点，既便于集中统一指挥，又能发挥其专业管理的优点，有助于提高工作效率。但由于各个职能部门分管不同业务，观察和处理问题的角度不同，容易产生多头管理、配合不畅等问题。

直线职能制适合产品品种比较简单、工艺比较稳定、市场销售情况比较容易掌握的企业或组织。

4. 事业部制组织结构

事业部是按产品或地区设置，拥有完整职能部门的相对独立的二级单位。企业按照“统一决策，分散经营”的原则，每个事业部分权管理，拥有日常生产经营决策权力，各事业部独立核算，自负盈亏，彼此之间的经济往来要遵循等价交换原则。事业部制组织结构如图 1－4 所示。

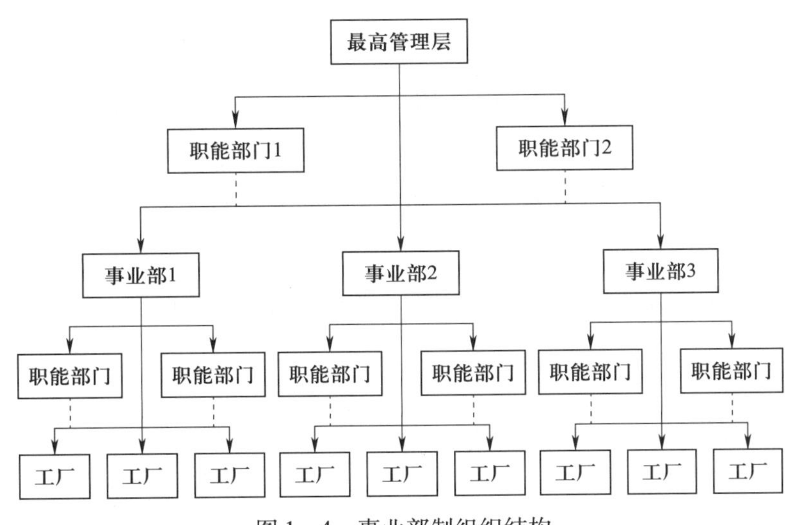

图 1－4　事业部制组织结构

事业部制组织结构有利于发挥各事业部的积极性、主动性，各事业部间也形成了竞争关系，管理人员独立运营产品或地区事务，更专注于长远的战略规划，有助于培养高级管理人员。但该结构容易导致活动和资源的重复配置，造成浪费。各事业部之间容易忽视企业的整体利益，同时企业协调任务加重，容易出现两种极端情况：一是过度分权，削弱公司整体领导力；二是分权不足，影响事业部的经营自主性。

事业部制组织结构主要适用于规模大、产品和服务种类繁多或者分支机构分布区域广的现代大型企业。

5. 矩阵制组织结构

矩阵制组织结构是职能部门和项目小组相结合，形成纵横两套管理系统叠加的结构模式。每一个项目由一名经理人领导，根据需要为其负责的项目从各职能部门中抽调有关专业人员组建小组，项目结束后，各专业人员回到原来的职能部门。矩阵制组织结构如图 1－5 所示。

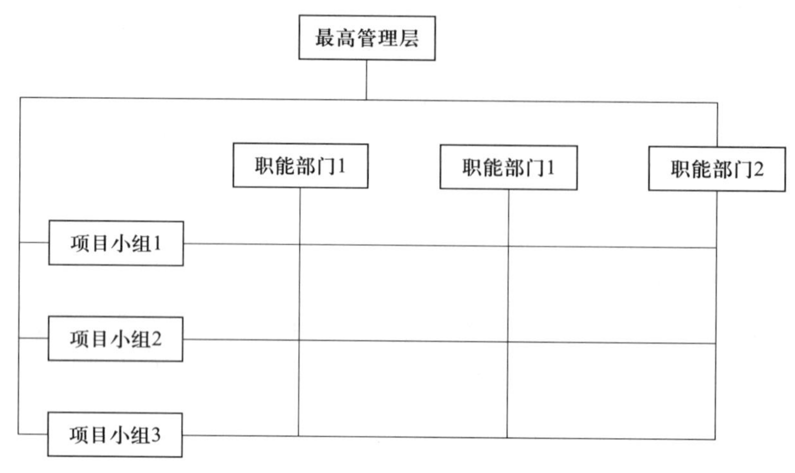

图 1－5　矩阵制组织结构

矩阵制组织结构的优点在于具有较好的弹性和适应性，专业人员和专业设备随用随调、机动灵活，使资源保持了较高的利用率，也有助于促进各职能部门之间的交流协作，有助于培养专业人员的合作精神和全局观念。该结构主要缺点在于员工工作位置不稳定，容易造成混乱，双重职权关系还容易产生责任不清问题。

矩阵制组织结构形式适用于经营涉及面广，产品品种多，临时性、复杂的重大工程项目组织。

任务实施

一、组建团队，分配任务

班级同学按 3～5 人规模，自愿组成若干个学习团队，推选负责人。

二、开展调查和案例资料整理

1. 开展医药企业管理组织结构调查

团队成员通过网络查阅，选取具有代表性的 3～5 家医药企业，查询其组织结构图，分析其属于何种组织结构、为什么要选取该种组织结构、其组织结构是否需要改进等，形成案例资料，保存为 WORD 格式文档（注明资料出处），作为课程学习资源的组成部分。

2. 制作汇报 PPT

团队成员合理分工，围绕搜集的案例、分析问题、收获体会等方面，制作汇报 PPT。

三、团队汇报案例整理成果

每个团队用 5～8 分钟展示搜集的案例资料，汇报成果。

任务测评

序号	考核内容	考核标准	配分	得分
1	案例资料	1. 资料来源权威真实，注明出处 2. 案例具有代表性 3. 案例整理清晰，格式规范，可阅读性强 4. 分析总结准确深刻，能提出建议或应对措施	60 分	
2	汇报 PPT	1. 分工明确，全员参与 2. 文档美观，图文并茂 3. 展示详略得当 4. 编排得当，表达流利	40 分	
合计			100 分	

任务三 医药企业形象与文化

学习目标

1. 了解医药企业形象与文化的意义。
2. 掌握医药企业形象与文化的设计方法。

【任务引入】

三鹿奶粉事件

三鹿奶粉事件的起因是很多食用三鹿集团股份有限公司（以下简称“三鹿集团”）生产的婴幼儿奶粉的婴儿被发现患有肾结石，随后在他们的奶粉中发现化工原料三聚氰胺。

2008 年 8 月 1 日，河北出入境检验检疫局检验检疫技术中心出具检测报告，确认三鹿集团送检的奶粉样品中含有三聚氰胺。同日，三鹿集团召开集团经营班子扩大会进行商议，在明知三鹿牌婴幼儿系列奶粉中含有三聚氰胺的情况下，仍准许三聚氰胺含量在 10 毫克/千克以下的库存产品出厂销售，直到被政府勒令停止生产和销售为止。

2008 年 9 月 11 日上午，针对此前多个省份发生婴儿患肾病病例，媒体报道称患病婴儿均食用三鹿奶粉的情况，三鹿集团回应：三鹿集团严格按照国家标准生产，产品质量合格，目前尚无证据显示这些婴儿是因为吃了三鹿奶粉而致病。

2008 年 9 月 11 日晚，卫生部提醒停止使用该品种奶粉。三鹿集团不得不承认 700 吨奶粉受污染。

2008 年 9 月 12 日，三鹿集团称不法奶农在原奶中掺入三聚氰胺；三鹿集团全面停产。

2008 年 12 月 25 日上午，河北省石家庄市人民政府对外通报，石家庄市中级人民法院已经受理银行对石家庄三鹿集团提出的破产清算申请，受理该申请的裁定书已于 12 月 23 日送达三鹿集团。

思考问题：

1. 你是如何认识三鹿奶粉事件的？

2. 如何杜绝三鹿奶粉类似事件的重演？

我们将通过调研整理医药企业形象和文化案例，进行分析讨论，加深对以上思考问题的理解。

相关知识

一、医药企业形象

1. 企业形象的概念

企业形象是社会公众通过企业的各种标志（包括产品、人员风格、营销策略等）而建立起来的对企业的总体印象。企业形象的构成包括产品形象、人员形象、组织形象、媒介形象、识别形象、文化形象、环境形象等。

企业形象是企业内涵、精神、特质的外在表现形式，我们可以从企业内外部两个方面来进行理解。一是通过企业内部成员的形象及行为标准、产品品质、企业发展等方面，向社会公众宣传企业形象。二是通过企业外部社会公众对企业的感受形成总体印象。

企业形象的好坏对企业的生存和发展具有重要意义，企业形象的塑造很大程度上取决于企业自身的主观努力。很多企业会设置专门的公共关系部门，用于建立和维系企业与有关公众的良好关系。

2. 企业形象的作用

（1）有助于公众识别企业

企业形象通过确立企业的价值观念和行为规范，实际上为其自身生存和发展树立了标杆，为企业形成了区别于其他企业的独特个性，一旦被社会公众接受，将形成独特的感官认识，并且难以忘记。

（2）有助于增值企业资产

企业形象是企业无形资产的重要组成部分，良好的企业形象有助于企业扩大市场份额，在同等竞争条件下，消费者更倾向于选购具有良好形象的企业的产品。

（3）有助于激励员工

具有良好企业形象的企业，可以有效地强化员工的归属意识，使其产生荣誉感和成功感，在工作中更容易发挥主观能动性、创造性和奉献意识，从而提升生产效率。

3. 企业形象的设计

企业形象的设计和维护，是一个专业、系统并且长期的工程，一般通过设计企业形象识别系统（corporate identity system，CIS）来实现。

CIS 是指企业有意识、有计划地将自己企业的各种特征向社会公众主动展示与传播，使公众在市场环境中对某一特定企业有一个标准化、差别化的印象和认识，以便更好地识别并留下良好的印象。CIS 设计包括三个子系统的设计。

（1）企业理念形象

企业理念形象是由企业哲学、企业宗旨、企业精神、企业发展目标、经营战略、企业道德、企业风气等精神因素构成的企业形象子系统。

（2）企业行为形象

由企业组织及组织成员在内部和外部的生产经营管理活动及非生产经营性活动中表现出来的员工素质、企业制度、行为规范等因素构成的企业形象子系统。内部活动包括员工招聘、培训、管理、考核、奖惩以及各项管理制度、责任制度的制定和执行，企业风俗习惯等；外部活动包括采购、销售、广告、金融、公益等公共关系活动。

（3）企业视觉形象

由企业的基本标识及应用标识、产品外观包装、办公环境、机器设备等构成的企业形象子系统。其中，基本标识指企业名称、标志、商标、标准字、标准色，应用标识指象征图案、旗帜、服装、口号、招牌、吉祥物等，办公环境指企业自然环境、店铺、橱窗、办公室、生产车间及其设计和布置等。

总之，理念形象是最深层次、最核心的部分，是行为形象和视觉形象的基石，视觉形象和行为形象是理念形象的载体和外观呈现。CIS 的核心目的是通过企业行为识别和企业视觉识别传达企业理念，树立企业形象。

二、医药企业文化

1. 企业文化的概念

企业文化有广义和狭义之分，从广义上看，企业文化是指企业在发展实践过程中所创造的物质财富和精神财富的总和；从狭义上看，企业文化是指企业在长期的实践活动中所形成的，为企业成员普遍认可和遵循的，具有本企业特色的价值观念、基本信念、行为规范和思维模式等的总和。

大到一个国家、民族，小到一个企业、家庭，都有文化蕴含其中。当某种文化融入企业之中，便会和企业相互作用，逐渐形成凝聚力、行为准则和价值观等，成为全体成员所特有的行为和价值取向。

2. 企业文化的特征

（1）共性与个性相统一

企业文化是一种业文化，一个国家的企业文化必然与该国的传统文化密切相关。我国企业在企业文化建设中，首先要融入中华优秀传统文化和先进时代文化的元素，具有中国特色，从这个角度来说，我国的企业文化是具有共性特点的。但每个企业企业文化的形成，必然会受到其发展历史、行业特点、企业家个性、管理机制等诸多方面因素的影响，因此，又具有其鲜明的个性特点。

（2）稳定与发展相统一

企业文化一旦形成，就会具有相对稳定性，能长期地对企业运转及员工行为产生影响。

因为这种文化是企业成员经过长期实践而认同的，不会因企业结构的改变、战略的转移或产品与服务的调整而变化。但企业文化会在社会环境中因环境的变化而得到发展。适应外部环境变化的文化会被留存，同时新环境可能导致落后的企业文化被淘汰。

（3）内在和外在相统一

企业文化将其所包含的各种精神因素、信念、道德、心理、智能因素等无形地内化于企业成员中。同时企业文化要依托产品形象、服务、企业行为等外在载体呈现，可以说企业文化是内在与外在相统一的产物。

3. 企业文化的作用

（1）有助于激励成员

企业文化把人的因素放在首位，强调非理性的感情因素，因而良好的企业文化有助于激发企业成员的工作热情、进取精神和创新精神。

（2）有助于增强企业核心竞争力

企业文化是企业软实力的最突出表现。企业拥有的设施、资本、人员等硬件条件是企业做大做强的客观条件，而软实力是整合和使用硬实力的能力，是企业发展不可或缺的支撑要素，体现着企业的核心竞争力，并最终影响企业实际运营的效果。

（3）有助于增强企业的凝聚力和向心力

企业文化的形成过程，实质上是企业价值观转变为企业全体成员所有的过程。在这个过程中，企业成员的认同感和归属感得以加强，成员和企业之间产生相互信任和依存关系，从而形成相对稳固的文化氛围，有助于增强企业的凝聚力和向心力。

（4）有助于加强对企业成员内部的约束力度

企业文化强调共同的价值观体系，一旦形成会自觉引导和约束员工的态度和行为，从而保证企业全体成员同向而行，实现个人目标和企业目标相统一。一般而言，企业文化对成员的约束通过规章制度约束和道德规范约束来起作用。

4. 医药企业文化建设

（1）医药企业文化建设层次

企业文化建设是一个长期复杂的系统工程，而且没有放诸四海皆准之的标准或模板，每个企业都需要根据自身条件，考虑内外部环境情况开展建设。一般而言，医药企业文化建设包括四个层次的内容，即物质文化建设、行为文化建设、制度文化建设和精神文化建设。

1）物质文化建设

物质文化是企业在社会上外在形象的具体写照，是指由企业创造的产品和各种物质设施等所构成的实物文化，是能够看得见、摸得着的文化形态。医药企业物质文化建设包括企业名称和标志、办公环境、产品造型包装和文化传播形式等方面。

2）行为文化建设

行为文化是指由企业成员在企业经营、教育宣传、人际关系活动、文娱体育活动等生产经营、学习娱乐中产生的活动文化。它是企业经营作风、精神面貌、人际关系的动态体现，也是企业精神和价值观的折射。医药企业行为文化建设主要包括企业整体行为、企业家行为、企业模范人物行为、企业员工行为等方面。

3）制度文化建设

制度文化是通过企业规章制度表现出来的文化形象，包括各种规章制度、行为规范、领导风格、职工修养、人际关系等。医药企业制度文化建设主要包括工作制度、责任制度、特殊制度和组织风俗等方面。

4）精神文化建设

精神文化是企业文化的核心，也是企业文化中最深层次的内容，是企业生产经营活动过程中全体成员共同信守的精神、道德、价值观念、目标和行为准则等。精神文化是衡量一个企业是否形成自己文化的标志和标准。医药企业精神文化建设主要包括经营哲学、企业最高目标、企业精神、企业风气和企业道德等方面。

（2）医药企业文化建设流程

医药企业文化建设是一个长期、动态调整的渐进过程，随着环境的变化和企业的发展，医药企业文化也需要不断完善，其建设主要包含以下四个阶段。

1）调研评估

医药企业文化建设首先要开展调研，外部调研医药行业文化、领头医药企业文化要素；内部调研医药企业成员，对医药企业现有文化进行全面梳理评估，既要确定加以优化传承的文化要素，又要找到并剔除阻碍企业发展的文化要素。

2）确定核心价值观

确定正确的企业核心价值观，是塑造良好医药企业文化的战略内容。在前期调研和评估的基础上，立足于本医药企业的具体特点，根据建设目的、环境要求和企业性质等选择适合自身发展的企业文化模式。

3）强化认同

企业文化理念的渗透是一个长期的潜移默化的过程。在确定的企业核心价值观基础上，用准确的语言文字或图案的形式，把四个层级医药企业文化表述出来，并形成系列行动方案，在企业环境、日常行为中全面落实和强化，使医药企业全体成员愿意理解和执行，并逐渐形成思维方式和行为习惯。

4）巩固更新

医药企业文化建设是一个长期的并非一成不变的战略任务。首先，要建立奖优罚劣的制度，保障已经建立的医药企业文化得以维护；其次，医药企业领导者在塑造企业文化的过程中起着决定性的作用，应发挥表率作用；最后，当医药企业面临的环境和内外条件发生变化时，医药企业要与时俱进，适时修改、完善和发展企业文化。

【扩展阅读】

健康暖心——乡村医生健康扶贫项目

2019 年国务院扶贫办发布《2019 年全国脱贫攻坚奖获奖先进个人和先进单位公告》，公开资料显示：2017 年上海某集团启动了“健康暖心——乡村医生健康扶贫项目”，创造性地提出帮扶全国 150 万名乡村医生的“五个一”工程。截至 2019 年 4 月底，该项目为乡村医生赠送12 942份意外和重疾保险，总赔付额超过12亿元；组织了54场线下培训，培训乡村医生6 089人，线上培训平台参训的乡村医生达4 678人次；完成了296间村智慧卫生室升级改造，捐赠设备、药品等价值600多万元；在25个县发放共计500万元的慢性病签约管理奖励基金；与中国大病社会救助平台合作，通过驻点队员和乡村医生救助大病患者81例；表彰20名“暖心乡村医生”和“暖心乡镇卫生院院长”。该项目已帮扶4 083个行政村卫生室，守护10 742名乡村医生，惠及近200万户贫困家庭，其中直接受益的贫困人口111.45万人。

任务实施

一、组建团队，分配任务

班级同学按3~5人规模，自愿组成若干个学习团队，推选负责人。

二、开展调查和案例资料整理

1. 开展医药企业形象和文化案例的搜集和整理

团队成员通过阅读相关知识，利用网络搜集公开的医药企业形象与文化的资料，自行设计不少于3个问题并回答，问题设定要结合本任务相关知识开展，形成案例资料，保存为WORD格式文档（注明资料出处），作为课程学习资源的组成部分。

2. 制作汇报PPT

团队成员合理分工，围绕搜集的案例、问题及回答、收获和体会等方面，制作汇报PPT。

三、团队汇报案例整理成果

每个团队用5~8分钟展示搜集的案例资料，汇报成果。

【操作提示】

团队的组建建议延续任务一所组成的团队。本任务重点锻炼学生的资料搜集整理、写作和表达能力，教师应加强和负责人的沟通交流，保证资料调研整理和汇报成果效果。

任务测评

序号	考核内容	考核标准	配分	得分
1	案例资料	1. 资料来源权威真实，注明出处 2. 案例具有代表性，案例整理清晰，格式规范，可阅读性强 3. 案例设置的问题和答案切合课程学习目标，具有启发性 4. 分析总结准确深刻，能提出建议或应对措施	60分	

续表

序号	考核内容	考核标准	配分	得分
2	汇报 PPT	1. 分工明确，全员参与 2. 文档美观，图文并茂 3. 展示详略得当 4. 编排得当，表达流利	40 分	
合计			100 分	

目标检测

一、单项选择题

1. 关于医药企业的特点，以下哪项是错误的？(　　)

A. 高风险和高收益并存　　B. 高技术和大投入并存

C. 受到严格监管　　D. 追求利润是唯一目标

2. 最先在企业中出现的组织结构是（　　）。

A. 直线制　　B. 职能制　　C. 直线职能制　　D. 事业部制

3. 企业的标志、工服、招牌、环境等采用统一的配色，是为了符合以下哪个企业形象子系统要求？(　　)

A. 企业理念形象　　B. 企业行为形象　　C. 企业视觉形象　　D. 企业文化形象

4. 认为“人是‘社会人’”是行为科学理论中哪个流派的观点？(　　)

A. 需求层次理论　　B. 双因素理论　　C. 人际关系学说　　D. X－Y 理论

5. 以下哪项不是企业社会责任的意义？(　　)

A. 有助于企业建立良好的社会形象　　B. 有助于获取超额利润

C. 有助于企业增强竞争力和创新　　D. 有助于企业可持续发展

二、多项选择题

1. 医药企业一般可以分为几种类型？(　　)

A. 医药生产企业　　B. 医药经营企业　　C. 医药网络企业　　D. 医药研发企业

2. 以下哪项是企业可以采用的组织结构模式？(　　)

A. 直线制　　B. 职能制　　C. 直线职能制　　D. 事业部制

3. 矩阵制组织结构是结合以下（　　），形成纵横两套管理系统叠加的结构模式。

A. 职能部门　　B. 生产部门　　C. 中层管理层　　D. 项目小组

4. 企业文化的特征包括（　　）。

A. 物质和精神相统一　　B. 共性与个性相统一
C. 稳定与发展相统一　　D. 内在和外在相统一
5. 企业文化的层次包括（　　）。
A. 物质文化　　B. 行为文化　　C. 制度文化　　D. 精神文化

三、简答题

1. 简述医药企业组织结构的类型和优缺点。
2. 简述企业文化的作用。
3. 简要评论科学管理理论。

目标检测单项、多项选择题参考答案

一、单项选择题

1. D　2. A　3. C　4. C　5. B

二、多项选择题

1. ABD　2. ABCD　3. AD　4. BCD　5. ABCD

项目二

医药企业管理职能与决策

通过本项目的学习，了解医药企业管理中的计划、组织、指挥和监督职能，掌握医药企业管理中各项职能的实施；掌握组织与组织结构；了解指挥与权力特征，掌握监督的必要性；了解组织活动中的决策，掌握决策的程序和方法。

任务一　医药企业的计划与组织职能

学习目标

1. 了解医药企业计划与组织的概念。
2. 掌握医药企业计划与组织职能的实施。

【任务引入】

某医药企业确定计划期销售额为 4 500 万元。根据过去形成的经营大类销售额构成比例为：药品类占 45%，医疗器械类占 15%，化学试剂玻璃仪器类占 10%，中成药类占 30%。

思考问题：

1. 若计划期销售额仍按这个构成比例安排，各类的计划销售额分别是多少？
2. 如何编制销售计划表？

请同学们带着这些问题学习下面的内容。

相关知识

一、计划职能

1. 计划职能的概念

计划职能，是指由企业职能部门制定的对未来活动的事前安排，是该部门达到预定目标的一种管理职能。通过计划，可以把企业内部的各种经营活动及各个部门的工作在行动之前具体化。

医药企业计划管理，是指运用计划职能对医药企业的经营活动进行组织、监督、控制和调节，以达到经营目标的一种管理活动。医药企业的计划管理是企业行使计划职能的重要手段。因此，计划管理的实质是超前安排各种比例关系，使组织的各组成部分能按比例协调发展，以取得最佳的经济效益和良好的社会效益。

2. 计划管理的意义

医药企业计划管理是一项全面性、综合性的管理工作，是整个医药企业经营管理的重要环节。实践证明，对医药企业实行计划管理，具有非常重要的意义，主要表现在以下四个方面。

（1）医药企业计划管理是医药企业管理的首要职能

医药企业计划具体规定了组织药品生产流通的目标以及实现目标的各种措施和方案。从管理循环来说，计划管理是开端和起点，因此，借助于计划中的各种经济指标，就可以指挥、监督、考核医药企业的活动。管理中组织、指挥和监督职能的运用，都是以计划为依据进行控制的，没有计划管理，就难以正确地制订指导各项管理活动的计划。因此，可以说，没有医药企业计划管理，也就谈不上医药企业的经营管理。

（2）医药企业计划管理是市场经济的客观要求

市场经济的发展，客观要求国民经济按比例发展，医药企业作为国民经济的重要组成部分，它的发展同国民经济其他部门的发展之间有着密切的内在联系。医药企业计划管理，既取决于国民经济的其他有关部门，也影响着其他有关部门的发展。为了使医药企业计划管理同国民经济发展衔接起来，促进整个国民经济按比例发展，医药企业必须实行计划管理。这是国家整个国民经济按比例发展的重要保证。

（3）医药企业计划管理是适应医药市场的重要手段

药品是特殊的商品，与其他商品既有相同点，也有不同点。一方面，它必须和其他商品一样，在统一的市场竞争中流通；另一方面，由于它与国民经济以及人的生命安全和身体健康有着特殊关系，必须对从事生产经营这类特殊商品的医药企业实行计划管理，使我国医药市场组织得更加科学合理，管理得更加严密，杜绝因管理不善而造成严重后果。

当然，这决不是说医药企业实行计划管理，就可以把医药市场的一切都统一管理起来。计划管理的范围受客观经济条件的限制，计划管理既不是恢复到过去那种计划经济的老路上去，又不是放任不管地盲目发展，而是建立一种符合药品特点和规律的，把计划调节与市场调节结合起来的医药企业管理模式。

（4）医药企业计划管理是提高医药经济效益的重要手段

医药企业计划职能规定着医药企业一定时期的经营活动和基本要求。它是医药企业管理人员及全体员工从事医药经营活动的行动纲领。就系统内部各部门来说，可以通过计划管理获得最佳的人、财、物配置，正确处理各方面的关系，以发挥最大的效益。就每个员工而言，通过计划管理可以引导员工把注意力集中到计划确定的目标任务上，把计划转变为员工的实际行动，充分调动他们的积极性，发挥其创造性，团结一致共同完成医药企业经营任务。总之，医药企业实行计划管理，可为医药企业带来更合理的管理秩序和更高的效率，从而实现更好的经济效益。

3. 计划管理实务

（1）医药企业编制计划的依据

医药企业编制的各种计划构成了有机的计划体系，它规定着医药企业在一定时期内的生产经营指标和实施步骤，贯穿于医药企业经营活动的全过程。为使医药企业计划符合客观实际，更好地指导医药企业开展生产经营活动，必须了解编制计划的依据。编制计划的主要依据包括以下三个方面。

1）国家的路线、方针和政策

国家对医药企业工作的方针、政策，是在充分认识和运用客观经济规律的基础上，结合计划期的经营方向和经济任务制定出来的，尤其是《药品管理法》《药品生产质量管理规范》《药品经营质量管理规范》，是医药企业编制计划的重要依据。

2）社会经济情况和药品市场发展变化趋势

医药企业在编制计划时，要对社会情况和本地区、本行业经济情况进行深入的调查研究。调查研究的内容较为广泛和复杂，一般包括全国和当地医药生产的发展情况，医疗卫生事业的发展和卫生经费的增减情况，全国药品市场购买力的变动情况，医疗单位对各种药品的数量、质量、品种、规格等要求和使用的变化情况等。在调查研究的基础上，根据市场信息和市场预测资料，编制医药企业的各项生产经营计划。

3）前期计划执行情况及历史资料

医药企业的计划工作具有继承性和连续性，要对计划期的经营业务作出事前安排，就必须了解医药企业计划执行的历史和现状。因此，要对医药企业经营活动的历史资料和前期执行情况进行系统的分析研究，掌握其生产经营活动特点，总结计划工作的经验与教训。这对编制本期企业计划具有重要的参考价值，也是计划期安排各项指标的重要依据。

（2）医药企业编制计划的方法

医药企业在编制各种生产经营计划时，必须运用科学的方法进行研究比较，综合平衡计划方案，从中选择一种最佳计划方案。尽可能以最少的物化耗费和劳动耗费，取得尽可能大的经济效益，常用方法有以下四种。

1）定额法

定额是指在一定时间内和一定的技术经济条件下，对完成一定的工作量，在人力、物力、财力的利用和消耗方面应当遵守或达到的标准。它是企业实行经济责任制的主要依据。定额法是指利用已经确定的某项计划指标（应是起主导作用的指标）和有关先进可靠的定额来确定另一项与之有必然联系的计划指标的一种方法。此法是一种既简单又直接的方法。其计算方法如下：

某项需要确定的计划指标 = 已确定的某项计划指标 × 定额

例：某医药公司有销售人员 16 人，该公司计划期每位销售人员的销售定额为 200 万元，问该公司计划期销售总额为多少万元?

即：该公司计划期销售总额 = 每位销售人员计划期销售定额 × 销售人员数

= 200 × 16

= 3 200（万元）

运用定额法确定计划指标，关键是必须制定出一个先进可靠的定额。此定额必须既科学先进又切实可行。没有科学的计划定额，就无法编制出科学的计划。

2）固定比例法

它是指以历史上（包括报告期内）已形成的各项指标之间的比例关系为基础，结合计划期的变动因素来推算计划期有关计划指标的一种方法。其计算公式如下：

某类药品计划期销售额 = 计划期销售总额 × 某类药品占全部销售额的比例

现以本任务导入为例，某医药企业确定计划期销售额为 4 500 万元。据过去形成的经营大类销售额构成比例为：药品类占45%，医疗器械类占15%，化学试剂玻璃仪器类占10%，中成药类占30%。若计划期销售额仍按这个构成比例安排，各类的销售额分别为：

药品类：药品类计划期销售额 = 计划期销售总额 × 药品类占全部销售额的比例

= 4 500 × 45%

= 2 025（万元）

医疗器械类：医疗器械类计划期销售额 = 计划期销售总额 × 医疗器械类占全部销售额的比例

= 4 500 × 15%

= 675（万元）

化学试剂玻璃仪器类：化学试剂玻璃仪器类计划期销售额 = 计划期销售总额 × 化学试剂玻璃仪器类占全部销售额的比例

= 4 500 × 10%

= 450（万元）

中成药类：中成药类计划期销售额 = 计划期销售总额 × 中成药类占全部销售额的比例

= 4 500 × 30%

= 1 350（万元）

如需进一步确定各类药品内部小类的销售金额，可以对各大类再进行分类，如药品类可分为针剂、片剂、成药等若干小类，之后根据各小类的内部比例推算。必须指出，运用这种方法必须是历史上形成的比例关系比较稳定，和计划期的比例关系相似，不能忽高忽低。否则，不宜采用此种方法。

3）动态关系法

它是以某项经济指标历年来发展变化的动态趋势或平均增长速度为基础，来确定计划期该项计划指标的一种方法。这种方法简便易行，适用范围较广。其计算公式如下：

计划期该项指标 = 报告期该项指标 × (1 ± 增长率)

例：某零售药店近几年的药品零售额，年平均增长率稳定在12%左右，考虑到计划期无大的变化，仍保持往年的平均增长率，以此安排计划期的药品零售额。假定报告期的药品零售额为300万元，则：

$$计划期的药品零售额 = 报告期的药品零售额 \times (1 + 增长率)$$
$$= 300 \times (1 + 12\%)$$
$$= 336（万元）$$

如果估计计划期有影响增长率的因素，则应认真研究调整原来的增长率，而后再计算计划期的该项指标。

4）比较法

它是把计划中初步安排的某一项计划指标，同本单位可比时期（如前期、上年同期或历史上某一时期）的同类指标或与条件大致相同的外单位的同类指标进行比较，审定计划指标的一种方法。其目的是使计划指标安排得更加合理。

例：某药店计划期几个主要指标与前期同类指标的对比，见表2－1。

表2－1　某药店计划期主要指标与前期同类指标对比

指标	单位	计划期	前期	计划期比前期±%
销售额	万元	1 950	1 689	+15.5
利润额	万元	127.5	112.8	+13.3
费用率	%	2.53	2.63	−0.1
资金周转速度	次/年	10.52	10.48	+0.38
员工劳动效率	元	62 000	56 000	+10.7

从表2－1中可以看出，计划期安排的指标与前期比较，该药店计划期的主要计划指标均比前期好。即销售额增长15.5%，利润额增长13.3%，费用率下降0.1%，资金周转速度提高0.38%，员工劳动效率提高10.7%。所以，计划期安排的各项计划指标是比较先进的。

在计划管理工作中，上述编制计划的方法都有一定的应用条件和适用范围。医药企业在编制计划时，必须充分考虑计划期的变化因素，根据具体情况正确选择一种或几种方法进行试算，使计划指标安排得更加合理。但无论采用哪一种方法，计算出来的计划指标必须反复研究，最后加以确定。除运用上述诸方法外，还常常运用典型推算法、指数法等。随着现代科学技术的发展，还应利用计算机等现代化工具提高计划的科学性和准确性。

二、组织职能

1. 组织职能的概念

组织职能，是指根据经营目标的要求，合理建立组织结构体系，明确职责权限，使企业全体人员分工协作，有效地完成生产经营任务，实现预定目标的管理活动。

组织职能是管理的重要职能之一。计划制定以后，接下来的问题就是如何将计划付诸实施，这就需要管理者合理安排和配置各种资源，建立合理的组织结构体系，充分发挥组织职能的作用。

组织职能包括建立企业组织结构和合理用人两方面的管理活动。一是建立企业组织结构，将企业工作内容划分为若干项目，将企业组织的业务工作划分为便于管理的若干单位，将管理性工作适当划分为若干管理层次，赋予不同的管理权限，将所划分的不同机构连结成整体，明确互相协调的关系，建立统一高效的经营指挥系统。二是合理用人，主要是选拔管理人员和经营人员，根据他们的能力和特长分配适当的工作，授予一定的职权，监督和考核他们的工作，并对他们履行职责的情况作出客观公正的评价。

2. 组织结构的建立

（1）影响组织结构建立的因素

1）组织的经营战略

一个组织的结构是实现经营战略的重要工具，不同时期的经营战略要求组织结构也不尽相同。著名管理学者钱德勒指出：战略决定结构，高度多样化的战略需要的就是分权式结构。一个组织战略重心的调整，必然带来组织结构的调整。

2）建立组织结构的环境

环境因素可以从两方面影响组织结构的设计和建立，即环境的复杂性和环境的稳定性。稳定的环境允许组织采用较为刚性的、常规的组织结构。环境越复杂多变，则组织设计就越要强调适应性，要求采用更为灵活的、可调整的组织结构。

3）建立组织的规模

组织规模大小影响管理控制的复杂性和组织的规范化程度、集权化程度等。组织规模小，组织结构简单，则管理控制较易、权力集中，往往采取集权程度高的组织结构。规模大的组织，制度建设完善，管理控制规范，组织结构复杂、管理层次多，从上到下的控制就会变得非常困难，就要求组织采用分权式的组织结构。

4）组织应用科学技术情况

通常，一家企业应用的技术越复杂，就越需要一种分权组织结构。这样才能提高管理者应对突发事件的能力，给予他们足够的权力，充分发挥和运用解决问题的新能力和新方法。相反，科学应用技术越常规，就越适合规范的常规组织结构。

（2）企业组织结构的形式

组织结构是描述组织中具体岗位之间逻辑关系的框架性体系。就像人类由骨架结构来决定体型一样，组织是由结构来决定其形状的。组织结构是组织内部对工作的正式安排，其本质是为实现组织目标而采取的一种分工协作体系。组织包含三层含义：

1）组织必须是以人为中心，把人、财、物合理配置为一体，并保持相对稳定而形成的一个运营实体；

2）组织必须具有为本组织全体成员所认可并为之奋斗的共同目标；

3）组织必须保持一个明确的边界，以区别于其他组织和外部环境。

组织是实现资源有效配置的一种必不可少的重要方式，医药企业的组织结构形式在项目一中已有详细阐述，在此不再赘述。

任务实施

【背景资料】

某企业在几年前抓住了市场机遇，获得了迅速发展。但现在，这家企业强烈地意识到来自国内外同行竞争的危机感。为此，该企业聘请了某高校的一位管理学专家，来分析该企业如何在国内外同行的激烈竞争中立于不败之地。

该专家经过调查和分析，提出了以下几点看法：一是该企业的目标大多是为期一年的短期计划，而且主要是一些经济指标，对于一些暂时看不到效果的潜在项目，通常不会予以重视；二是职能人员都集中精力于自己的任务，而不太注重相互之间的交流和协作；三是主管人员大多致力于内部产品的开发和经营，而不太关心外界环境的变化。

总经理和职能部门负责人认真地听取了这位教授的分析报告。实际上，他们也看到了这些情况，教授的调查分析不过是加深了他们对“计划职能”和“组织职能”的理解，重要的问题是，现在应该怎样才能解决这些问题，从而增强企业的竞争能力呢？请同学们分组讨论并形成文字材料的解决方案。

一、组建团队，分配任务

班级同学按 3 ~ 5 人规模，自愿组成若干个学习团队，推选负责人。

二、开展调查，制订管理方案

1. 所在小组为该企业制订一个计划与组织管理方案。
2. 计划与组织管理方案要具有可操作性。
3. 方案应充分体现计划与组织管理的特点与要求。

三、团队汇报成果

每个团队用 5 ~ 8 分钟展示计划与组织管理方案，汇报成果。

任务测评

序号	考核内容	考核标准	配分	得分
1	管理方案	1. 目标设定的方向性 2. 方法实施过程的合理性 3. 完成评估的可行性 4. 管理方案的完整性	60 分	

续表

序号	考核内容	考核标准	配分	得分
2	汇报 PPT	1. 分工明确，全员参与 2. 文档美观，图文并茂 3. 展示详略得当 4. 编排得当，表达流利	40 分	
合计			100 分	

任务二　医药企业的指挥与监督职能

学习目标

1. 了解医药企业指挥与监督的概念。
2. 掌握医药企业指挥与监督职能的实施。

【任务引入】

2022 年 8 月 3 日，国家市场监督管理总局发布了《药品网络销售监督管理办法》（以下简称《办法》），并明确自 2022 年 12 月 1 日起施行。该《办法》聚焦保障药品质量安全、方便群众用药、完善药品网络销售监督管理制度设计等方面，对药品网络销售管理、第三方平台管理以及各方责任义务等作出了明确规定。

《办法》共六章四十二条，对药品网络销售管理、平台管理、监督检查及法律责任作出了具体规定。

一是明确药品网络销售企业责任。从事药品网络销售的主体应当是药品上市许可持有人或者药品经营企业，从事药品网络零售的主体必须是线下实体药店。

二是强化第三方平台责任落实。明确第三方平台应当设立药品质量安全管理机构，建立药品质量安全等管理制度，配备药学技术人员，按规定向所在地省级药品监督管理部门备案。要求第三方平台履行审核、检查以及发现严重违法行为后停止服务并报告等义务。

三是夯实监督检查责任。明确国家和省、市、县药品监督管理部门在药品网络销售监管中的职责划分和药品网络销售违法行为查处的管辖权。细化药品监督管理部门在监督检查时的具体职权，要求加强药品网络销售监测工作。明确药品监督管理部门对个人信息和商业秘密的保密要求。

四是严查重处违法违规行为。对违规销售国家实行特殊管理的药品、未遵守药品经营质量管理规范等情形，遵照《药品管理法》相应罚则，明确处罚标准；对第三方平台违反资质审核等义务，以及网络销售企业违反处方管理、信息展示等义务规定的，明确法律责任。

国家药品监督管理局强调，药品网络销售不是疏与堵的选择题，而是系统治理、综合治理的大文章。各级药品监督管理部门、涉及药品网络销售的各相关方要以《办法》的发布为契机，以药品质量安全为底线，以满足群众需求为导向，统筹发展与安全，多方协同、合力共治，共同建立药品网络销售产业新生态，开创药品网络销售监管新格局。

思考问题：

如何才能成为一名优秀的指挥、监督员呢?

请同学们带着这个问题学习下面的知识。

相关知识

一、指挥职能

1. 指挥职能的概念

指挥职能是指管理者为了实现企业经营目标、完成计划任务，有效地指导企业机构和各类人员从事经营活动的一种管理活动。指挥职能包括两个方面的含义：一是指导和鼓励员工，使其工作行为符合企业计划和组织机构所提出的要求和规范；二是了解员工的需要和执行作业任务时所面临的问题。前者是指挥者对被指挥者所施加的影响，后者是被指挥者的一种反应。因此，指挥职能不是单向的由上而下的指挥关系，而是双向信息的互通关系。

当组织机构建立后，就应让指挥职能发挥作用，通过指挥职能协调企业组织机构和各部门之间的关系，实现组织的预定目标。

2. 指挥职能的实施

（1）影响指挥职能的因素

1）观念因素

指挥者由于其权力或职能的存在，在各项活动中的作用会明显表现出来。因此，就会使人们产生对指挥者的敬畏与服从心理。这种观念思想无形中增强了指挥者言行对被指挥者的影响力。

2）职位因素

由于指挥者凭借组织所授予的职位，可以左右被指挥者的言论、行为、处境，甚至前途、命运，从而使指挥者产生带领被指挥者开展具体活动的权力。因此，指挥者的职位越高、权力越大，被指挥者对他的敬畏感就越强，指挥者的影响力也就越大。

3）情感因素

人与人之间如果建立了良好的情感关系，便能产生亲切感，相互的吸引力就越大，彼此的影响力也越大。因此，一个指挥者平时待人和蔼可亲，关心体贴被指挥者，与其关系融洽，指挥者的影响力往往就较大。

4）品质因素

品质是一个人的本质表现，好的品质能使被指挥者对指挥者产生尊重感，并能得到被指挥者的认可。指挥者的品质因素主要包括指挥者的世界观、道德、品行、人格等。优良的品质会给指挥者带来巨大的影响力。

5）资历因素

资历是一定社会实践经验与工作成果积累的结果，指挥者用较高的知识水平客观地认识世界并不断实现自我提升，指挥者的指挥权就会不断加强。

（2）指挥职能的权力类型

权力是指引导或影响他人行为的能力或控制力。权力主要来自两个方面：一是来自职位的权力，这种权力是组织授予的，由法律、制度明文规定的，并随职位的变动而变动；二是来自指挥者自身的权力，是由于其自身的某些特殊条件才具有的，这种权力不会随职位的消失而消失，它产生的影响是组织成员发自内心的、长期的尊重与服从。从权力的构成来看，权力可分为以下四类。

1）法定权力

法定权力是企业内各等级指挥者所具有的正式权力，其作用基础是职位的权威性。凡是处于某一职位上的指挥者都拥有一定的法定权力，可在其职权范围内行使、运用有关权力，被指挥者必须服从指挥者依权发布的指示、命令。

2）感召权力

感召权力是因指挥者的特殊品格、个性或个人魅力而形成的权力。这种权力建立在被指挥者对指挥者的尊重、信赖和感性认同的基础之上。一个指挥者公正无私、胆略过人、勇于创新、知人善任、富于同情心、具有感召力、善于巧妙运用指挥艺术等，更容易获得被指挥者的尊重和服从。

3）奖励权力

奖励权力是决定给予还是取消奖励的权力。奖励的范围包括增加工资和奖金、提升职务、表扬、提供培训机会、分配理想工作、改善工作条件等。奖励权力建立在利益性遵从的基础上，当被指挥者认识到服从指挥者的意愿能带来更多的物质或非物质利益的满足时，就会自觉地接受其指挥，指挥者也因此享有相应的权力。

4）专长权力

专长权力是由于指挥者具有某种专业知识或技能而获得的权力，这种权力以敬佩和理性崇拜为基础。指挥者本人学识渊博，精通本行业务，具有专门的知识与技能，无形中就容易获得一定的专长权力。专长权力的大小取决于指挥者的受教育程度、运用知识的能力以及实践经验的丰富程度。

二、监督职能

1. 监督职能的概念

监督职能是管理者根据政策、目标、计划和标准，对企业的经营状况和各部门工作任务完成情况进行检查、监督和控制的一种管理活动。监督职能与指挥职能不同，指挥职能主要是指导下级的经营管理活动，引导他们把工作做好，完成工作任务。监督职能主要是根据一定的标准检查企业经营管理活动有无偏离经营方向和方针，是否违背有关政策和法令，各类人员是否履行了自己的职责，监督的依据是企业所制定的有关规章制度、计划任务和奋斗目标。

监督职能包括两方面的内容。一方面是对人的监督。可分为自上而下的监督、自下而上的监督和平级之间的相互监督。对人监督的目的，不是为了限制人们的正常生产经营活动，而是为了更好地发挥人的积极性和主导作用，把人们的生产经营活动纳入正常的轨道，实现企业的生产经营目标。另一方面是对生产经营活动的检查。通过检查了解生产经营活动情况，找出偏差和产生编差的原因以及克服偏差的方法。监督是管理职能的一个重要组成部分，监督工作涉及修订目标、制订计划、调整组织结构、改善人员配备等内容，监督的主要手段是检查、评比、协调和总结。因此，监督与管理的其他职能紧密联系，形成一个周而复始的循环过程。

2. 实施监督职能的必要性

监督职能既可以理解为一系列的检查、调整活动，也可理解为检查和纠正偏差的过程。现代企业组织管理中，监督职能的必要性主要有如下四点。

（1）组织环境的不确定性

组织的目标和计划，是组织对未来一定时期的努力方向和行动步骤的描述。任何组织的目标和计划都是在特定时间和环境下制定的，在计划实施过程中，组织内外的相关因素都有可能发生变化。为了使目标和计划能够适应不断变化的环境，组织就必须通过监督职能来及时了解环境变化的程度和原因。

（2）现代组织活动的复杂性

每一个组织要实现自身的目标，都必须从事一系列复杂的活动或工作，而每一项活动或工作又都可能涉及组织的各个部门。因此，组织不仅要制定明确的目标并进行总目标分解，而且在实施过程中要进行大量的组织协调工作。

（3）管理偏差的不可避免性

任何组织在其发展过程中，都难免会出现一些偏差甚至错误，而监督职能是组织发现和纠正偏差或错误的有效手段。通过对实际活动的反馈，管理者可以及时发现偏差或错误，通过对产生偏差或错误的原因分析，可以使管理者明确问题所在，从而采取措施纠正偏差或错误。因此，监督职能是改进工作、推动工作不断前进的必不可少的有效手段。

（4）提升组织的效率和竞争力

一个组织要在竞争中立于不败之地，就必须在运营效率、产品和服务质量、对顾客的响应、创新等方面有出色表现。而管理者要提升运作效率，就必须掌握企业利用资源的现状，准确评估组织已有的生产或服务效率。也正因为有了通过监督体系所获得的信息反馈，一个组织才能不断改进产品和服务，有针对性地指导员工更好地为顾客服务，从而在竞争中脱颖而出。

3. 实施监督职能的过程

监督的过程一般包括制定监督标准、衡量绩效、进行比较、纠正偏差四个步骤。

（1）制定监督标准

监督职能的第一步就是订立明确、科学的标准，标准是评定成效的尺度，有利于确定监督的依据。监督标准是那些从计划中甄选出来的、对工作绩效的衡量具有重要意义的工具。

1）实物标准。实物标准是非货币形式的衡量标准，如使用原材料、雇用劳动力、生产产品或提供服务等。

2）价值量标准。这是常用的一类标准，包括资金标准、收益率标准、成本标准等。

3）时间标准。如各种工作的时间定额、完成任务的限期等。

4）定性标准。如企业的经营方向等。

在实际应用中监督标准的选用应当与监督对象的特点结合起来，不同的组织、不同的计划、不同的监督环节，监督的标准也应当有所不同。

（2）衡量绩效

确定了标准以后，为了确定实际工作绩效究竟如何，管理者首先需要收集必要的信息，考虑衡量什么和如何衡量。管理者可以通过多种渠道与方式获得信息，比如通过大数据或大众媒体获取、通过市场交易获取、在与人沟通过程中获取、在组织活动的过程中获取等，许多工作或活动是可以定量化表达的。当一种衡量绩效的指标不能用定量方式表达时，管理者应该寻求其他衡量方法。

（3）进行比较

将预定的监督标准与实际绩效进行比较后，如果存在偏差，就要分析偏差产生的原因。特别要注意偏差的大小和方向。在某些活动中，偏差是在所难免的。因此，确定可以接受的偏差范围是很重要的。如果偏差显著超过了这一范围，就要制定纠正偏差的方案，以便采取下一步的行动。

（4）纠正偏差

采用必要的措施纠正偏差是监督过程的关键。如果偏差是由于实际绩效没有达到预定标准而产生的，管理者就要采取纠正行动。这些纠正行动的具体方式可以是管理策略、组织结构上的调整，也可以是人事上的调整。

管理者在采取纠正行动之前，首先要决定应该采取立即纠正行动还是彻底纠正行动。所谓立即纠正行动是指立即将出现问题的工作矫正到正确的轨道上，而彻底纠正行动则首先要弄清工作中的偏差是如何产生的、为什么会产生，然后再从产生偏差的地方进行纠正行动。

工作中的偏差也有可能来自不现实的标准，也就是说，标准定得太高或太低。在这种情况下，管理者需要注意的是标准，而不是工作绩效。需要注意的是，当执行者没有达到设定的标准而责备标准时，如果管理者认为标准是现实的，就应该坚持，并向员工或经理解释自己的观点，保证将来的工作会得到改进，然后采取一些必要的行动使期望变为现实。

总之，监督贯穿于管理的各个方面，管理者需要建立监督体系，以便使自己可以自始至终地掌握执行者完成任务的情况和进度。

任务实施

【背景资料】

鹦鹉“师傅”

一个人去买鹦鹉，看到一只鹦鹉前标着：该鹦鹉会两种语言，售价200元。另一只鹦鹉前则标着：该鹦鹉会四种语言，售价400元。两只鹦鹉都毛色光鲜，非常灵活可爱。该买哪只呢？这人转来转去，拿不定主意。突然他发现一只毛色暗淡散乱的鹦鹉却标价800元。这人赶紧向店主询问：“这只鹦鹉是不是会八种语言？”店主说：“不是。”这人觉得奇怪，又问：“它又老又丑，为什么价格更高呢？”店主回答说：“因为另外两只鹦鹉管这只鹦鹉叫‘师傅’。”

【资料延伸】

优秀的指挥者，不一定自己能力有多强，只要懂信任、懂放权、懂珍惜，就能团结业务能力比自己强的力量，从而提升自己的价值。相反，不少能力非常强的人却因为过于坚持完美主义，认为每个人都不完美，甚至认为别人都不如自己，最后却不能成为优秀的指挥者，你怎么看？

一、组建团队，分配任务

请同学们通过网络查阅或根据背景资料，按3～5人规模，自愿组成若干个学习团队，推选代表人演讲：如何成为一位优秀的指挥员或监督者？

二、开展调查和案例资料整理

1. 开展医药企业指挥与监督岗位调查

团队成员通过网络查阅，选取具有代表性的3～5家医药企业，查询指挥与监督的基本过程，形成案例资料，保存为WORD格式文档（注明资料出处），作为课程学习资源的组成部分。

2. 制作汇报PPT

团队成员合理分工，围绕搜集的案例、分析问题、收获体会等方面，制作汇报PPT。

三、团队汇报案例整理成果

每个团队用5～8分钟展示搜集的案例资料，汇报成果。

任务测评

序号	考核内容	考核标准	配分	得分
1	案例资料	1. 资料来源权威真实，注明出处 2. 案例具有代表性 3. 案例整理清晰，格式规范，可阅读性强 4. 选取医药企业案例具有代表性，分析总结准确深刻，能提出建议或应对措施	60 分	
2	汇报 PPT	1. 分工明确，全员参与 2. 文档美观，图文并茂 3. 展示详略得当 4. 编排得当，表达流利	40 分	
合计			100 分	

任务三　医药企业的决策

学习目标

1. 了解医药企业决策的意义与原则。
2. 掌握医药企业决策的程序与方法。

【任务引入】

云南白药的成功秘诀

回顾十几年前，在高端市场被洋品牌垄断、低端市场低迷的情况下，云南白药“剑走偏锋”，作出向牙膏进军的决策。2005 年云南白药牙膏横空出世，短短一年时间，销售额便突破 1 亿元。10 年时间，累计销售额达 121 亿元，在高端市场云南白药牙膏独领风骚，连续多年夺得中国高端牙膏市场第一的桂冠。

牙膏行业准入门槛不高，但市场相对饱和，品牌集中度极高——前五家的销售额即可占去七成市场。面对老牌海外日化品牌巨头们，云南白药牙膏要想分一杯羹，当然只有另辟蹊径。云南白药牙膏品牌定位战略的第一步是与消费者展开一对一的深度访谈，了解客户需求。无论是专业数据显示还是调研发现，随着饮食习惯的改变和工作压力的增大，成年人大多有口腔溃疡和牙龈肿痛、出血、萎缩等口腔问题。

这些口腔“小问题”虽然不足以去医院，但却困扰了人们的情绪，人们有快速解决的心理需求和市场需要，并且对高端口腔护理产品的需求越来越强烈。然而当时市场上仍是一些普通性质的日化产品，没有一款能真正解决九成以上国人口腔问题的实效牙膏产品。这当然是云南白药牙膏的一大机遇，经过市场调查与分析，与其他同类产品相比，云南白药牙膏并不具备成本和价格优势，如果在现有市场层面上参与竞争无疑是以卵击石。云南白药的决策者，根据产品的特点与功能以及市场需求分析，最后决定云南白药牙膏向高档消费领域进军。

思考问题：

云南白药牙膏是如何作出进入高档消费领域决策的？

请同学们带着这个问题学习下面的内容。

相关知识

医药企业决策，在医药企业经营管理活动中起着极为重要的作用。决策贯穿于整个管理过程，即在计划、组织、指挥和监督的过程中都离不开决策。正如诺贝尔经济学奖获得者赫伯特・西蒙所说："管理就是决策，管理的核心是决策。"决策是管理的中心职能，是整个管理的核心，决策的质量决定了组织活动的有效性。

无论是药品发展战略的制定，还是在具体的业务活动中，购、销、储、运各环节的调配以及人、财、物、时间、空间各经营要素的安排与利用；无论是市场的选择，还是品种、剂型、规格的搭配等，都离不开决策。决策贯穿于医药企业经营管理活动的始终，是企业经营管理的核心和基础，是组织和动员全体成员进行经营活动的行动纲领，是提高企业经济效益的重要保证，是企业成长和发展的关键。正确的决策会带给企业生机和希望，为企业创造良好的经济效益；错误的决策会造成企业管理混乱，产生损失而导致企业亏损乃至破产。

一、医药企业决策的概念与意义

1. 医药企业决策的概念

医药企业决策，是指医药企业在经营管理活动中，根据医药市场调查和医药市场预测提供的依据，进一步分析、比较、判断，最终选择最佳方案并付诸实施的整个活动过程。

医药企业决策，有狭义和广义之分，狭义的医药企业决策是指在几种行为方案中作出最终选择；广义的医药企业决策还包括在作出最终选择之前必须进行的一切活动。在此，主要从广义的角度理解医药企业决策的含义，即医药企业决策就是为了解决问题或实现一定目标，运用一定的手段或方法，并从多种可以相互替代的方案中选择一个合理或满意方案的分析、判断过程。

2. 医药企业决策的意义

诺贝尔经济学奖获得者赫伯特・西蒙在谈到决策在管理中的地位和作用时指出，决策是管理的心脏，管理是由一系列决策组成的。

现代管理理论认为，管理的中心在经营，经营的重点在决策。随着我国市场经济的不断深化，医药企业能否作出正确的经营决策，对于医药企业的生存与发展有着重要的现实意义。

（1）正确的经营决策是医药企业生存和发展的保证

医药企业的经营决策是关系医药企业总体发展和主要经营活动的战略性决策，它规定着医药企业发展的方向和途径。随着我国经济体制改革的深化和市场经济的不断发展，医药企业的外部环境，特别是市场需求的变化将直接影响医药企业的生存和发展。因此，正确的经营决策可以使医药企业适应环境的变化和发展，不断提高医药企业的竞争能力和发展能力，使医药企业沿着正确的方向不断发展和壮大。反之，决策失误，将会给医药企业带来巨大的损失，甚至导致医药企业的破产和倒闭。

（2）正确的经营决策是增强医药企业凝聚力的保证

企业员工是企业的主人，员工的凝聚力，只有在其物质利益和精神需要得到满足后才能得以调动和施展。因此，正确的经营决策，可以使医药企业的经营目标得以实现，员工的物质利益和精神需要才能得到保证和发展，员工才能发挥出更大的积极性和创造性，使医药企业的凝聚力得以不断发展。否则，决策失误不仅会使医药企业遭受损失，也必然挫伤员工的积极性和创造性，从而使医药企业失去活力和生气，最终导致人心涣散。

（3）正确的经营决策是提高医药企业经济效益的保证

正确的经营决策，可以使医药企业按需生产，满足用户的需要，使医药企业的生产和销售工作能够顺利地进行。这样不仅能使医药企业的经济效益不断提高，而且还会促进社会效益的增长。而医药企业经济效益的提高，关键在于能否作出科学的经营决策。因此，只有医药企业不断提高决策水平，才能不断提高医药企业的经济效益，促进国民经济的发展。

二、医药企业决策的原则与程序

1. 医药企业决策的原则

医药企业在进行决策时，应遵循的原则主要有以下六个。

（1）政策性原则

所谓政策性，就是医药企业在进行经营决策时，必须贯彻党和国家的路线、方针和政策，执行有关的法律和法规。同时，还要坚持社会主义经营方向，维护广大消费者的利益。医药企业经营决策只有符合有关的政策性要求，才能使医药企业适应政治环境和社会环境的变化，才能促进社会主义物质文明建设和精神文明建设的发展。

（2）效益性原则

所谓效益性，就是医药企业在进行经营决策时，必须重视决策的实际效益和效果，讲求经济效益。经济效益，简单地说，就是投入与产出、费用与效果的比较。讲求经济效益是人们从事一切经济活动的基本原则，是医药企业生存发展的根本保证，提高经济效益，就是要以尽量少的劳动消耗，生产出更多、更好的符合社会需要的医药产品。医药企业在谋求经济效益时要处理好速度和效益的关系，处理好眼前效益与长远效益的关系，处理好企业效益与社会效益的关系，处理好医药企业内部责、权、利的关系，以综合效益、长远效益和社会效益为重，防止短期化行为。

（3）可行性原则

所谓可行性，就是医药企业在进行经营决策时，要从实际出发，使经营决策建立在实际需要和可能性基础之上。实际需要是指在经营活动中，确实存在着必须通过经营决策所需要解决的问题，经营决策执行的结果是实际需要的；可能性就是指从实际出发，认真进行可行性分析，搞清楚医药企业的有利条件和不利因素，使决策所采取的方案是主观和客观条件所允许的。要使决策建立在实际需要和可能性的基础上，就要进行深入、细致的环境分析，发现和确认存在的问题和解决问题的条件以及各方面的要求，找出决策方案实施的有利条件和不利因素。决不能在问题不明、条件不清、要求模糊和力所不能及的状况下，就匆忙地作出决策。特别要防止那种“情况不明决心大、心中无数办法多”的做法。

（4）创新性原则

所谓创新性，就是医药企业在进行经营决策时，要敢于冲破框架和传统观念的束缚，不断进取和创新，使医药企业得以顺利发展。医药企业的经营决策具有战略性，它与医药企业的生存发展关系密切，涉及许多新情况、新问题。所以要求决策者既要有分析判断能力，又要有战略眼光和勇于创新的精神，以对医药企业和国家负责的精神，克服阻力，越过障碍，勇于开辟新的发展道路，提出新经营设想，寻找和运用新的经营管理方法和经营策略。

（5）科学性原则

所谓科学性，就是医药企业的经营决策必须建立在科学的基础上，必须具有科学的依据，采用科学的程序和方法，力求主观愿望符合客观实际情况。要使经营决策做到科学性，首先，要把决策建立在科学的调查、研究与预测基础之上；其次，要按照科学的决策程序，采用科学的决策方法进行决策；再次，要对重大的经营决策反复论证，尽量避免决策的失误；最后，要建立严格的决策控制系统，对决策的执行情况进行及时有效的监督和反馈，及时地填补漏洞和修正方案，保证决策的可靠性。

（6）民主性原则

所谓民主性，就是医药企业在进行经营决策时，要充分发扬民主，广泛听取员工、专家等多方面的意见，集思广益，吸收合理化建议，使决策有可靠的群众基础。民主性原则是社会主义医药企业的要求。医药企业的经营决策事关大局，涉及面广，影响因素多，仅某个人或某几个人的经验和能力是远远不够的，必须充分发扬民主，集中群众的智慧，只有这样才能使决策具有正确性。贯彻民主性原则，可以采取建立职工代表大会参与决策的管理制度和形式，也可以组织各种形式的顾问参谋机构等，使民主性不但有形式，而且有实质性行动。

总之，经营决策的上述原则，是相互联系、相互影响和相互制约的。效益性是医药企业经营目标的根本要求，政策性是由社会主义医药企业的性质所决定的，可行性是医药企业外部环境和内部条件所要求的，创新性是医药企业生存和发展的需要，科学性和民主性是医药企业正确决策的根本保证。

2. 医药企业决策的程序

现代决策理论认为，要作出正确的经营决策，必须按照科学的决策程序进行。医药企业决策的程序一般包括下列六个方面的内容。

（1）调查预测，发现问题

调查研究和科学预测是经营决策的基础和起点，是发现问题、提出问题的前提。所谓发现问题，就是通过调查和预测，以及对各种信息资料的分析研究，找出企业生产经营活动中的差距和不足，并进一步分析产生差距和存在不足的原因，为医药企业进行经营决策奠定基础。

(2) 比较分析，确定目标

通过调查预测发现问题以后，一要对问题进行核实，弄清真伪；二要进行综合分析，分清问题的性质和程度；三要在分析的基础上确定合理的决策目标。

正确地确定经营目标，是经营决策的出发点与归宿点，决策目标的确定必须从实际出发，有充分的依据，并且要建立在实际需要与可能性的基础之上。

决策目标的确定应明确、具体和可行。所谓明确，就是目标概念要明确，实现目标的期限和约束条件要明确；所谓具体，就是要具有衡量目标实现程度的标准，要尽量数量化，对有些难以用数量指标表示的目标，可以用间接表示的方法使其数量化；所谓可行，就是目标的确定要建立在能够实现的基础上，不具备实现基本条件的目标，不能作为决策目标。

(3) 研究对策，拟定方案

确定决策目标以后，就可以研究确定具体的对策和制定各种可行的决策方案。该步骤的根本任务是发挥创造性，尽可能把一切好的可行性方案挖掘出来。

理想的方案应具备整体详尽性、相互排斥性和切实可行性。所谓整体详尽性，是指拟定的全部备选方案应当尽可能包括较多的可行性方案，并且各自内容比较详细；所谓相互排斥性，就是各个方案之间必须互相排斥，即要有原则的差别，而不是细节的差异；所谓切实可行性，就是每一个备选方案，都应当力求可行，并能够比较顺利地贯彻和执行，这就要求方案既要大胆创新，精心设计，又不能超出客观条件的限制。

(4) 评价比较，优选方案

对各种备选方案按照一定的标准进行评价分析，从中选择一个满意的方案作为优选结果。在评价比较方案时，必须把方案的优劣、可行性的大小、效益的高低与决策的目标统一起来，建立满意的标准后再进行选择。方案评价选优时，要运用科学和定量分析方法，同时，还要与有关的政治、经济、技术、社会等方面的要求结合起来综合分析。要从战略到战术、主观到客观、宏观到微观、全局到局部、目标到方法、经济效益到社会效果等多方面对方案进行周密论证，要突出经济上的合理性、技术上的先进性与实现的可能性，要重视经济效益。该步骤是整个经营决策过程中最关键的一环，它的工作好坏，直接关系决策的结果。

(5) 组织实施，执行决策

这是经营决策的重要环节。再好的决策方案，如果不付诸实施，也是不能达到预期效果的。实施决策方案时，要着重做好以下几方面的工作：首先，要制定具体实施决策方案的措施和政策；其次，要把决策的目标和实现目标的方案，明确地向企业全体员工说明，动员员工为实现目标多做贡献；再次，要把决策目标层层分解，落实到每一个执行部门和人员，使决策方案落到实处；最后，各部门及执行人员要按照计划认真贯彻执行决策方案，使决策达到预期的目标。

(6) 跟踪检查，反馈控制

跟踪检查，就是按照实施方案的要求，将实际情况层层进行对比，其目的在于及时检查执行情况，并且研究没有达到预定效果的原因。

决策付诸实施以后，有两种可能：一是比较顺利地实现决策目标；二是可能出现未曾预料到的问题，没有达到决策目标。因此，需要经过跟踪检查，随时掌握决策执行中的情况，采取各种应急措施解决可能发生的问题，及时有效地对决策方案进行必要的调整、修正与补充。要在方案执行过程中建立信息反馈系统，以便及时反馈决策方案的执行情况和效果，并且进行认真的控制，以保证全面实现决策目标。

总之，一个健全的决策程序，应是一个完整的系统。决策程序的每一个步骤都有特定的科学含义，相互之间又有着有机联系。为了保证经营决策的正确性和可靠性，就必须采取科学的态度，严格按照决策程序进行决策。

三、医药企业决策的方法

医药企业决策必须运用一定的科学决策方法，决策方法的选择直接影响到决策的结果。科学选用决策方法，不仅有助于决策者作出决策，而且在决策过程中能节省人力、财力、物力和时间，提高决策的效率和准确度。随着决策理论和实践的不断发展，决策方法也不断得到充实和完善。根据方法本身的性质，决策方法可分为定性决策法和定量决策法。

1. 定性决策法

定性决策法是一种直接利用决策者本人或有关专家的智慧进行决策的方法。常见的定性决策法有德尔菲法、头脑风暴法、对演法和哥顿法等。

（1）德尔菲法

德尔菲法又称专家决策法，其本质是一种反馈匿名函询法。德尔菲法依据一定的程序，在对所要预测的问题征得专家意见之后，进行整理、归纳、统计，再匿名反馈给各位专家，再次征求意见，再集中，再反馈，几轮反复后，专家意见逐渐趋于一致，最后供决策者进行决策。德尔菲法是一种广为适用的预测决策方法。

（2）头脑风暴法

头脑风暴法要求集思广益，不支持与会者批评别人，设想多多益善，不准私下交谈，不准宣读稿件，不准多数压倒少数，参加者一律平等，一律记录在案。主持人将收集到的各种好的想法整理出来，以得到最佳方案。头脑风暴法的目的在于创造一种畅所欲言、自由思考的氛围，引导创造性思维的共振和连锁反应，产生更多有价值的思维。

（3）对演法

对演法，又称打擂台法，是指对于组织制定的对立方案，正反双方的专家小组进行激烈的辩驳，互攻其短，以充分暴露方案的缺点。主持人将方案进行整理，得到最佳方案。

（4）哥顿法

哥顿法，又称提喻法、类比法，是指主持人不公开会议的具体目的，只用类比的方法把问题提出来，不讨论问题本身，而让与会者提出各种想法的决策方法。通过与会者的各类想法来完善方案。

2. 定量决策法

定量决策法主要是应用运筹学、统计学等方法，通过建立数学模型来模拟实际问题，寻求最优解决方案的方法。定量决策一般分为确定型决策、不确定型决策和风险型决策三类。

（1）确定型决策

确定型决策是指在稳定（可控）条件下进行的决策。在确定型决策中，决策者确切知道自然状态的发生，每个方案只有一个确定的结果，最终选择哪个方案取决于对各个方案结果的直接比较。

（2）不确定型决策

不确定型决策是指在不稳定条件下进行的决策。在不确定型决策中，决策者可能不知道有多少种自然状态，即使知道，也不能知道每种自然状态发生的概率，完全凭决策者的经验、感觉和估计作出决策。

（3）风险型决策

风险型决策也称随机决策，在这类决策中，自然状态不止一种，决策者不能知道哪种自然状态会发生，但能知道有多少种自然状态以及每种自然状态发生的概率，决策的结果只有按概率来确定，决策存在风险。

【扩展阅读】

树型决策法

1. 树型决策法的含义

树型决策法是指利用树形决策图对各种方案进行比较选定决策的方法。用树形决策图可以使决策问题形象化，它把各种备选方案可能出现的自然状态以及各种损益值简明地绘制在一张图上，便于决策者审度决策局面，分析决策过程。

2. 树型决策法的基本结构

树形决策图由决策点、方案枝、状态点、概率枝、收益值构成，如图 2－1 所示。

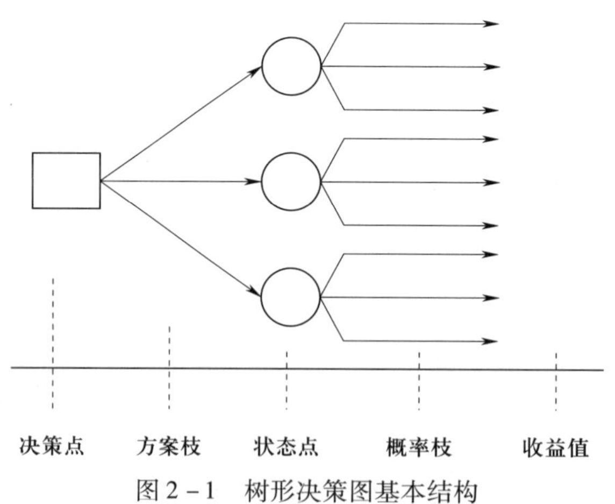

图 2－1　树形决策图基本结构

从图 2－1 中可以看出，决策树的起点是决策点，用一个矩形方框表示，从矩形方框引出的箭头为方案枝，每一个方案枝代表一种方案，有几个备选方案就有几个方案枝，在各方案枝末端画上圆圈称为状态点或随机事件点。从状态点开始按事件发生的可能性再分别画出一些细分枝箭头，即概率枝。概率枝的终端是各方案的收益值。

3. 树型决策法的程序

（1）绘制决策树。对决策条件进行细致分析，确定备选方案和自然状态，将状态概率和与之相对应的损益值分别填入相应位置。

（2）计算期望值，并将期望值填入状态点。

（3）比较期望值大小，剪枝选定方案。

例：某医药企业计划一次购进 50 万元药品，有从名牌厂家进货和从一般厂家进货两个方案。从名牌厂家进货销路好时（概率为 0.7）可获利 6 万元，销路差时（概率为 0.3）可能亏损 1 万元。从一般厂家进货销路好时（概率为 0.7）可获利 4 万元，销路差时（概率为 0.3）可获利 2 万元，根据树形决策法选定决策方案。具体决策程序如图 2－2 所示。

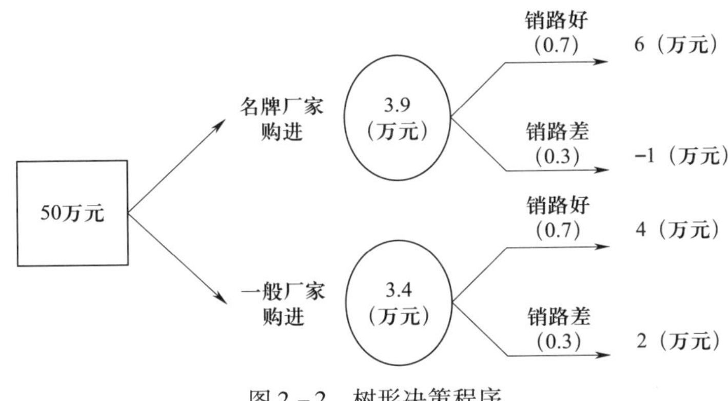

图 2－2　树形决策程序

从图 2－2 中可以看出：本例中 3.9 万元大于 3.4 万元，因此，选定从名牌厂家进货的决策方案。

【扩展阅读】

SWOT 分析法

企业内外部环境分析，经常用到 SWOT 分析法。SWOT 分析法，又称为态势分析法。其中，S 代表 strengths（优势），W 代表 weaknesses（劣势），O 代表 opportunities（机会），T 代表 threats（威胁）。S、W 主要用来分析内部条件，O、T 主要用来分析外部条件。它是由哈佛商学院的安德鲁斯教授于 1971 年在其《公司战略概念》一书中提出的，是一种能够比较客观而准确地分析和研究一个企业现实情况的方法，即基于内外部竞争环境和竞争条件下的态势分析，就是将与研究对象密切相关的各种主要内部优势、劣势和外部的机会、威胁等，通过调查列举出来，并依照矩阵形式排列，然后用系统分析的思想，把各种因素相互匹配起来加以分析，从中得出一系列相应的结论，而结论通常带有一定的决策性。利用这种方法可以从中找出对自己有利的、值得发扬的因素，以及对自己不利的、需要避开的东西，发现存在的问题，找出解决办法，并明确以后的发展方向。它是一种企业战略分析方法。

任务实施

一、组建团队，分配任务

班级同学按 3 ~5 人规模，自愿组成若干个学习团队，推选负责人。

二、开展调查和方案整理

1. 开展调查，运用头脑风暴法进行决策

假设你的团队试图在学校附近开一家药店，困扰你们的问题是这周围已经有几家不同规模的药店了。目前，你们拥有足够的资源，你们面对的挑战是要决定开办哪种规模类型的药店将最为成功。请团队成员运用头脑风暴法进行决策。

2. 制作汇报 PPT

团队成员合理分工，作出合理决策，制作汇报 PPT。

三、团队汇报方案整理成果

每个团队用 5 ~8 分钟展示整理出的不同方案，汇报讨论成果。

任务测评

序号	考核内容	考核标准	配分	得分
1	合理决策	1. 整理不同类型的药店方案 2. 方案具有创造性 3. 头脑风暴决策过程符合规定 4. 成员发言积极性	60 分	
2	汇报 PPT	1. 分工明确，全员参与 2. 文档美观，图文并茂 3. 展示详略得当 4. 编排得当，表达流利	40 分	
合计			100 分	

目标检测

一、单项选择题

1. “凡是预则立，不预则废”是强调（　　）的重要性。

A. 预防　　B. 预测　　C. 组织　　D. 计划

2. 目标不是一成不变的，一般来说（　　）应保持一定的稳定性。

A. 利润目标　　B. 短期目标　　C. 中期目标　　D. 长期目标

3. 一个企业的指挥者为了提高自己对下属的指挥效果，他应该（　　）。

A. 提高自己在下属中的威信和影响力

B. 尽量升到更高的位置

C. 采取严厉的惩罚措施

D. 增加对下属的物质刺激，因为每个员工都是“经济人”

4. 指挥的作用不包括（　　）。

A. 引导作用　　B. 计划作用　　C. 协调作用　　D. 激励作用

5. 德尔菲法属于（　　）决策方法。

A. 定量决策法　　B. 个人决策法

C. 定性决策法　　D. 集体决策法

二、多项选择题

1. 影响组织结构的因素包括（　　）。

A. 组织的经营战略　　B. 建立组织结构的环境

C. 建立组织的规模　　D. 组织应用科学技术情况

2. 编制计划的方法包括（　　）。

A. 定额法　　B. 固定比例法

C. 动态关系法　　D. 比较法

3. 权力是履行职责的基础。权力的类型包括（　　）。

A. 法定权力　　B. 感召权力　　C. 强制权力　　D. 专长权力

4. 在企业管理中，监督的过程包括（　　）。

A. 情感标准　　B. 制定监督标准

C. 衡量绩效　　D. 实物标准

5. 下列属于定性决策法的是（　　）。

A. 头脑风暴法　　B. 德尔菲法　　C. 电子会议法　　D. 哥顿法

三、简答题

1. 计划管理的意义有哪些？

2. 编制计划的依据有哪些？

3. 简要说明企业管理中监督的必要性。

4. 简要说明医药企业决策的意义。

5. 简要说明医药企业决策的原则。

6. 简要说明医药企业决策的程序。

目标检测单项、多项选择题参考答案

一、单项选择题

1. D　2. D　3. A　4. B　5. C

二、多项选择题

1. ABCD　2. ABCD　3. ABD　4. BC　5. ABD

项目三

新医药产品研发管理

通过本项目的学习，了解新医药产品的整体概念，区分新医药产品类型，了解新医药产品的商标注册流程和新医药产品的包装概念，掌握新医药产品的包装策略；了解新医药产品的研发程序，掌握新医药产品的研发策略；了解医药产品的生命周期理论，区分医药产品生命周期各阶段的特点，掌握医药产品生命周期各阶段的经营策略。

任务一　新医药产品的研究

学习目标

1. 了解新医药产品的整体概念。
2. 区分新医药产品的类型。
3. 了解新医药产品的商标注册流程。
4. 了解新医药产品的包装概念，掌握新医药产品的包装策略。

【任务引入】

随着社会经济的快速发展，医疗保健业的结构也开始快速变化。有三位年轻人，他们发现这是创业的好机会。他们认为医院在病人饮食、卫生、护理等方面，将需要越来越专业化的服务。于是他们与医院签订合作协议，为医院病人提供相关服务。他们抓住了这个机会，利润连年增长，而许多专业的服务公司却没有能够抓住这个机会。

思考问题：

1. 这三位年轻人卖的是什么医药产品？
2. 该案例对于新医药产品的研发有什么启示？

请同学们带着这些问题学习下面的内容。

相关知识

一、新医药产品的整体概念与类型

1. 产品及医药产品

产品，是指一切能满足消费者某种需求和欲望的东西，可以分为有形产品和无形产品，主要包括有形的物品与无形的服务、组织等。

医药产品，是指药品、保健品、医疗器械、药妆品、医疗服务等一切与健康相关的产品和服务。

2. 产品的整体概念

根据产品的整体概念把产品分为五个主要层次：核心产品、形式产品、期望产品、延伸产品、潜在产品（如图 3－1 所示）。

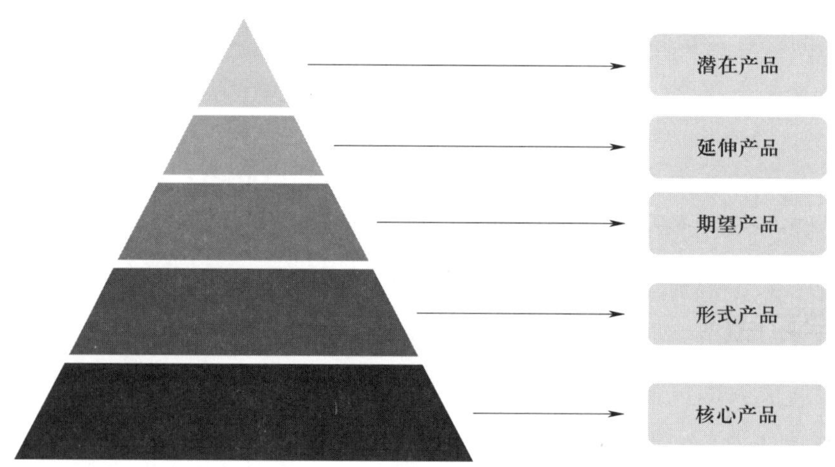

图 3－1　产品整体概念层次

（1）核心产品

核心产品是指能够满足消费者需求的基本功能及效用，是消费者购买产品的根本目的。医药产品的核心产品是医药产品的治疗效果，这也是消费者购买医药产品的核心需求。

（2）形式产品

形式产品是指产品的具体表现形式，一般表现为产品的外观、特征、品质、包装、品牌等。医药产品的形式产品包括医药产品的性状、剂型、包装、品牌等。消费者需求的多样性大都体现在形式产品层，核心功能相同的医药产品为了迎合市场中不同的消费需求，在形式产品设计上往往有较大差异。

（3）期望产品

期望产品是指消费者在购买产品时希望得到的与产品密切相关的其他利益。消费者购买医药产品时会期望其药效快、毒副作用小、易服用等。若消费者期望被满足，将会对医药产品产生良好的认同感并二次购买。如消费者体验后未获得满足，会影响消费者对医药产品及品牌的整体满意度，导致复购率降低。

（4）延伸产品

延伸产品是指消费者购买产品时得到的产品所有相关服务及利益，例如送货上门、安装保养、质保维修等，这是产品的附加价值，可以提升消费者的满意度。现代医药企业在医药产品策划时越来越重视延伸医药产品的内容，医药产品的延伸产品有用药咨询指导、用药后跟踪回访等用药相关内容。

（5）潜在产品

潜在产品是指在现有四个产品层次之外，能够满足消费者尚未意识到的潜在需求或者已被消费者意识到但却未抱有期望的其他产品价值。潜在产品是产品整体概念中的最高层次，为现有产品指明了未来的发展方向。

3. 新医药产品的概念及类型

（1）新医药产品的概念

从产品的整体概念出发，产品整体概念中的某一个或者多个方面进行了革新，能给消费者带来新的感受、满足和利益的产品，即是新产品。

（2）新医药产品的类型

新医药产品大致可以分为三种类型。

1）全新医药产品。指采用新原理、新技术、新材料、新创意等研发成功的在医药市场上处于完全空白领域的新医药产品。全新医药产品需要耗费大量时间、人力、物力、财力进行研发，是可以满足医药市场新需求、弥补市场空缺、开创全新市场的一类创新产品。

2）改进新医药产品。指在原有的医药产品基础上，在其结构、功能、材料、款式、包装等方面进行改进创新，使改进后的新医药产品在功能、结构、质量等方面都更加优质，能更多更好地满足消费者不断变化的需求。

3）仿制新医药产品。指对市场中已有的医药产品进行模仿研发出的新医药产品，国内称为仿制药。这是许多中小医药企业最常见的开发新医药产品的方式，与其他类型的新医药产品相比，仿制药前期投入小，风险较低。

二、新医药产品的商标设计与注册

1. 商标

商标是为了让消费者区别商品或者服务来源的标志。任何能够将自然人、法人或者其他组织的商品与他人的商品区别开的标志，包括文字、图形、字母、数字、三维标志、颜色组合和声音等，以及上述要素的组合，均可以作为商标申请注册。企业或个人在政府相关部门依法注册后，称为“注册商标”，即享有商标权，受法律保护。

《中华人民共和国商标法》（以下简称《商标法》）规定的商标权有专有使用权、商标处分权、使用注册标记权、到期续展权。

2. 新医药产品的商标设计

随着现代企业品牌化发展的趋势，医药企业越来越重视商标的设计。国内外知名医药企业，都设计出了简洁而又让人记忆深刻的商标。成功的商标设计能使消费者易于识别记忆，激发消费联想，起到医药产品推广宣传、促进销售等作用。驰名商标更是医药产品质量的保证，在医药市场中深受广大消费者的信任。新医药产品的商标设计应遵循以下五个原则。

（1）合法合规，尊重差异

商标内容应文明健康，遵循法律法规和社会公序良俗。不同国家及地区在法律法规、社会环境、风俗习惯、宗教信仰等方面都存在差异，商标的设计需充分考虑这些差异，避免禁忌。

（2）简洁易记，美观大方

简洁易记、美观大方的商标设计更便于消费者理解记忆，加深印象。

（3）展现特色，新颖形象

商标设计要用有限的内容传达最丰富的内涵，充分展现医药企业及其产品的风格及特点，独具创意的商标设计更容易在激烈的竞争中脱颖而出。新颖独特的设计容易引人关注，启发联想，从而激发消费者的购买欲。强调创意的同时要避免夸张，避免消费者无法理解。

（4）融合目标市场特点

商标设计时应充分考虑融合医药企业目标市场的消费群体特点，只有与之同步才能被消费者所接受，成功进入市场。

（5）切勿抄袭模仿

商标受法律保护，盲目抄袭会引发负面舆论，甚至陷入法律纠纷。

3. 新医药产品商标的注册

我国商标专用权采取的是注册取得原则，分为“注册商标”和“非注册商标”。“注册商标”会用“注”或“®”在商标旁标注，“非注册商标”则不受《商标法》保护。新医药产品商标注册的流程具体分为以下五步。

（1）确定新医药产品商标所属分类

目前，国际上通用的商标分类共45种，涵盖了1万多个商品和服务项目。医药类商标可以申请第五大类（医药）、第十大类（医疗器械）、第三十五大类（广告贸易）、第四十四大类（医疗园艺）。

（2）商标查询

商标查询是指在正式申请注册前，在国家知识产权局商标局官方网站上查询准备注册的商标是否已经被注册以及与已注册的商标有无雷同或相似。如果商标已经被注册或有可能引起法律纠纷的雷同，就需要修改商标设计后再进行注册申请提交，若无以上问题，即可提交注册申请。

（3）提交申请书及相关材料

商标注册申请人或其委托的代理机构到所在地的商标局提交商标注册申请书及其他材料。

（4）等待商标局审查

商标审查包括形式审查与实质审查。

1）商标形式审查是商标局对申请人提供的商标注册文件是否合法合规、手续是否齐全进行审核。商标局审查通过后，会编定申请号，确定申请日（以商标局收到申请书的日期为准，这也是新商标确定商标权起始时间的法律依据），下发商标注册申请受理通知书。

2）实质审查是在形式审查通过后，商标局对商标注册申请是否符合《商标法》进行检查分析、对比核准、调查研究，最终决定通过初审或驳回申请的一系列程序。

（5）公告公示，领取证书

商标局对申请注册的商标完成审查后，对符合法律规定的商标予以注册，并发布初步审定公告。通过初步审定的商标还需经过三个月的公示期，公示期内无异议的商标即注册成功，商标局会刊登注册公告，对申请者发放注册证书。

三、新医药产品的包装

1. 医药产品包装的概念

医药产品包装属于产品整体概念中的形式产品层，是封装、保护医药产品的容器及保护物，是确保医药产品质量安全的重要工具。包装是医药产品必不可少的一部分，具有保护装饰、便捷储运、方便使用、促进销售等作用。新医药产品的包装设计也越来越受企业重视。一般来说，按照包装在流通过程中的作用，医药产品包装由以下三个部分组成。

（1）内包装

内包装是直接接触医药产品的里层包装或在直接接触产品的内层包装外再加的一层包装，也称为销售包装。内包装既可以保护医药产品的安全，又可以装饰美化医药产品，起到推广宣传的作用，同时也方便消费者识别、选购、携带以及使用。

（2）中包装

中包装是指介于内、外包装之间的一种包装形态，是为了运输、计数以及销售方便而将若干个内包装产品打包封存的包装。

（3）外包装

外包装是为了方便储存运输医药产品，防止医药产品损坏及被污染的最外层包装，又称运输包装，一般为内包装、中包装外的包装。

2. 新医药产品包装设计的原则

成功的包装设计能够带给消费者良好的视觉体验，吸引消费者的注意，从而促进销售。新医药产品包装设计应遵循以下六个原则。

（1）合法合规

《药品管理法》专门设置了医药产品包装的条款，严格规定医药产品的包装。此外，国家药品监督管理部门还出台了《药品说明书和标签管理规定》等相关政策规定，所以新医药产品的包装必须按照法律法规要求进行设计。

（2）确保质量

保证医药产品的质量安全、保护医药产品实物完好无缺是包装最基本的功能。新医药产品包装设计要充分确保医药产品的安全，抵抗外界环境的干扰，如防潮、防光照、温度变化等。

（3）直观展现特点，艺术加工美化

新医药产品包装设计要直观表达医药产品的功能及特点，准确地传递医药产品信息，通过艺术加工美化设计，给消费者留下良好的印象，激发消费欲望。

（4）方便储存运输，方便携带使用

新医药产品包装设计应便于医药产品储存及运输。此外，需充分考虑消费者携带医药产品及使用医药产品的场景，为消费者提供便利的包装设计，提升消费体验感及满意度。

（5）避免过度包装

过度包装容易引起消费者的反感，新医药产品包装设计应避免包装浪费，采用经济、务实、环保的材料，追求绿色环保的理念。

（6）尊重风俗信仰

包装表面设计的文字、图案、颜色等应充分尊重不同国家及地区的风俗习惯及宗教信仰。

【扩展阅读】

医药产品包装相关法律法规

《药品管理法》第四章药品生产对药品包装作出了以下规定。

第四十六条 直接接触药品的包装材料和容器，应当符合药用要求，符合保障人体健康、安全的标准。

对不合格的直接接触药品的包装材料和容器，由药品监督管理部门责令停止使用。

第四十八条 药品包装应当适合药品质量的要求，方便储存、运输和医疗使用。

发运中药材应当有包装。在每件包装上，应当注明品名、产地、日期、供货单位，并附有质量合格的标志。

第四十九条 药品包装应当按照规定印有或者贴有标签并附有说明书。

标签或者说明书应当注明药品的通用名称、成分、规格、上市许可持有人及其地址、生产企业及其地址、批准文号、产品批号、生产日期、有效期、适应证或者功能主治、用法、用量、禁忌、不良反应和注意事项。标签、说明书中的文字应当清晰，生产日期、有效期等事项应当显著标注，容易辨识。

麻醉药品、精神药品、医疗用毒性药品、放射性药品、外用药品和非处方药的标签、说明书，应当印有规定的标志。

3. 新医药产品包装策略

新医药产品常见的包装策略有以下六种。

（1）统一包装策略

医药企业对其生产销售的医药产品实行统一的包装，包装的材料、图案、造型、颜色等方面具有相同或相似特征。这种策略可以节省包装设计成本，使消费者能快速辨别医药产品所属医药企业或品牌。大量铺货能起到宣传推广的作用，提升医药企业知名度。采用这种包装策略的医药企业需确保医药产品的质量均衡，否则较差质量的医药产品会影响对其他优质医药产品的评价。

（2）配套包装策略

医药企业将多个相关联的医药产品打包在同一个包装里供应，即“捆绑销售”。例如，医药企业可以将其生产的预防、治疗流感的药品打包销售，这样既能满足消费者的多种需求，方便其一次性买齐、携带和使用，也能促进销售。新医药产品上市时，采用新医药产品及相关老医药产品配套包装销售的模式可以推广普及新医药产品，带动新医药产品的销量，提升消费者认知。

（3）再使用包装策略

医药产品用完后，医药产品的包装物可以有其他用途，重复利用。例如，有些药品会采用铁质包装盒，药品用完后，消费者可利用包装盒存放其他东西。这种包装可以激发消费者的购买兴趣，重复使用的包装物也能起到宣传作用。

（4）赠品包装策略

医药企业在医药产品包装内附赠实物或优惠券，或在包装上附二维码，消费者扫描即可获得礼物、优惠券、现金等，以此吸引消费者，激发消费者的购买欲望。

（5）改变包装策略

医药企业放弃原有的医药产品包装，采用新包装替换。随着包装技术、材料以及消费需求的不断发展，更新后的包装可以弥补原包装的缺陷，带给消费者更好的消费体验。当医药产品销售低迷时，可以通过更换包装，营造医药产品的新鲜感，重新吸引消费者。

（6）分级包装策略

医药企业将医药产品按质量、价格等分级设计包装，分级销售。高价的优质医药产品采用高档包装，一般的普通医药产品采用普通包装，满足不同消费者对包装的多样需求。

任务实施

一、组建团队，分配任务

班级同学按 3 ~5 人规模，自愿组成若干个学习团队，推选团队负责人。

二、医药产品包装市场调研

1. 开展医药产品包装市场调研

各团队自选一类药品，开展同类药品包装设计调研，搜集至少三种采用了不同包装策略的同类药品，并对不同包装策略的药品主要消费人群、销量等方面进行对比。

2. 填写包装对比表格

各团队根据自选类别的三种药品资料，认真、客观地分析总结，并填写表 3 –1。

表 3-1　　医药产品包装对比表

药品品牌及名称	药品包装概述	包装策略	主要消费人群	销量情况对比

3. 制作汇报 PPT

团队成员合理分工，围绕自选的三种不同包装药品进行包装策略介绍与分析，并制作汇报 PPT（注明资料出处），总结不同包装策略的影响及作用。

三、团队汇报，展示成果

每个团队用 5～8 分钟展示三种包装策略药品的基本情况及对比结果，汇报总结。

【操作提示】

本任务重点锻炼学生的资料搜集整理能力、对比分析能力和总结表达能力，教师应加强在团队调研分析过程中的沟通与交流，帮助团队找准探究方向。

任务测评

序号	考核内容	考核标准	配分	得分
1	医药产品包装市场调研	1. 资料来源权威真实，注明出处 2. 选取的三种药品包装具有代表性 3. 调研程序规范，内容安排合理 4. 调查问卷设置的问题有效	30 分	
2	医药产品包装对比表格	1. 填写规范，表达清晰 2. 分析总结准确深刻	30 分	
3	汇报 PPT	1. 分工明确，全员参与 2. 文档美观，图文并茂 3. 汇报内容编排合理 4. 展示详略得当，表达流利	40 分	
合计			100 分	

任务二　新医药产品的研发

学习目标

1. 了解新医药产品的研发程序。

2. 了解我国新医药产品的研发方向。

3. 掌握新医药产品的研发策略。

【任务引入】

走捷径

药品工艺研发分为小试、中试、放大。

小试主要从事探索、开发性工作，化学小试解决了所定课题的反应、分离过程和所涉及物料的分析认定，得到合格试样，并且收益率等经济技术指标达到预期要求，转入中试阶段。

中试过程要解决的问题是，如何采用工业手段和装备，完成小试的全流程，并基本达到小试的各项经济技术指标，规模也相应扩大——中试批量不得小于大生产批量的十分之一。

随着2015年国务院明确指出加快仿制药质量一致性评价（即国家要求仿制药品要与原研药品质量和疗效一致）后，医药生产企业也加大了药品制剂工艺的研发，以便仿制药品达到与原研药品药效一致的要求。

某医药生产企业在某品种上进行完小试，结果不错，决策者突然拍脑袋认为，中试后还要放大，中试就是费时、费钱、费时间，跳过中试，直接进行放大，结果失败了多次，浪费了更多的时间和资金。

类似的故事还在以不同的形式不断发生，一致性评价的生物等效性试验（BE），一般都是先做完预BE试验，再进行正式BE试验。有的企业认为直接在预BE试验基础上加上一定的例数，直接做正式BE试验，不会耗费太多财力，又可以节约时间——但实际情况可能是在药品剂型自身特性的基础上大大增加了风险，因为预BE试验还可能获得受试者个体差异、饮食影响等综合信息，用来合理设计正式BE试验，科学规避相关风险。

思考问题：

新医药产品研发过程中如果走捷径会有什么后果？

请同学们带着这个问题学习下面的内容。

相关知识

一、新医药产品的研发程序

新医药产品（本部分新医药产品特指新药品）从立项到上市是一个高风险、高投入的过程，医药企业要耗费大量的人力、物力、财力以及时间。研发期间如果任何一个环节出现了问题都可能会导致前功尽弃。因此，许多医药企业无法承担如此大的风险而选择做仿制药。

一般的新药品研发程序要经过新药的发现、临床前研究、临床研究、新药申请、批准上市、上市后监测（Ⅳ期临床研究）六个阶段。

1. 新药的发现

新药的发现阶段主要是找出最优候选化合物，这是所有后续开发工作的根基。研发人员研究了解疾病的发病过程及机理，发现若干个具有治疗特定疾病潜力的新化合物，通过几轮优化，筛选出的所有满足基本生物活性且毒性低的最优化合物，才能作为候选药物进入后续开发阶段。

2. 临床前研究

候选药物确定后，需要向国家药品监督管理部门提交“实验用新药”申请，完成临床前的药理学、毒理学研究。通过动物实验评估候选药物的药理和毒理作用，以及药物的吸收、分布、代谢情况。此外，还要对生产技术、质量控制、性质稳定等方面进行研究。

3. 临床研究

候选药物通过了临床前研究后，医药企业需要向国家药品监督管理部门提交新药临床试验申请，申请通过后才可以开始临床试验。临床研究阶段分为Ⅰ期临床试验、Ⅱ期临床试验、Ⅲ期临床试验，三期临床试验的主要内容见表3－2。

表3－2　临床研究各阶段主要内容

临床研究阶段	临床试验数量	临床试验对象	临床试验目的
Ⅰ期临床试验	20～100例	正常人	主要进行安全性评估
Ⅱ期临床试验	100～300例	病人	主要进行有效性评估
Ⅲ期临床试验	300～5 000例	病人	扩大样本量，进一步评估药物安全及效果

4. 新药申请

完成三期临床试验后，如果药品开发过程中的所有资料和试验数据的分析结果能够证明药物的安全性和有效性，就可以向国家药品监督管理部门提交新药申请。

5. 批准上市

新药申请被国家药品监督管理部门批准后，便可正式上市销售。

6. 上市后监测（Ⅳ期临床研究）

新药上市后需要开启Ⅳ期临床研究，对新药在更大范围的实际治疗过程中的效果、不良反应、禁忌证等继续进行监测，以便及时发现可能存在的长期副作用。如果新上市的药物在Ⅳ期临床研究期间发现可能存在严重的不良反应，该新药可能会被立即停止销售并下架。另外，新药品的使用说明书将根据这一期的研究结果进行修改。

二、我国新医药产品的研发方向

作为世界人口第一大国，我国医药产品市场消费潜力巨大，但在新医药产品研发领域还与许多医药研发大国有较大差距。我国大部分医药企业以生产仿制药为主，具有全新医药产品研发能力的企业较少。

多年以来，国家投入大量人力和资金，并配套颁布了许多政策支持新医药产品研发，使我国药物研发和制药工业体系快速发展，逐渐缩小了与其他研发大国的差距，取得了如青蒿素等一些具有国际影响力的重大新医药产品研究成果。虽然我国在新医药产品研发方面已经实现了许多重大突破，但是由于新医药产品研发的前期投入大、技术要求高、花费周期长，国内绝大多数医药企业无法承担如此巨大的研发投入。

为了我国医药企业的健康良好发展，我们必须意识到，单纯模仿跨国医药企业的研发道路是不可行的。除了少数实力雄厚的大型医药企业可研发新医药产品外，更多企业应该着眼于现实，结合我国国情及行业未来发展趋势，开辟合适的研发之路。

1. 中药新药创制

中医药是中华民族的历史文化瑰宝，我国一直高度重视中医药的传承与创新。中药复方蕴含了中医药从古至今的科学论证和深刻用药经验，含有包括药效成分在内的大量化学成分。中药新药创制可以利用现代的药物开发手段，提取中药复方中的有效活性成分，作为候选药物进行中药复方的二次开发。这既是具有中国特色的新药研发趋势，也是一个巨大挑战。

2. 生物技术制药

生物技术制药是现代医药产品研究的新兴热门领域，被誉为21世纪的钻石产业，发展潜力巨大。经过数十年的发展，我国的生物技术制药已经形成了成熟稳定的研究开发体系，在抗体、疫苗、干细胞治疗技术等方面都有许多重大的研发突破，处于较为领先的地位。

【扩展阅读】

中药复方新药前景巨大

国务院于2016年2月印发的《中医药发展战略规划纲要（2016—2030年）》指出，探索适合中药特点的新药开发新模式，推动重大新药创制。鼓励基于经典名方、医疗机构中药制剂等的中药新药研发。针对疾病新的药物靶标，在中药资源中寻找新的候选药物。

2019年10月印发的《中共中央 国务院关于促进中医药传承创新发展的意见》指出，要发挥中医药在维护和促进人民健康中的独特作用，包括彰显中医药在疾病治疗中的优势，强化中医药在疾病预防中的作用，提升中医药特色康复能力，这对于中药新药创制具有重要指导意义。

创制疗效确切、作用机制清楚、具有显著临床价值的高水平中药复方新药，需要在传承的基础上创新开拓，需要强大的基础研究支撑，不断探索新策略和新路径。中药复方的作用机制和药效物质基础是有待解决的重大科学问题，探索新策略、发展新技术，揭示中药复方的作用机制和药效物质基础是创制中药复方新药的根本前提和基础。

中药复方新药研发是我国新药创制的特色，面临巨大挑战，也面临新的发展机遇。针对中药复方新药创制的需要，在传承的基础上，要进一步强化自主创新，以中西医药学理论相结合的学术思想为指导，充分考虑中药复方防治疾病的理念、作用特点和作用机制，借鉴并综合运用现代科学技术与方法，从现代医学的角度揭示中药复方的作用特点、作用机制和药效基础。

三、新医药产品的研发策略

面对激烈的市场竞争，医药企业只有正确选择合适的新医药产品研发竞争策略，才能实现新医药产品的目标市场占有率，适应复杂多变的市场环境。

1. 进攻型开发策略

进攻型开发策略是指医药企业为抢占市场先机，连续不断推出新医药产品。医药企业先发制人，获得新医药产品在目标市场中的领先优势。该策略适用于拥有强大科研能力、雄厚资金实力、专业人力资源的大型医药企业。

2. 防御型开发策略

防御型开发策略又称为追随式开发策略，是指医药企业模仿改进市场中的已有医药产品，优化原医药产品作为自身新医药产品参与市场竞争，主动防御竞争对手创新医药产品所带来的技术威胁。该策略适用于没有开发全新医药产品实力的中小型医药企业。

3. 系列化开发策略

系列化开发策略是指医药企业围绕某医药产品进行全方位的延伸，开发不同类型、规格、档次的系列化医药产品，加深企业医药产品组合深度以满足不同消费需求。采取该策略前，医药企业需确保自身具有设计系列化医药产品的实力。

4. 差异化开发策略

为避免激烈的市场竞争导致医药产品同质化严重，许多医药企业会采取差异化开发策略，挖掘空白市场，开发有自身特色的全新医药产品，满足新的消费者个性需求。采用这种策略前需要进行周密的市场调研，充分分析市场并进行市场细分，选定合适的目标市场，同时医药企业自身也需要具备足够的创新技术以及资源实力。

任务实施

一、组建团队，分配任务

班级同学按3~5人规模，自愿组成若干个学习团队，推选团队负责人。

二、新医药产品开发策略探究

1. 开展医药企业新医药产品开发调查

团队成员通过网络查阅，选取具有代表性的2~3家医药企业，调研该企业目前在新医药产品研发方面的策略布局，了解企业医药产品结构，分析该企业的新医药产品开发策略，形成案例资料，保存为WORD格式文档（注明资料出处），作为课程学习资源的组成部分。

2. 制作汇报PPT

团队成员合理分工，围绕所选企业分析总结，制作汇报PPT。

三、团队汇报，展示成果

每个团队用 5 ~ 8 分钟展示搜集的资料及总结的结果，分享体会。

【操作提示】

建议延续前面任务分组。本任务重点锻炼学生的市场调研能力和总结分析能力，教师应加强在探究过程中的指导与交流，帮助团队查缺补漏，保证资料的可参考性和探究结果的有效性。

任务测评

序号	考核内容	考核标准	配分	得分
1	案例资料	1. 资料来源权威真实，注明出处 2. 选取企业具有代表性，分析总结准确深刻，能提出建议或应对措施 3. 调研程序规范，内容安排合理 4. 案例整理清晰，格式规范，可阅读性强	50 分	
2	汇报 PPT	1. 分工明确，全员参与 2. 文档美观，图文并茂 3. 汇报内容编排合理 4. 展示详略得当，表达流利	50 分	
合计			100 分	

任务三　医药产品生命周期管理

学习目标

1. 了解医药产品的生命周期理论。
2. 了解医药产品生命周期曲线。
3. 掌握医药产品生命周期各阶段的特点与经营策略。

【任务引入】

× ×药业的困境

× ×药业前身是× ×药厂，成立于 1926 年，是我国最早的四大西药厂之一，其在 20 世纪 80 年代推出的“21 金维他”，是国内第一款多维元素类非处方药品。2009 年，× ×药业设立了× ×健康，并逐渐将“21 金维他”的运营权转交给× ×健康。

当时国内对于营养补充剂的概念还比较陌生，而“21 金维他”凭借强大的营销能力，将对这类保健品的认知带给了广大消费者。早在 2002 年，××健康就开始在中央电视台投放广告，这一年，“21 金维他”的销售额首次超过 1 亿元。

2005 年，××健康投入重金，邀请知名人士打造的“21 金维他”首个商业广告登陆中央电视台，也帮助该产品打开了全国市场。

“21 金维他”也一直是××健康的营收主力。根据招股说明书，××健康主营产品为维生素与矿物质补充剂系列及益生菌系列产品。在报告期内，维生素与矿物质补充剂产品营收占比均超过 90%。2021 年，该类产品营收占比高达 96.23%。2021 年，其主力产品多维元素片（21）的产能为 14 亿片，产能利用率高达 101.97%，销量达到了 12.46 亿片，毛利率高达 70.34%，占公司总营收的比例超过了 86%。

但在 2021 年，“21 金维他”多维元素片销量增速较 2020 年出现断崖式下滑，同比减少 22.59%，增速仅为 4.54%。

××健康也感受到了依赖单一产品的风险，并着力发展益生菌产品等作为增长的第二曲线。数据显示，××健康收购健康科技后，益生菌业务发展明显乏力。2020—2021 年，益生菌业务收入从 2 382.23 万元降至 1 813.19 万元，同比下滑 23.89%，占总营收比重下滑了 1.77 个百分点；相比之下，维生素与矿物质补充剂业务营收占比从 94.40% 涨至 96.23%。

思考问题：

运用医药产品生命周期理论，为××健康旗下产品出谋划策。

请同学们带着这个问题学习下面的内容。

相关知识

一、医药产品生命周期理论

1. 概念

医药产品生命周期，是指一个医药产品从上市到被市场淘汰的过程，也就是医药产品的市场寿命。典型的医药产品生命周期一般分为四个阶段，即投入期、成长期、成熟期、衰退期。

2. 医药产品生命周期曲线

医药产品生命周期曲线可以展现医药产品生命周期中四个阶段的销售额和利润的变化（如图 3－2 所示）。投入期，医药产品刚上市，需要经历被消费者认知和接受的适应过程，销售额增长缓慢，一般利润偏低或为负数；成长期，医药产品已逐渐被消费者所熟知和接受，销售额及利润快速增长；在经历快速成长后，成熟期的销售额及利润会在达到顶点后开始下滑；衰退期，产品销售额显著下降，利润也大幅滑落。

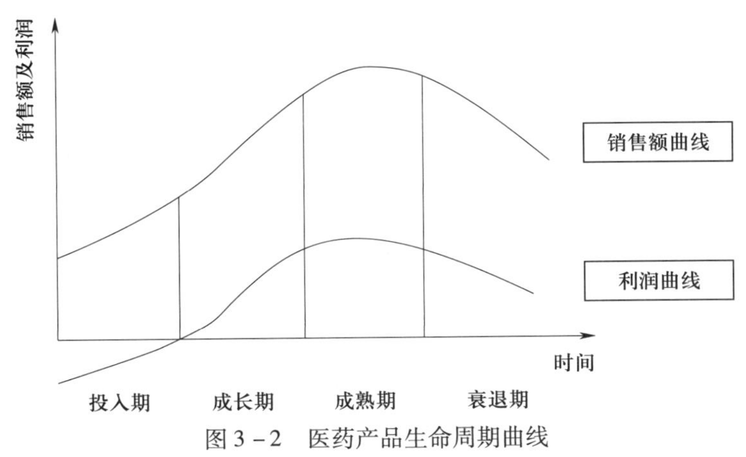

图 3－2　医药产品生命周期曲线

二、医药产品生命周期各阶段的特点与经营策略

1. 医药产品投入期的特点与经营策略

新医药产品一经上市销售，即进入投入期。产品刚上市，还未被消费者认知，消费者对医药产品还不够了解和信任，销售渠道开发有限，销售量低，销售额增长缓慢。一般新医药产品生产技术还不成熟，医药产品不能大批量生产，生产成本较高。同时，为了扩大销量、增加知名度，医药企业需要增加促销费用投入，加大宣传推广力度，因此，医药产品利润较低，容易产生亏损。此时，市场竞争者较少，但是医药企业面临的市场风险较大，需选择正确有效的经营策略才能化解风险。此阶段的经营策略主要围绕价格和促销两个方面，医药企业可以根据实际情况选择以下四种经营策略，见表 3－3。

表 3－3　　投入期医药产品经营策略

经营策略	内容	适用条件	案例
高价高促策略	以高价、高促销费用带动销量，以此快速获利，收回研发成本	医药产品需求量大，目标消费者经济实力强，求新心理强	价格昂贵的保健品
高价低促策略	以高价、较低的促销费用推广新医药产品，以较低的促销费用投入换取更多的利润	市场规模小，竞争威胁较小；品牌、企业有一定知名度	知名品牌、企业的医药产品
低价高促策略	以低价、高促销费用推广新医药产品，以最快的速度进入市场，提高市场占有率	市场竞争激烈、受众面广的医药产品	普通非处方药
低价低促策略	以低价、低促销费用推广新医药产品，以扩大销量，降低营销成本，增加利润	市场容量大，医药产品应用广泛，需求价格弹性高	家庭常备药品

2. 医药产品成长期的特点与经营策略

成长期医药产品进入快速发展阶段，也是医药产品生命周期的关键阶段。这时消费者对医药产品已经较为熟悉，医药产品良好的口碑已被消费者认可，有大量的新老消费者购买，销售额快速增长。医药产品的生产技术日益成熟，企业开始大批量生产，生产成本也相对降低，利润也迅速增长。迅速增长的销售额及利润会吸引竞争者进入市场，使市场中产品同质化现象严重，竞争开始加剧，医药产品价格随之下调，企业的市场占有率也面临威胁，企业利润增长速度逐渐减缓。

这一阶段的经营策略是从营销 4P，即产品（product）、价格（price）、渠道（place）、促销（promotion）组合入手，重点是稳住市场占有率，增强自身竞争力，争取扩大市场占有率，具体策略见表 3－4。

表 3－4　成长期医药产品经营策略

营销组合	内容	案例
产品策略	不断完善改进医药产品，开发新的包装、剂型、规格等，以满足消费者多样化需求，提高销量	某眼药水的规格，从单瓶 15 mL 变成了每单支 1 mL，刚好满足消费者单次用量，方便使用和携带
价格策略	根据市场变化情况适当调整价格，普通医药产品可以通过降价吸引价格敏感消费者人群，增加销量打击竞争对手	某冲泡型感冒药促销，买二送一
渠道策略	稳固已有渠道，拓展新的渠道，进一步扩大市场占有率	许多家中常备的非处方药开始在线上销售
促销策略	增加宣传推广活动，树立良好的企业形象，扩大医药产品知名度，维护好原有消费者，吸引新消费者	某儿童药品品牌，从之前宣传产品卖点，转变为品牌冠名线上推广、线下活动的儿童健康科普宣传，从而让广大消费者熟知

3. 医药产品成熟期的特点与经营策略

成熟期市场需求趋于饱和，销售额及利润增长速度平缓，直至到达生命周期的最高点。此时市场竞争进入最为激烈的阶段，许多竞争对手涌入抢占市场，原有消费者购买稳定，潜在消费者减少，医药产品降价吸引消费者，促销成本增加，利润开始下降。

成熟期的经营策略主要有以下三种。

（1）市场策略

市场细分，开发新市场，改良医药产品；对医药产品进行重新定位，寻找新的消费者。

（2）产品策略

研发医药产品新剂型、新功效，改良医药产品规格、包装，增加服务内容，以满足消费者的多样化需求。

（3）营销组合策略

改进原有市场营销组合中的某一个或几个内容，延长医药产品的生命周期。

【扩展阅读】

“巯甲丙脯酸”的第二次生命

治疗高血压的第一代 ACEI 类药“巯甲丙脯酸”在国外已经走过成熟期，受到新 ACEI 药品的冲击，原有市场逐渐减小，销售额及利润持续下降。此时某公司重新细分市场，决定将这一医药产品打入中国等未开发的其他市场，从而让该产品拥有了第二次生命。

4. 医药产品衰退期的特点与经营策略

医药产品进入衰退期意味着医药产品即将被市场淘汰。市场中越来越多的新医药产品及新替代品涌现，医药产品老化过时，消费者投向新医药产品，原有产品销售额及利润显著下降。

衰退期的经营重点是尽量减少亏损，具体策略有以下三种。

（1）维持策略

稳定原有市场，直至医药产品被淘汰，加快研发新医药产品替换原有产品；适当降价吸引价格敏感的消费者，回笼资金，减少损失。

（2）缩减策略

减少医药产品生产，有计划地逐步撤出市场。

（3）撤退策略

对于衰退较快的医药产品立即停止生产，尽量将亏损最小化。

任务实施

【背景资料】

阿司匹林是世界上应用最广泛的解热、镇痛和抗炎类药品。它诞生于1899年，至今已有一百余年的历史。请收集资料，了解阿司匹林的诞生与发展史，明确它在各个时期的发展特点及经营策略，分析总结它经久不衰的原因。

一、组建团队，分配任务

班级同学按3~5人规模，自愿组成若干个学习团队，推选团队负责人。

二、阿司匹林产品生命周期分析

1. 搜集整理资料

团队成员分工合作，搜集阿司匹林的诞生与发展史资料，总结阿司匹林已经历的生命周期各阶段的发展特点及经营策略。

2. 制作汇报PPT

各团队将搜集的资料及总结的内容制作汇报PPT（注明资料出处）。

三、团队汇报，展示成果

每个团队用5~8分钟展示PPT，汇报成果。

【操作提示】

建议延续前一任务分组。本任务重点锻炼学生的资料搜集整理能力以及写作与表达能力，教师应加强和团队的沟通交流，保证探究方向准确，汇报效果良好。

任务测评

序号	考核内容	考核标准	配分	得分
1	案例资料	1. 资料来源权威真实，注明出处 2. 资料整理清晰，可阅读性强 3. 调研程序规范，内容安排合理 4. 分析总结准确深刻，能提出建议或应对措施	40 分	
2	汇报 PPT	1. 分工明确，全员参与 2. 文档美观，图文并茂 3. 汇报内容编排合理 4. 展示详略得当，表达流利	60 分	
合计			100 分	

目标检测

一、单项选择题

1. 在产品整体概念中，最基本、最主要的部分是（　　）。

A. 核心产品　　B. 形式产品　　C. 期望产品　　D. 延伸产品

2. 在成熟期的产品可以推出的新产品是（　　）。

A. 全新产品　　B. 改进新产品　　C. 仿制新产品

3. 某种冲泡型感冒药在包装中附赠杯子及搅拌棒，这是采用了（　　）策略。

A. 统一包装　　B. 再使用包装　　C. 赠品包装　　D. 配套包装

4.（　　）是指企业模仿改进市场中的已有产品，优化原产品作为自身新产品参与市场竞争。

A. 进攻型开发策略　　B. 系统化开发策略

C. 差异化开发策略　　D. 防御型开发策略

5. 医药产品生命周期中市场已饱和，竞争最激烈的时期是（　　）。

A. 投入期　　B. 成长期　　C. 成熟期　　D. 衰退期

6. 以下策略中不适合产品生命周期中衰退期的是（　　）。

A. 缩小企业生产规模，只维持适当的生产

B. 降低生产成本，提高产品质量

C. 开发新产品，淘汰老产品

D. 改进产品及服务质量，创立品牌地位

二、多项选择题

1. 以下属于医药产品的是（　　）。

A. 保健品　B. 中药饮片　C. 药品　D. 医疗器械

2. 在产品整体概念中，附加产品包括（　　）。

A. 核心产品　B. 形式产品　C. 期望产品

D. 延伸产品　E. 潜在产品

3. 新医药产品的开发策略有（　　）。

A. 进攻型开发策略　B. 防御型开发策略

C. 系列化开发策略　D. 差异化开发策略

4. 高价低促策略是以（　　）推出产品。

A. 高价格　B. 低价格　C. 高促销　D. 低促销

5. 对于衰退期的产品，可供选择的经营策略有（　　）。

A. 扩张策略　B. 维持策略

C. 缩减策略　D. 撤退策略

三、简答题

1. 简述新医药产品商标注册的流程。

2. 简述新医药产品的研发程序。

3. 简述医药产品生命周期的阶段及各阶段特点。

目标检测单项、多项选择题参考答案

一、单项选择题

1. A　2. B　3. C　4. D　5. C　6. D

二、多项选择题

1. ABCD　2. CDE　3. ABCD　4. AD　5. BCD

项目四

医药企业质量管理

通过本项目的学习，了解质量和药品质量的定义，熟悉药品质量管理以及我国药品质量管理体系；了解全面质量管理的特点与内容，能运用PDCA循环来提高药品质量；了解医药产品知识产权定义，熟悉医药知识产权保护的意义，掌握医药知识产权的保护措施。

任务一　药品质量与质量管理

学习目标

1. 了解质量和药品质量的定义。
2. 熟悉药品质量管理以及我国药品质量管理体系。

【任务引入】

长春长生疫苗事件

2018年7月5日，国家药品监督管理局根据线索，会同吉林省局对长春长生生物科技有限责任公司（以下简称“长春长生”）生产现场进行飞行检查；7月15日，国家药品监督管理局会同吉林省局组成调查组进驻企业全面开展调查。调查组发现，长春长生在冻干人用狂犬病疫苗生产过程中存在编造生产记录和产品检验记录、随意变更工艺参数和设备等严重违反《药品生产质量管理规范》（GMP）行为。根据检查结果，国家药品监督管理局迅速责成吉林省局收回长春长生相关药品GMP证书。此次飞行检查所有涉事批次产品，尚未出厂和上市销售，全部产品得到有效控制。

思考问题：

医药生产企业应如何加强质量管理？

请同学们带着这个问题学习下面的内容。

相关知识

一、质量与药品质量

1. 质量

（1）质量的含义

质量有狭义和广义之分。“质”即事物本体、本性，“量”即度、程度。狭义的质量是指产品质量，包括有形产品和无形产品或服务质量。广义的质量是指产品、体系或过程的一组固有特性满足规定要求的程度，即质量不单指产品质量，也包括过程质量和服务质量，其中，过程质量和服务质量可统称为工作质量。

国际标准 ISO 9000：2015《质量管理体系——基础和术语》中将质量定义为“客体的一组固有特性满足要求的程度”。其中，“固有特性”是指产品、过程的一部分，如药品的有效性、安全性，而非人为赋予的特性，如产品的价格，人为赋予的特性不是固有特性，不属于产品质量范畴。

【扩展阅读】

ISO 9000 系列标准

ISO 9000：介绍质量管理体系基础知识并规定质量管理体系术语。

ISO 9001：规定质量管理体系要求，用于组织证实其具有提供满足消费者要求和适用法规要求的产品的能力，目的在于提升消费者满意度。

ISO 9004：提供质量管理体系的有效性和效率两方面的指南。该标准的目的是改进组织业绩并让消费者及其他相关方满意。

ISO 19011：提供审核质量和环境管理体系的指南。

（2）质量的特性

质量主要包括以下三个特性。

1）动态性。质量不是固定不变的，随着科学技术的发展和消费者需求的不断改变，质量要求也应该适应变化，适时准确地识别消费者的质量要求，修订规范、改进流程和方法、研究开发新产品，以满足消费者的需求和期望。

2）相对性。不同国家和地区的经济发展和技术发展水平不同，消费者的需求也由于政治、经济、自然、人口、文化等原因各有不同，对质量需要满足的规定和要求在不同地区也具有不同之处。质量的优劣是相对一定范围内的消费者而言，具有明显的相对性。医药企业应综合考虑不同市场的不同要求，提供适合当地市场消费者需要的医药产品或服务。

3）可比性。医药产品的等级高低和医药产品的质量好坏是完全不同的两个概念。例如，一台高级的医疗器械可能质量很差，而一台常规的医疗器械质量却很好。因此，在评价医药产品质量时，应该注意到将比较的对象限制在同一等级上。

2. 药品质量

（1）药品质量的含义

药品是具有预防、治疗、诊断人的疾病，有目的地调节人的生理机能的特殊商品，既有一般商品的共同属性，也具有不同于其他一般商品的特殊属性。它对全人类的健康发展和繁衍有着重要意义。加强药品质量监管，确保药品质量安全，保证人民群众用药安全有效，是全人类共同面对的问题。根据质量的概念，将药品质量定义为药品满足国家法定标准的要求和患者治疗需要的特征的总和。

（2）药品的质量指标

1）物理指标。主要包括药品活性成分、辅料含量、制剂重量、外观等指标。

2）化学指标。主要包括药品活性成分、生物化学特性变化等指标。

3）生物药剂学指标。主要包括药品的崩解、溶出、吸收、分布、代谢、排泄等指标。

4）安全性指标。主要指按照规定的适应证、用法和用量使用药品后，人体产生毒副反应的程度。“是药三分毒”，其指标包括药品的“三致”作用、毒性作用、不良反应、药物相互作用，以及配伍、使用禁忌等。在质量检测中，常以控制药物杂质、异物、毒性成分、异构体等来保证药品的安全性。药品安全性是医药生产企业技术和管理水平的标志，是评价药品质量首先要考虑的特征。

5）有效性指标。主要是指按照规定的适应证、用法和用量使用药品后，可以产生预期的预防、治疗、诊断人的疾病，有目的地调节人的生理机能的疗效。有效性是衡量药品质量的关键特征。没有防治疾病的预期效果，则不能成为药品。国外常根据药品有效性程度把药品的有效性分为“完全缓解”“部分缓解”和“稳定”三个等级，国内则常用“痊愈”“显效”“有效”等来区别药品有效性的不同等级。

6）稳定性指标。主要指在规定的贮存条件和限定的使用期限内，药品保持其有效性和安全性的能力。基于药品不同的物理和化学性质，不同的生产工艺、包装、贮运条件等都会影响药品的有效性和安全性。药品上市前需要进行稳定性实验，确定药品的贮存条件和使用期限，以保证临床使用中的药品可以在安全的前提下产生预期的疗效。

7）均一性指标。主要指药品的每一单位产品都符合有效性和安全性的要求，如每一片、每一粒、每一袋、每一瓶、每一支等都具有相同的品质，有效成分均匀一致，保障安全的同时产生相同的疗效，尤其是对单位产品中有效成分含量较小的药品，若达不到均一性要求，则用药等同于未用药或用量过大，可能导致中毒，甚至危及生命。

8）经济性指标。主要指药品效能和价格之间的最佳比例关系。药品是保障人民群众生活质量和生命安全的必需品，如果药品效能高，价格也高，甚至价格高到患者不愿意或无法接受的程度，这种药品的高效能就失去了实际意义，无法达到预期救治疾患的目的，药品质量也就无从谈起。

（3）药品质量标准

药品质量标准即药品标准，是国家为了保证药品质量，对药品的质量、规格和检验方法所做的技术规定，是药品生产、经营、使用、管理、监督及检验等部门共同遵循的法定依据。药品质量标准是判断药品是否合格的法定依据，是建立健全药品质量保证体系的基础，是药品质量控制的关键。没有药品质量标准，就无法判断药品质量合格与否。药品质量标准具有以下两个特点。

1）权威性。为了保证药品质量的有效性、安全性、稳定性、均一性等质量特征，世界各国都制定了权威性的药品质量标准。《药品管理法》中明文规定“药品应当符合国家药品标准”“中药饮片应当按照国家药品标准炮制；国家药品标准没有规定的，应当按照省、自治区、直辖市人民政府药品监督管理部门制定的炮制规范炮制。省、自治区、直辖市人民政府药品监督管理部门制定的炮制规范应当报国务院药品监督管理部门备案”。相关条文从法律意义上确定了药品质量标准的法律地位，明确了药品质量标准的权威性。

2）强制性。《中华人民共和国标准化法实施条例》第十八条规定，药品标准为强制性标准。第二十三条规定，从事科研、生产、经营的单位和个人，必须严格执行强制性标准。不符合强制性标准的产品，禁止生产、销售和进口。药品质量标准由国家法律授权的机构制定，并最终以法的形式颁布执行，属于强制性标准。

《药品管理法》第二十八条规定，国务院药品监督管理部门颁布的《中华人民共和国药典》和药品标准为国家药品标准。国务院药品监督管理部门会同国务院卫生健康主管部门组织药典委员会，负责国家药品标准的制定和修订。我国现行的药品质量标准主要包括《中华人民共和国药典》和国家药品监督管理局颁布的药品标准。此外，我国省级药品监督管理部门可以根据各地实际情况制定中药饮片炮制规范、地方性中药材质量标准和医疗机构制剂规范，从而形成完备的药品质量标准管理体系。

【扩展阅读】

中华人民共和国药典

2020 年 6 月 24 日，国家药品监督管理局、国家卫生健康委发布公告，正式颁布 2020 年版《中华人民共和国药典》（以下简称《药典》），自 2020 年 12 月 30 日起实施。《药典》共收载药品品种 5 911 种，其中，新增 319 种，修订 3 177 种，不再收载 10 种，品种调整合并 4 种。作为我国保证药品质量的法典，2020 年版《药典》在保持科学性、先进性、规范性和权威性的基础上，着力解决制约药品质量与安全的突出问题，着力提高药品标准质量控制水平，充分借鉴国际先进技术和经验，客观反映了我国当前医药工业、临床用药及检验技术的水平，必将在提高药品质量过程中起到积极而重要的作用，并将进一步扩大和提升我国《药典》在国际上的积极影响。

二、质量管理与药品质量管理

1. 质量管理

（1）质量管理的定义

在我国，质量管理是对产品质量和影响产品质量的各项职能活动进行科学管理的总称。

它是企业经营管理的重要组成部分，包括制定质量方针和质量目标，以及通过质量策划、质量保证、质量控制和质量改进实现质量目标的过程。

1）质量方针是指由企业高层领导发布的企业总的质量宗旨和方向。它是企业质量行为的准则，体现了管理者对质量的指导思想和承诺。质量方针要求语言通俗、简单、明确和易于理解，使各级人员都能理解和执行。

2）质量目标是指企业在质量方面所追求的目标，是质量方针的具体体现，是对质量方针的展开，也是企业各职能和层次（如决策层、执行层、作业层等）所追求并努力实现的主要任务。质量目标必须包括满足产品要求所需要的资源、过程、文件和活动等，这就要求企业提出的质量目标应涉及企业提供的产品及满足产品需求的具体追求事项和目的事项，否则，质量目标就无法实现。

3）质量策划是质量管理的一部分，致力于制定质量目标，并规定必要的运行过程和相关资源以实现质量目标。质量策划是组织建立质量方针后进行的一项质量管理活动，是设定质量目标的前提。只有经过质量策划，质量保证、质量控制和质量改进才可能有明确的对象、目标以及切实可行的措施和方法。质量策划是质量管理活动的中间环节，是连接质量方针和具体的质量管理活动之间的桥梁和纽带。管理者应在考虑市场变化、企业当前和未来需要、现行产品和生产过程状况，以及各相关方对企业质量现状满意程度的基础上，制定企业总的质量目标，且要与企业的质量方针和持续改进的承诺保持一致，并层层分解，明确地传达给所有人员，使全体员工都为之奋斗。

4）质量控制是指为达到满足消费者需要的质量水平，在质量形成的过程中，对每一环节从专业技术和管理技术等方面采取的各种作业技术和活动。其中，专业技术包括统计过程控制（SPC）、质量功能展开（QFD）、消费者满意度测评模型等质量控制专业技术，管理技术包括戴明环、5W1H 等有计划、有组织的质量控制管理技术。质量控制的关键是使质量形成全过程和所有质量管理活动处于完全受控状态，其基础是过程控制，组织需要严格按照规定程序，对影响质量的人、机、料、法、环五大因素进行控制，并对质量活动的结果进行分阶段验证，以便及时发现问题、解决问题，防止不合格情况重复发生，尽可能地减少损失。

5）质量保证是指为使消费者和企业管理者等其他相关方确信组织的产品、服务和过程达到规定的质量要求，而在质量管理体系中实施并根据需要进行证实的一系列有计划、有系统的活动总称。质量保证的主要内容包括五个方面：一是保证质量体系的正常运行；二是保证产品质量控制的正常实施和有效性；三是对质量保证体系和保证产品质量控制方案的实施过程及成果进行阶段性验证和评价，以保证其有效性和效率；四是展示产品在设计、生产等各阶段的主要质量控制活动和质量保证活动的有效性，使消费者、第三方、企业管理者相信企业能持续提供满足质量要求的产品；五是组织各类活动向消费者、第三方及社会展示企业实力，包括领导力、经营理念、资源能力、过程管理水平、信息管理水平、经营业绩等。

6）质量改进是指在组织内采取的提高活动效果与效率的措施，目的是向本组织及其消费者提供增值效益，致力于增强满足质量要求的能力。质量改进是将现有的质量水平在质量控制的基础上加以提高，使质量管理效果达到前所未有的水平的突破过程，它贯穿于质量管理的所有过程之中，是循环性活动，可以更加合理有效地利用资金和技术，改进产品性能，促进新产品开发，减少不合格品的出现，提高产品的市场竞争力，发挥各部门的质量职能，为产品质量提供强有力的保证。质量改进是质量控制的发展方向，质量控制是质量改进的前提，“控制”意味着维持其原有的质量水平，“改进”的效果则是实现突破或提高。

（2）质量管理的发展历史

质量管理这一概念早在20世纪初就被提出来，质量管理的发展依其管理的领域、采取的手段和方式，大致经历了质量检验、统计质量控制和全面质量管理三个阶段。

1）质量检验阶段（20世纪20—30年代）。这一阶段的主要特点是把质量检验从生产工序中分离出来，成立专门的质量检验机构，负责检验产品，以保证出厂产品的质量。在这个阶段中，质量管理工作主要是对产品进行全数的事后检验，判断产品合格与否，剔除不合格产品，只是单纯地依靠检验进行事后把关，管理效能很低。因此，这一阶段也被称为“防守型质量管理阶段”。这一阶段管理的特点是，有人专职制定标准，有人负责生产制造，有人专职进行检验。这种方式可以保证转向下道工序和出厂的产品的质量，但对工序过程中出现的差错却无可奈何，只能放任不合格产品成为既成事实。由于是全面检验，检验工作量大，检验费用高，而且这种方式不适应对产品的破坏性检验。

2）统计质量控制阶段（20世纪40—50年代）。质量检验阶段的不足引起了一些质量管理学家和数学家的关注，他们开始设法使用数理统计原理解决这些不足。第二次世界大战开始以后，美国先后公布一系列“美国战时质量管理标准”，要求生产军需品的各公司普遍实行统计质量控制。后来，这种保证产品质量的有效方法也在其他部门，如民用工业、运输、保险等部门得到推行，统计质量控制得到快速发展。统计质量控制实现了从被动的事后把关到生产过程的积极预防的转变，相对于检验把关的传统管理来说，它是概念的更新、检查职能的更新，是质量管理方法的一次飞跃。这一阶段管理的特点是利用数理统计的原理在生产工序中开展工序质量控制，预防产生不合格品并检验产品质量。在管理责任上，也由专职检验人员转移到专业质量控制工程师和技术人员身上。

3）全面质量管理阶段（20世纪60年代初至今）。由于科学技术的迅速发展，大型、精密复杂的产品出现，对产品质量控制提出了更高的要求。企业开始认识到，只在生产过程中进行质量控制的统计质量控制已经不能满足需要，由此出现了“系统”的概念，要求把质量问题作为一个有机整体看待。与此同时，行为科学理论出现，强调要依靠工人搞好质量管理，出现质量管理小组活动等群众性质量管理形式。1961年，美国通用电气公司工程师阿曼德·费根堡姆出版了《全面质量管理》一书，主张用全面质量管理代替统计质量控制。自此，开创了现代质量管理的新时代，在日本和其他各国企业质量管理实践中，众多学者总结研究，全面质量管理的理论得到了新的发展和完善。进入21世纪，全面质量管理的理论和实践得到了丰富和发展，从TQC（total quality control）到TQM（total quality management），全面质量管理成为集质量管理思想、管理理念、管理方法和管理手段于一体的综合体系，强调全过程、全企业、全员的质量管理。全面质量管理的概念更全面、更人性化、更适应时代发展的需要，极大推动了世界经济的发展，为社会进步和人们生活质量水平的提高做出了巨大贡献。

质量管理的三个发展阶段是一个相互联系的发展与提高的过程。质量检查至今仍是杜绝不合格产品流入下一工序和消费者手中不可缺少的质量管理环节，统计质量控制方法仍是生产过程质量控制的重要手段。

2. 药品质量管理

药品是用于预防、治疗、诊断人的疾病，保护人的生命安全和身体健康的特殊商品，因其直接作用于人体，且大多数直接作用于本身存在生理或心理缺陷的个体，较一般商品而言，其表现出明显的生命关联性和质量严格性。药品的质量问题一直是各国政府和全世界人民关注的焦点。

（1）药品质量管理的定义

药品质量管理是指在国家现行法律法规指导下，对药品研发、生产、经营及使用等过程的指挥和控制。各药事主体为保证药品质量，满足患者防治疾病、维护健康的需要，制定药品质量方针和质量目标，在质量体系内通过质量策划，运用质量控制和质量保证等手段，开展质量改进，实施整体质量管理的一系列活动，都属于药品质量管理范畴。

（2）药品质量管理的特点

药品是特殊商品，为了最大程度地保证药品达到安全性、有效性、稳定性、均一性和经济性等质量特征，有必要对药品实行特殊的质量管理，其特点主要体现在以下三个方面。

1）药品质量管理的全过程性。我国为了实施对药品质量的全面监控，保证人民群众的用药安全有效，国务院药品监督管理部门会同相关监督管理部门秉持全面质量管理的理念，根据国家医药行业现状，总结以往药品管理中的经验和不足，借鉴国际上先进的药品监管手段和方法，一切以质量为中心，在《药品管理法》及《药品管理法实施条例》的大框架下，建立了符合我国国情的从药品研发到药品生产、销售和使用全过程的法律法规体系，包含《药物非临床研究质量管理规范》（GLP）、《药物临床试验质量管理规范》（GCP）、《药品生产质量管理规范》（GMP）及《药品经营质量管理规范》（GSP）等在内的药品监管法律法规体系，对药品质量实施全过程的管理。在管理过程中，同时要求责任到每一名员工，实施全员参与的质量管理模式，充分体现全面质量管理理念和思想。

2）宏观与微观管理的协调性。药品质量安全是国家政府和人民群众十分关注的热点问题，因此我国实行双管齐下的宏观管理和微观管理相结合的管理体制。宏观管理是指从宏观角度出发，由国家和各级人民政府相关监管部门的管理；微观管理是指从微观企业角度出发，由企业内部组织的质量管理活动。在宏观层面，由国务院药品监督管理部门主管全国范围内的药品监督管理工作。国务院有关部门在各自的职责范围内负责与药品相关的监督管理工作。省、自治区、直辖市人民政府药品监督管理部门负责本辖区内的药品监督管理工作。

各级药品监督管理部门设置相应的药品检验机构，负责辖区内药品审批和药品质量监督检查所需的药品检查。在微观企业层面，各企业按照国家法律法规要求设置质量管理机构，并配备具有相应资质的专业质量管理人员，由其负责企业内的药品质量管理工作，企业负责人承担一定的管理职责。此外，还设置了群众性的药品质量监督员和检查员。

3）药品质量管理手段的多样性。为了保证药品质量安全，保障人民群众用药安全，在质量管理过程中，各部门、各单位综合使用行政方法、法律方法、经济方法、技术方法等一系列行之有效的管理方法，不仅仅局限于事后检验和事先的统计预防，而是实行全方位、全过程、全员参与、多手段的全面质量管理体系。

3. 质量管理体系

（1）质量管理体系的含义

质量管理体系（QMS）即质量体系，是组织为实现质量目标而在内部建立的，必需的、系统地在质量方面指挥和控制组织的质量管理模式。它将组织资源与生产运行过程相结合，以过程管理方法进行系统管理，根据组织特点将组织所拥有的各项资源搭配组合，涵盖了从调查确定消费者需求、设计研制、生产、检验到产品销售、售后服务全过程的策划、实施、监控、纠正与改进活动的要求，一般以文件的形式，成为组织内部质量管理工作所要遵循的要求。实现组织质量管理的方针和目标，有效开展各项质量管理活动，必须建立相应的质量管理体系。现代企业管理中普遍采用的是 ISO 9000 质量管理体系。

（2）质量管理体系的特点

1）质量管理体系反映出组织在如何真正发挥质量的作用和如何作出最佳质量管理决策等问题上所秉持的观点。

2）质量管理体系是组织内部质量管理过程中遵循的翔实可行的质量文件的基础。

3）质量管理体系是使组织内部更多员工、更多职能部门参与并贯彻执行管理活动的基础。

4）质量管理体系是组织有计划、有步骤地按照重要性顺序改善质量活动的基础。

（3）质量管理体系的原则

在 ISO 9000：2015 中提出了质量管理体系应遵循的七大原则。

1）以消费者为关注焦点。质量管理应以满足消费者要求为关注点，并努力超越消费者的期望。

2）发挥领导作用。各层领导建立统一的宗旨及方向，应当创造并保持使员工能够充分实现目标的内部环境，使组织的战略、方针、过程和资源保持一致，以实现其组织目标。

3）组织全员参与。整个组织内各级人员的胜任和参与，是组织创造价值和提供价值的必要条件。可以通过表彰、授权和提高能力等方式，促进员工在实现组织质量目标过程中的参与积极性。

4）运用过程方法。质量管理体系是由相互关联的过程所组成的，当活动被作为相互关联的功能过程进行系统管理时，可更加有效地得到预期结果。

5）持续改进。持续改进对于组织保持当前的业绩水平，帮助组织积极应对内外部条件的变化，作出快速反应并创造新的机会具有十分重要的意义。

6）循证决策。基于数据信息分析和评价的决策更有可能产生期望的结果。

7）加强关系管理。组织需要管理与供给方等相关方的关系，以最大限度地发挥其在组织绩效方面的作用。

（4）质量管理体系的组成

完整的质量管理体系包括“硬件”和“软件”两部分。硬件是指组织所拥有的各项物质、技术和人力等资源，包括各种设备设施、专业技术和人力资源等硬性条件，是支撑质量管理体系、正确实施组织质量管理活动必不可少的条件；软件是指组织在借助这些“硬件”实施组织质量管理活动中所形成的组织架构、岗位职责和管理制度等。ISO 9000 国际标准将质量管理体系分为过程、组织架构、工作程序、资源和人员四个组成部分，四个部分相互联系组成有机的质量管理体系，保证组织质量管理活动的有效开展。

1）过程是将输入转化为输出的一组相关资源和活动，包括资源管理过程、产品质量形成过程、分析与改进过程等，设计组织产品质量形成的各阶段，从识别并确定消费者需求到原材料采购、产品设计、研发、生产、检验、销售、售后及使用的全过程。

2）组织架构是具体执行并维护质量管理体系运行的部门及其人员。组织应根据自身特点、产品特性、质量要求等，科学合理地设置与质量管理体系相适应的组织架构，明确各组成机构的隶属关系、联系方法和各自的职责范围，由组织架构负责组织内质量活动的计划、领导、控制和协调活动。质量管理体系在确定组织架构时，应首先整合梳理组织内部涉及全过程、全方位、全员的所有质量管理工作，根据各机构的能力和隶属关系落实各项质量管理任务。组织架构内部各机构和人员应明确各自的职责并严格落实。

3）工作程序是开展某项工作环节所遵循的途径。组织应对所有可能直接或间接影响质量管理结果的工作环节制定相应的工作程序，对各工作环节的先后顺序、内容和应达到的标准提出详细要求，使其能够按照正确的方法完成，并对其工作效果进行持续的监控和验证，确保组织的质量方针和质量目标得以实现。如组织内部的质量手册、程序文件、作业文件、生产工艺文件、岗位操作规范、标准操作规程等都属于工作程序。

4）资源和人员是完成质量目标必不可少的组成要素，也是质量管理体系的基本组成，包括组织所拥有的各项资源和各种专业技术人员，如物资资源、设施环境、信息资源、网络资源和人力资源等。质量管理体系的实施和运行必须以配备齐全的各种设施设备物质资源、信息资源等为基础，并由一支经验丰富、训练有素、专业技术过硬的管理和技术人员队伍具体实施和维护。根据实际岗位职责要求，定期对管理和技术人员进行培训考核，确保其专业知识满足岗位要求。

（5）质量管理体系的建立

组织需要根据行业特点、企业实际状况、产品类型和消费者需求等具体特点对各体系要素进行整体分析，逐步建立完善的质量管理体系，该过程一般要经过策划与设计、编制文件、试运行、审核和评审四个阶段。

1）策划与设计。这是质量管理体系建立的前期准备阶段，需要对质量方针、组织架构、各项资源等进行前期部署，为后续质量管理体系的建立打下基础。主要工作内容包括五点：一是培训全体员工，从高层决策者到中层管理者、基层执行人员，统一认识，提高质量管理意识和专业知识；二是建立由质量管理体系建设领导小组、组织小组和执行小组构成的多层次组织架构，落实各职能部门分工，明确质量管理体系各要素的责任单位；三是确定质量方针，制定质量目标，为员工质量管理行为确定行动准则和工作方向，确保各级人员都能理解和坚持执行；四是对产品特点、组织架构、设备、技术、管理和操作人员等现状进行调查和分析；五是调整组织结构，配备硬件、软件和人员等各项资源。

2）编制文件。质量管理体系文件是描述质量管理体系的文件，它使组织的各项质量管理活动有法可依、有章可循，是组织内部实施质量管理、衡量和考察组织质量保证能力的重要依据之一。质量管理体系文件要能够覆盖组织内部能够影响产品质量、工作质量的各项活动，因此，完整的质量管理体系文件在数量和内容上是十分庞杂的。要对质量管理体系文件进行科学和合理的组织，使其成为有机整体，保证有效性和科学性。

3）试运行。实践是检验真理的唯一标准，通过试运行，考验质量管理体系文件的有效性和协调性。员工将实践中出现的问题和改进意见如实反映给有关部门，针对暴露出的问题，尽快采取纠正措施和改进措施，进一步完善质量管理体系文件。

4）审核和评审。通过审核和评审，验证并确认质量管理体系文件的适用性和有效性。确认质量方针和质量目标是否可行，文件是否覆盖了组织内部能够影响产品质量、工作质量的活动，组织结构设置是否合理，员工执行情况等。

（6）我国药品质量保证体系

药品质量保证体系是通过一定的规章制度、程序、组织架构、人员和资源等，把质量保证活动加以系统化、标准化和制度化的体系。其核心是依靠企业不同层次、不同岗位员工的积极性和创造性，发挥科学技术的推动作用，实质是落实责任制。建立完善的药品质量保证体系是实施药品全面质量管理的重要标志。

我国药品质量保证体系严格贯彻全面质量管理的理念，构建出包括研发过程的质量保证、生产过程的质量保证、经营过程的质量保证和使用过程的质量保证等四部分在内的完善的药品质量保证体系，通过实施《药物非临床研究质量管理规范》《药物临床试验质量管理规范》《药物生产质量管理规范》《药品经营质量管理规范》等一系列的质量管理规范，对药品研发、生产、经营和使用全过程实施控制，保证人民群众用药安全。我国药品质量保证体系如图 4－1 所示。

1）研发过程的质量保证。研发是药品上市前的必经阶段，是决定药品质量的首要环节，对于保证上市药品的安全性、有效性和可控性起着至关重要的把关作用。《药品管理法》中规定，从事药品研发活动，应当遵守《药物非临床研究质量管理规范》《药物临床试验质量管理规范》，保证药品研发全过程持续符合法定要求。

①药物非临床研究质量管理。在我国，临床前研究阶段必须执行《药物非临床研究质量管理规范》。目前我国沿用的 2017 年版《药物非临床研究质量管理规范》共十二章五十条，包括总则、术语及其定义、组织机构和人员、设施、仪器设备和实验材料、实验系统、

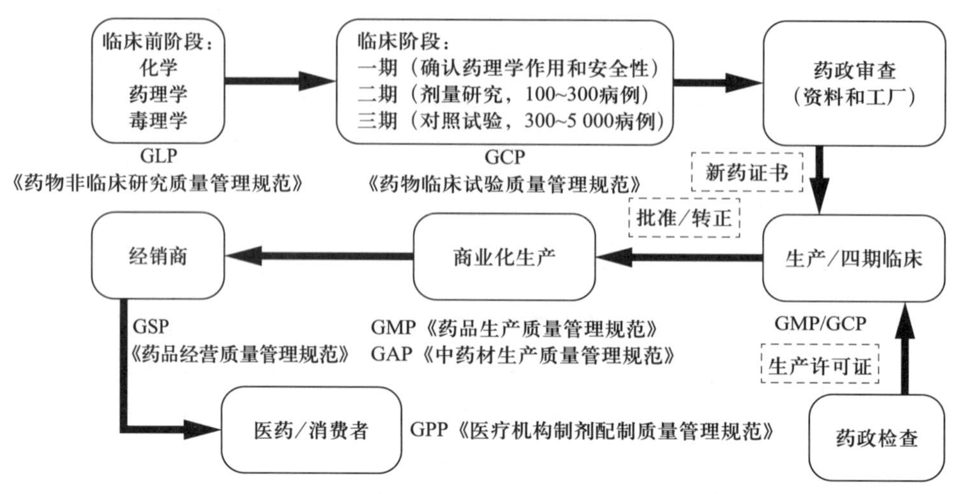

图4－1　药品质量保证体系

标准操作规程、研究工作的实施、质量保证、资料档案、委托方、附则。GLP认证是指国家药品监督管理局对药物非临床安全性评价研究机构的组织管理体系、人员、设施、仪器设备、试验项目的运行与管理等进行检查，并对其是否符合GLP规定作出评定。

②药物临床研究质量管理。《药品注册管理办法》规定，药物临床试验应当在符合相关规定的药物临床试验机构开展，并遵守《药物临床试验质量管理规范》。我国目前现行的《药物临床试验质量管理规范》由国家药品监督管理局、国家卫生健康委员会于2020年4月发布，并于同年7月1日起施行，共九章八十三条，包括总则、术语及其定义、伦理委员会、研究者、申办者、试验方案、研究者手册、必备文件管理、附则。2019年11月，国家药品监督管理局、国家卫生健康委员会发布了《药物临床试验机构管理规定》，自2019年12月1日起施行。根据新修订的《药品管理法》的规定，药物临床试验机构由以前的资质认定改为备案管理。

2）生产过程的质量保证。按生产内容的不同，药品生产阶段可分为中药材生产过程、原料药生产过程和制剂生产过程。其中，原料药和制剂生产过程都属于工业化生产过程，两者联系紧密且具有较多共性。

①中药材生产过程质量管理。为贯彻落实《中共中央 国务院关于促进中医药传承创新发展的意见》，推进中药材规范化生产，加强中药材质量控制，促进中药高质量发展，2022年3月，国家药品监督管理局等四部门发布了《中药材生产质量管理规范》。本规范适用于中药材生产企业规范生产中药材的全过程管理，是中药材规范化生产和管理的基本要求。

②药品生产过程质量管理。药品生产过程主要包括原料药和制剂生产过程。药品质量是在生产过程中形成的，因此，要在药品生产过程中有效控制所有可能影响药品质量的因素，规范药品生产秩序，从源头上提高药品质量，保障人民群众用药的有效性和安全性，提高我国医药企业的质量管理水平和在国际上的质量声誉。根据《药品管理法》，从事药品生产活

动，应当遵守药品生产质量管理规范，建立健全药品生产质量管理体系，保证药品生产全过程持续符合法定要求。

药品生产质量管理规范是为了规范药品生产领域的生产过程，用科学、合理、规范的条件和方法保证药品质量，尽量减少人为因素对药品质量的影响，在国际上普遍采用的药品生产质量管理准则和法定的技术规范。我国现行的2011年版《药品生产质量管理规范》共十四章三百一十三条，包括总则、质量管理、机构与人员、厂房与设施、设备、物料与产品、确认与验证、文件管理、生产管理、质量控制与质量保证、委托生产与委托检验、产品发运与召回、自检、附则。GMP认证是国家药品监督管理部门对医药生产企业的生产管理水平进行监督检查的一种手段，是保证药品质量科学先进的管理方法，也是国际贸易过程中药品质量保证体系的要素之一，对于调动医药生产企业的积极性，提高我国药品生产总体水平，切实保证药品质量起到了积极作用。2019年12月1日，新修订的《药品管理法》正式施行，全面实施药品上市许可持有人制度，依法对药品研制、生产、经营、使用全过程中药品的安全性、有效性和质量可控性负责，取消药品GMP、GSP认证，不再受理GMP、GSP认证申请，不再发放药品GMP、GSP证书。

3）经营过程的质量保证。经营过程是指药品从医药生产企业通过不同的中间商渠道转移到消费者（患者）手中的活动过程，包括从医药生产企业的销售出库、运输到中间商仓储、养护、配送及销售至终端的全过程。经营过程是质量管理全过程的一个环节，是药品生产质量管理的延伸，是保证药品质量不受影响的手段，也是药品使用质量管理的前提，不能忽视在经营过程中对各种影响药品质量因素的控制。根据《药品管理法》的相关规定，从事药品经营活动，应当遵守药品经营质量管理规范，建立健全药品经营质量管理体系，保证药品经营全过程持续符合法定要求。

药品经营质量管理规范是我国医药经营企业进行质量管理的基本准则，其目的是保证药品的安全性、有效性、稳定性和均一性，防止假药、劣药及其他一切不合格不合法的药品进入药品流通过程，做到保质、保量、按期以合理的价格提供满足人民群众医疗保健需求的药品。我国现行的2016年版《药品经营质量管理规范》共四章一百八十四条，包括总则、药品批发的质量管理、药品零售的质量管理和附则四部分，其中对药品批发环节从质量管理体系、组织机构与质量管理职责、人员与培训、质量管理体系文件、设施与设备、校准与验证、计算机系统、采购、收货与验收、储存与养护、销售、出库、运输与配送、售后管理等方面作出了详细的规范说明，对药品零售环节从质量管理与职责、人员管理、文件、设施与设备、采购与验收、陈列与储存、销售管理、售后管理等方面作出了详细的规范说明。

4）使用过程的质量保证

消费者一般通过医疗机构或医药经营企业获得和使用药品，国家对药品的使用过程也有相关的法规保证。《医疗机构药事管理规定》对医疗机构的药事管理进行了规范，旨在促进药物合理应用，保障公众身体健康。该规定第三章“药物临床应用管理”要求医疗机构应当遵循安全、有效、经济的合理用药原则，尊重患者对药品使用的知情权和隐私权。医疗机构应当遵循有关药物临床应用指导原则、临床路径、临床诊疗指南和药品说明书等合理使用药物；对医师处方、用药医嘱的适宜性进行审核。医疗机构应当建立临床用药监测、评价和超常预警制度，对药物临床使用的安全性、有效性和经济性进行监测、分析、评估，实施处方和用药医嘱点评与干预。医疗机构应当建立药品不良反应、用药错误和药品损害事件监测报告制度。

《医疗机构处方审核规范》对消费者在医疗机构中消费的处方有审核的规定，以便保护消费者。要求药学专业技术人员运用专业知识与实践技能，根据相关法律法规、规章制度与技术规范等，对医师在诊疗活动中为患者开具的处方，进行合法性、规范性和适宜性审核，并作出是否同意调配发药决定的药学技术服务。

随着人口老龄化进程的加快以及疾病谱的变化，慢性病患者的长期用药需求日益增加。为规范长期处方管理，推进分级诊疗，促进合理用药，保障医疗质量和医疗安全，2021 年国家卫生健康委发布《关于印发长期处方管理规范（试行）的通知》，围绕患者在长期用药过程中，其随访、用药监测、药品保存、用药教育等提出要求，规定了医疗机构要定期进行合理性评价，加强质量控制，保障患者用药安全。

此外 2019 年国家市场监督管理总局出台《市场监督管理投诉举报处理暂行办法》消费者在使用药品过程有质量问题，还可以通过 12315 获得市场监管投诉举报服务，保护自身权益。

任务实施

一、组建团队，分配任务

班级同学按 3 ~5 人规模，自愿组成若干个学习团队，推选团队负责人。

二、开展调查和案例资料整理

1. 开展医药企业质量管理体系搜集

团队成员通过阅读相关知识，利用网络搜集公开的医药企业质量管理体系的资料，自我设计不少于 3 个问题并回答，形成案例资料，保存为 WORD 格式文档（注明资料出处），作为课程学习资源的组成部分。

2. 制作汇报 PPT

团队成员合理分工，围绕搜集的案例、分析问题、收获体会等方面，制作汇报 PPT。

三、团队汇报案例整理成果

每个团队用 5 ~8 分钟展示搜集的案例资料，汇报成果。

【操作提示】

本任务重点锻炼学生的资料搜集整理能力、分析问题能力、写作和表达能力，教师应加强和团队负责人的沟通交流，保证资料调研整理和汇报成果效果。

任务测评

序号	考核内容	考核标准	配分	得分
1	案例资料	1. 资料来源权威真实，注明出处 2. 案例具有代表性 3. 案例整理清晰，格式规范，可阅读性强 4. 分析总结准确深刻，能提出建议或应对措施	60 分	
2	汇报 PPT	1. 分工明确，全员参与 2. 文档美观，图文并茂 3. 展示详略得当 4. 编排得当，表达流利	40 分	
合计			100 分	

任务二　全面质量管理

学习目标

1. 了解全面质量管理的特点与内容。
2. 能运用 PDCA 循环来提高药品质量。

【任务引入】

魏文王问名医扁鹊：“你们家兄弟三人，都精于医术，到底哪一位医术最好呢?”扁鹊答道：“长兄最好，中兄次之，我最差。”文王吃惊地问：“你的名气最大，为何长兄医术最高呢?”

扁鹊惭愧地说：“我扁鹊治病，是治病于病情严重之时。一般人都看到我在经脉上穿针管放血、在皮肤上敷药等大手术，所以以为我的医术高明，名气也因此传遍全国。我中兄治病，是治病于病情初起之时，一般人以为他只能治轻微的小病，所以他的名气只及于本乡里。而我长兄治病，是治病于病情发作之前，由于一般人不知道他事先能铲除病因，所以觉得他水平一般，但在医学专家看来他水平最高。”

以上的“病”可以理解为“质量事故”。能将质量事故在“病”情发作之前就进行消除，才是“善之善者也”。

思考问题：

1. “重结果轻过程”现象是如何造成的?
2. 如何提高事前控制和事中控制的执行力呢?

请同学们带着这些问题学习下面的内容。

相关知识

一、全面质量管理

1. 全面质量管理的概念

全面质量管理是以系统理论、质量控制理论为指导，以产品质量为核心，运用数理统计、管理心理学和信息学等学科知识，在质量形成的各个阶段和环节，对影响产品质量的各种因素实施全面系统的控制，建立起一套科学、严密、高效的质量体系，以提供满足客户需要的产品或服务的全部活动。

2. 全面质量管理的特点

全面质量管理的特点可以归纳为“三全一多样”，即全方位的质量管理、全过程的质量管理、全员参加的质量管理以及全面质量管理采用的方法是科学的、多种多样的。

（1）全方位的质量管理

全面质量管理中的质量是广义的质量，不仅包括狭义的质量即产品质量，也包括与产品质量形成有关的工作质量，即过程质量和服务质量。良好的产品质量有赖于良好的工作质量，良好的工作质量不但能够保证产品质量，而且可以降低企业运营成本，提高客户满意度，树立良好的企业形象。

（2）全过程的质量管理

全过程是指产品质量形成和实现的全过程，从市场调查分析到产品的研发、生产、采购、包装、检验、销售、储存、运输、售后服务的全过程。产品质量管理是一个综合性的质量管理工作体系。企业要在市场调查过程中全面收集、整理和分析市场信息，了解市场需求和环境因素，以期能够生产出满足客户需要的产品。在产品研发阶段，提高研发质量，使产品的研发结果能充分满足客户使用的各项要求。在产品生产各阶段，加强环节控制，消除产生不合格品的各种隐患，挖掘质量问题的深层次的原因。在销售阶段，保证技术服务质量，做到客户满意，企业获利，社会受益。

（3）全员参加的质量管理

质量是企业质量管理或质量检验部门的主要工作内容，事关产品研发、生产、供应、销售、服务过程中的所有人员，同时也事关企业各个部门，如党政工团、财务、人力资源、培训、安保等所有部门人员。各职能部门如同一个链条环环相扣，每个员工都是链条上的一部分，他们的工作质量或多或少都直接或间接地影响着产品质量，一旦某一环节和链条上的某一部分出现问题，都可能导致整个链条的断裂。所以全面质量管理要求企业全体人员都参与质量管理工作，人人承担质量责任，人人把好质量关，在各自的工作岗位中为提高产品质量作出努力。

（4）全面质量管理采用的方法是科学的、多种多样的

随着科学技术的不断发展，消费者对产品质量、工作质量和服务质量提出了越来越高的要求。同时，影响产品质量的因素也越来越复杂，要把这一系列的因素系统地控制起来，进行全面质量管理，生产出高质量的产品，提供优质的工作与服务，只靠单一的管理方法是不行的。因此，要根据不同的情况，区别不同的影响因素，采用专业技术、管理技术、数理统

计、运筹学和思想教育等各种方法和措施，按照客观规律进行科学管理，只有这样才能真正取得实效，真正做好全面质量管理工作。

3. 全面质量管理的内容

全面质量管理（TQM）是以质量为中心，是建立在全员参与基础上的一种管理方法，其目的在于长期获得客户满意，使组织成员和社会的利益最大化。具体来说，TQM 的基本内容包括以下六点。

（1）强调质量第一

TQM 要求在生产过程中把质量管理放在第一位，贯彻“质量第一”的理念。要求全体员工，尤其是领导者要有强烈的质量意识，要求企业在确定经营目标时，首先根据客户的需求，科学确定质量目标，并安排好人力、物力、财力予以保证。

（2）以客户为中心

TQM 注重客户价值，其主导思想是“客户的满意和认同是长期赢得市场、创造价值的关键”。为此，TQM 要求必须把以客户为中心的思想贯穿于企业业务流程的管理中，从市场调查、产品设计、试制、生产、检验、仓储、销售到售后服务的各个环节都应该牢固树立“客户第一”的思想。

（3）预防为主

在企业质量管理中，要认真贯彻预防为主的原则，凡事要防患于未然。重视产品研发，在研发上加以改进，消除隐患。对生产过程进行控制，尽量把不合格品消灭在发生之前，同时对产品质量信息及时反馈并认真处理。

（4）强调用事实和数据说话

在质量管理工作中要具有科学的工作作风，在研究问题时不能满足于一知半解和表面现象，要对问题做到心中有数，运用各种统计学方法和工具进行分析，找出问题并解决问题。

（5）不断改进

TQM 是一种永远不能满足的承诺，用一句广告语概括就是“没有最好，只有更好”。在这种观念的指导下，企业应持续不断地改进产品或服务的质量和可靠性，确保企业拥有竞争对手难以模仿的竞争优势。

（6）以人为本

TQM 要求在质量管理的各项活动中，把重视人的作用、调动人的主观能动性和创造性、发动全员参与作为根本的管理理念，在企业内部形成一种人人重视质量的企业文化氛围。

二、PDCA 循环的概念、特点

1. PDCA 循环的概念

PDCA 循环又叫质量环，是管理学中的一个通用模型，由美国质量管理专家沃特·阿曼德·休哈特首先提出，由威廉·爱德华兹·戴明采纳、宣传，从而获得普及，所以又称戴明环。全面质量管理的思想基础和方法依据就是 PDCA 循环。PDCA 循环的含义是将质量管理分为四个阶段，即 Plan（计划）、Do（执行）、Check（检查）和 Action（处理）。在质量管理活动中，要求把各项工作按照作出计划、执行计划、检查执行效果这一流程进行，然后将成功的纳入标准，不成功的留待下一循环去解决。这一工作方法是质量管理的基本方法，也是企业管理各项工作的一般规律。

（1）计划阶段

要求企业在充分调查研究的基础上，分析原因，制定应对措施和工作计划。具体包括四个步骤：第一步，调查研究，分析质量管理现状，找出存在的问题；第二步，根据存在的问题，分析问题产生的各种原因和影响因素；第三步，从诸多原因中找出影响质量的主要原因和因素；第四步，针对影响质量的主要原因和因素，制定应对措施和工作计划。

（2）执行阶段

严格遵照执行第一阶段制定的措施和计划，记录结果。

（3）检查阶段

在计划执行过程中或执行之后，将执行结果与第一阶段所制定的质量工作目标进行比较，检查计划完成情况，及时发现计划执行过程中出现的问题，总结经验。

（4）处理阶段

根据上一阶段的检查结果，采取相应措施，具体包括两个步骤：第一步，总结计划执行过程中的经验教训，根据成功的经验和失败的教训修正原有的质量管理制度和质量标准，巩固成绩，防止问题重现；第二步，尚未解决的遗留问题，留至下一次 PDCA 循环中继续解决。PDCA 循环如图 4－2 所示。

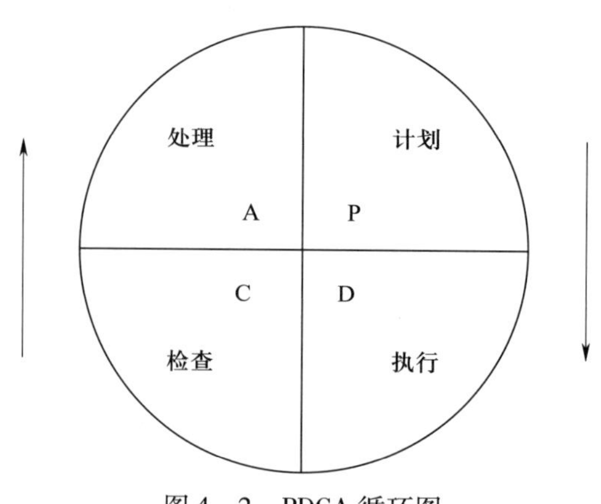

图 4－2　PDCA 循环图

2. PDCA 循环的特点

（1）按顺序周而复始

PDCA 循环是按照 P－D－C－A 的顺序循环往复的，四个阶段的顺序固定不变，并且这四个阶段不是运行一次就完结，而是周而复始地不断循环进行。一次循环帮助企业解决了一部分问题，可能还有问题没有解决，遗留问题再进入下一次 PDCA 循环，企业制订出新计划，执行计划，检查执行情况，总结处理，依此类推。

（2）大环套小环，相互促进

企业的质量管理体系与其内部各职能部门的关系，是大环套小环的有机循环组合体。

PDCA 循环不仅适用于整个企业，也适用于各个职能部门、车间、班组和个人。整个企业是一个大的 PDCA 循环，各职能部门的质量管理则是大环中的小环，形成大环套小环的有机循环组合体。大环是小环循环转动的依据，小环是大环循环转动的保证，小环的循环转动推动上一级的循环转动乃至整个企业质量管理工作的循环转动，通过大环与小环的循环推动，促进企业各项质量管理工作协同前进（如图 4－3 所示）。

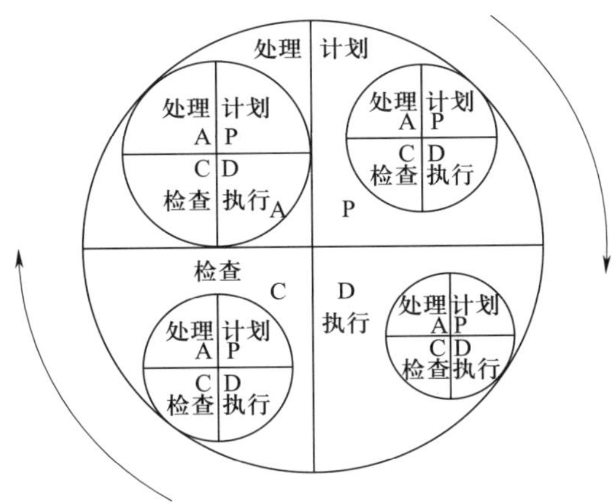

图 4－3　大环套小环，相互促进

（3）阶梯式上升，循环前进

PDCA 循环不是停留在同一个水平上的循环，而是阶梯式上升的循环，每经过一次循环，就解决了一部分现有问题，质量管理水平得到提高，达到新的质量管理高度。PDCA 循环过程就是质量管理工作循环前进、质量管理水平逐步上升的过程（如图 4－4 所示）。

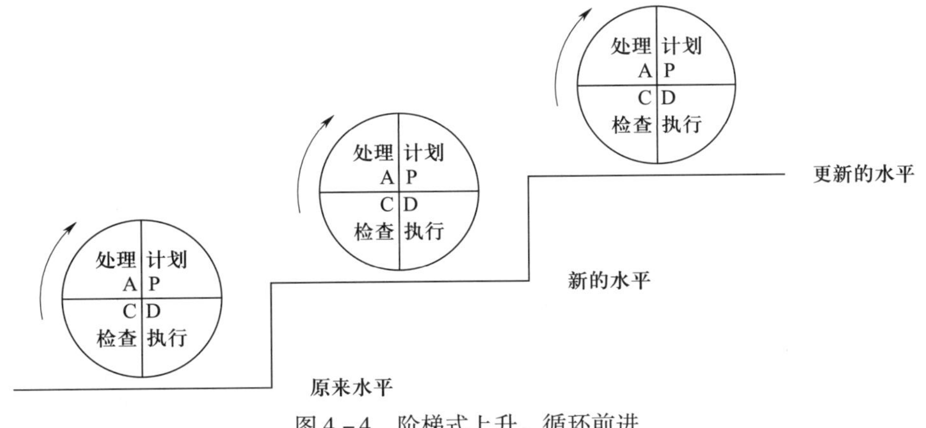

图 4－4　阶梯式上升，循环前进

任务实施

一、组建团队，分配任务

团队的组建延续本项目任务一所组成的团队。

二、开展调查和案例资料整理

1. 开展国内外发生的药品质量安全事件调查

团队成员通过网络等途径查阅相关资料，简要描述药品质量安全事件发生的始末，并分析药品质量安全事件发生的原因、发生过程、发生原因、处理结果，形成案例资料，保存为WORD格式文档（注明资料出处），作为课程学习资源的组成部分。

2. 制作汇报PPT

团队成员合理分工，围绕搜集的案例、分析问题、收获体会等方面，制作汇报PPT。

三、团队汇报案例整理成果

每个团队用5～8分钟展示搜集的案例资料，汇报成果。

【操作提示】

本任务重点锻炼学生的资料搜集整理能力、分析问题能力、写作和表达能力，教师应加强和团队负责人的沟通交流，保证资料调研整理和汇报成果效果。

任务测评

序号	考核内容	考核标准	配分	得分
1	案例资料	1. 资料来源权威真实，注明出处 2. 案例具有代表性 3. 案例整理清晰，格式规范，可阅读性强 4. 分析总结准确深刻，能提出建议或应对措施	60分	
2	汇报PPT	1. 分工明确，全员参与 2. 文档美观，图文并茂 3. 展示详略得当 4. 编排得当，表达流利	40分	
合计			100分	

任务三　医药产品知识产权保护

学习目标

1. 了解医药产品知识产权定义和保护措施。

2. 掌握医药知识产权的保护措施。

【任务引入】

华润三九医药股份有限公司（以下简称华润三九公司）成立于1999年4月21日，系“999”“三九”“999三九医药”注册商标所有权人，且“999”注册商标为驰名商标，该公司多年经营，具有广泛影响力，属于知名企业。

江西三九瑞恩某公司（以下简称三九瑞恩公司）成立于2014年9月24日，该公司两次关于“三九瑞恩”的商标注册申请均被国家商标局于2014年10月8日及2015年11月23日驳回。三九瑞恩公司在其生产的“晕车贴”“脚气医生”产品包装上使用了“三九瑞恩”字样。

生效判决认为，三九瑞恩公司作为医药类销售公司，应明知“三九”是华润三九公司的字号，且“三九”字号在医药行业具有显著识别性，承载着华润三九公司的商品声誉和企业信誉。三九瑞恩公司在其后成立，却在企业名称中使用“三九”字号，该行为具有明显攀附华润三九公司声誉的主观故意，容易使相关公众对其产品来源产生混淆、误认，侵犯了华润三九公司的企业名称权，应当承担相应的民事责任。三九瑞恩公司抗辩其企业名称经当地工商行政管理部门核准登记，但这并不表明该企业名称未侵犯他人合法权益，故该抗辩理由不能成立。故判令三九瑞恩公司停止侵权并赔偿华润三九公司5万元人民币。

案例来源：江西省宜春市中级人民法院发布的《中医药知识产权保护典型案例》。

思考问题：

1. 什么是医药产品知识产权？
2. 如何保护医药产品知识产权？

请同学们带着这些问题学习下面的内容。

相关知识

一、医药产品知识产权的概念及特征

1. 医药产品知识产权的概念

知识产权是指公民、法人和其他社会组织依照法律的规定，对其在科学、技术、文化、艺术领域从事智力活动而创造的智力成果所享有的专有权利。从法律意义上讲，知识产权属于产权的范畴，是无形的权利。

医药产品知识产权是指一切与医药行业有关的发明创造和智力劳动成果的财产权。主要包括医药专利权、医药商标权、医药著作权和医药商业秘密等。

（1）医药专利权

医药专利权是最重要的医药知识产权。医药专利权包括发明专利、实用新型专利和外观专利三种，具体包括依法取得专利权的新医药产品、新工艺、新配方、新用途、新的给药途径以及新剂型、新制药装备、新医疗器具和新的药品包装等。专利权是保护医药发明创造最有效的手段。

（2）医药商标权

医药商标是指生产经营者在其商品或服务上使用的标记，医药商标权保护的范围为医药企业已注册的商标，涉及的产品可包括药品、制药机械、仪器、配套医药设备、医药包装材料、包装机械等。

（3）医药著作权

医药著作权的范围涉及医药领域的图书、摄影、产品说明书、计算机软件、多媒体软件、数据库、网络系统等。

（4）医药商业秘密

商业秘密是指不为公众所知，能为权利人带来经济利益，具有实用性并经权利人采取保密措施的技术信息和经营信息。其范围包括设计资料、产品配方、制作工艺、客户信息、商业情报等。

2. 医药产品知识产权的特征

医药产品知识产权和其他知识产权一样具有以下六个特征。

（1）法定性

医药产品知识产权是法律授予的一种权利，医药产品知识产权的获取必须依法进行申请和审批，不是人们自由约定和创设的。

（2）非物质性

医药产品知识产权区别于有形医药产品财产权的最重要、最根本的特征在于其非物质性，医药产品知识产权保护的客体是一种智力成果，而非有形的物质财产。权利人通过法律赋予的权利控制他人对其智力成果的非法使用。

（3）专有性

法律对智力成果的所有人授予智力成果的专有权，以体现权利人对其智力成果的独占性和排他性，正因为医药产品知识产权具有独占性和排他性，才使医药产品知识产权具有经济性和可转让性。

（4）时间性

医药产品知识产权都有法定的保护期限，法定保护期满，权利也随之自动终止，也意味着它可以作为社会公共财富，任何人都可以使用。《中华人民共和国专利法》（以下简称《专利法》）规定，发明专利的保护期限为 20 年，实用新型专利的保护期限为 10 年，外观设计专利的保护期限为 15 年；《商标法》规定，注册商标的有效期为 10 年，有效期满可以申请续展，每次续展注册的有效期为 10 年。

（5）地域性

医药产品知识产权由国家法律确认并受到保护，即任何国家或地区所授予的医药产品知识产权，仅在该国或该地区范围内受到法律保护，如果权利人希望在其他国家或地区也享有专利权，则应依据其他国家的法律另行申请（本国与其他国家签有双边互惠协定的除外）。

（6）可复制性

医药产品知识产权是一种智力成果，其财产权性质的体现是通过一定的载体表现出来的，例如，根据专利技术生产出来的某种新医药产品，由无形资产转变为有形物质，这就是知识产权的可复制性。

【扩展阅读】

药品专利纠纷早期解决机制实施办法（试行）（节选）

第一条　为了保护药品专利权人合法权益，鼓励新药研究和促进高水平仿制药发展，建立药品专利纠纷早期解决机制，制定本办法。

第二条　国务院药品监督管理部门组织建立中国上市药品专利信息登记平台，供药品上市许可持有人登记在中国境内注册上市的药品相关专利信息。

未在中国上市药品专利信息登记平台登记相关专利信息的，不适用本办法。

第三条　国家药品审评机构负责建立并维护中国上市药品专利信息登记平台，对已获批上市药品的相关专利信息予以公开。

第四条　药品上市许可持有人在获得药品注册证书后30日内，自行登记药品名称、剂型、规格、上市许可持有人、相关专利号、专利名称、专利权人、专利被许可人、专利授权日期及保护期限届满日、专利状态、专利类型、药品与相关专利权利要求的对应关系、通讯地址、联系人、联系方式等内容。相关信息发生变化的，药品上市许可持有人应当在信息变更生效后30日内完成更新。

药品上市许可持有人对其登记的相关信息的真实性、准确性和完整性负责，对收到的相关异议，应当及时核实处理并予以记录。登记信息与专利登记簿、专利公报以及药品注册证书相关信息应当一致；医药用途专利权与获批上市药品说明书的适应证或者功能主治应当一致；相关专利保护范围覆盖获批上市药品的相应技术方案。相关信息修改应当说明理由并予以公开。

二、医药产品知识产权的意义

医药产业是典型的知识密集型产业，是关系到每个国家人民健康幸福的支柱性产业，集中了大量的无形资产。因此，医药产品知识产权的保护对国家、企业和人民都有着十分重要的意义，具体体现在以下四个方面。

1. 有利于鼓励和促进医药产业的科技创新

新药的研发是一项高投入、高风险、高效益、周期长的复杂系统工程，需要进行新药的设计与筛选、临床前研究、临床研究、生产工艺化、申报、审批及市场开发等大量工作。高额投入的回报是新产品所带来的巨大经济利益，但其前提必须是对新产品的有效保护，避免其他企业无偿仿制，造成市场和利润的损失。只有通过医药产品知识产权保护，才能保护研究开发者的积极性，保证医药科技创新的不断发展。

2. 有利于推动医药科技成果的转化

由于知识产权的无形性和可复制性等特点，医药科技创新必须及时转化为产品，才能创造财富和价值。发达国家往往将其药品销售额的10%～15%用于新药研究与开发，其目的是获得新药研制产业化后的高额利润。医药产品知识产权保护制度的实施，可以从法律和行政等各方面促使高新技术转化为生产，有利于加强科研与生产管理，解决科研与生产相脱离的问题，从而推动医药科技成果的转化。

3. 有利于规范医药市场的竞争秩序

知识产权的竞争，尤其是专利知识产权的竞争已成为国际医药产业技术和市场竞争的重要手段。对于医药企业而言，拥有医药产品知识产权的产品，可以形成一定的技术壁垒和市场壁垒。因此，只有通过加强医药产品知识产权的保护，才能减少各种侵权行为，规范医药市场的竞争秩序。

4. 有利于促进医药产业的国际贸易交流

我国作为发展中国家，已经加入大多数主要的知识产权保护国际公约，知识产权保护的法律体系也基本完善并逐步与国际接轨。良好的医药产品知识产权保护氛围可以吸引更多的国家和企业在我国进行医药开发技术投资与科研合作，也有利于我国医药产品走向世界，尤其是中医药产品的对外出口与贸易。

三、医药产品知识产权的保护措施

1. 医药专利权的保护

（1）医药专利权的保护范围

我国《专利法》规定，发明或实用新型专利权的保护范围以其权利要求的内容为准，说明书及附图可以用于解释权利要求的内容；外观设计专利权的保护范围以表示在图片或者照片中的该产品的外观设计为准，简要说明可以用于解释图片或者照片所表示的该产品的外观设计。专利权包括人身权和财产权。

1）人身权。主要包括姓名权，是指发明人或设计人享有在专利文件中写明其姓名的权利。

2）财产权。主要包括独占实施权、实施许可权、转让权和标示权等。

（2）医药专利权的侵权责任

1）民事责任。主要包括：停止侵权，是指侵权行为人应当根据专利管理行政部门的处理决定或人民法院的裁决，停止正在实施的专利侵权行为；赔偿损失，可根据专利权人因侵权而受到的损失或侵权行为人获得收益情况，或者参照专利使用许可费，确定赔偿标准，由专利侵权行为人向专利权人支付赔偿费；消除影响，由侵权行为人采取适当的方式消除因其侵权行为给专利权人或其产品带来的不良影响。

2）行政责任。责令侵权行为人立即停止侵权行为，并发布公告，没收违法所得，根据相关规定处以相应罚款。

3）刑事责任。根据有关法律规定，追究侵权行为人相应的刑事责任。如《刑法》规定，假冒他人专利，情节严重的，处三年以下有期徒刑或者拘役，并处或者单处罚金。

2. 医药商标权的保护

（1）医药商标权的保护范围

我国《商标法》规定，经国家工商行政主管部门核准为注册商标后，其注册人享有商标的专用权，受到法律保护。商标权包括独占使用权、禁止权、转让权、许可权和续展权等内容。

（2）医药商标权的侵权责任

1）民事责任。主要包括停止侵权、赔偿损失和消除影响。

2）行政责任。主要包括责令侵权行为人停止侵权行为，销毁侵权商标标识，消除现存商品上的侵权商标，没收违法所得，根据相关规定处以相应罚款。

3）刑事责任。根据侵权形式和行为，可以分为假冒注册商标罪，销售假冒注册商标商品罪，非法制造、销售非法制造的注册商标标识罪等。

3. 医药著作权的保护

（1）医药著作权的保护范围

《中华人民共和国著作权法》（以下简称《著作权法》）规定，著作权包括人身权、财产权和著作权的邻接权。

1）著作人身权，是指著作权人通过创造表现个人风格的作品而依法享有获得名誉、声望和维护作品完整的权利。著作人身权包括发表权、署名权、修改权和保护作品完整权等。

2）著作财产权，是指著作权人对其作品的自行使用和被他人使用而享有的以物质利益为内容的权利。著作财产权包括复制权、发行权、出租权、展览权、表演权、放映权、广播权、信息网络传播权、摄制权、改编权、翻译权、汇编权以及应当由著作权人享有的其他权利。

3）著作权的邻接权，是指作品传播者对在传播作品过程中产生的劳动成果依法享有的专有权利。

（2）医药著作权的保护期限

我国《著作权法》及相关行政法规对著作权的保护期限作出了明确规定。

1）署名权、修改权和保护作品完整权的保护期限不受限制。

2）自然人的作品，其发表权和复制权、发行权、出租权、展览权、表演权、放映权、广播权、信息网络传播权、摄制权、改编权、翻译权、汇编权、应当由著作权人享有的其他权利的保护期为作者终生及其死后 50 年，截止于作者死亡后第 50 年的 12 月 31 日（如果是合作作品，截止于最后死亡的作者死亡后第 50 年的 12 月 31 日）。

3）自然人作品的作者生前未发表的作品，如果作者未明确表示不发表，作者死亡 50 年内，其发表权可由其继承人或受遗赠人行使。

4）著作权（署名权除外）由法人或非法人组织享有的职务作品，其发表权和使用权的保护期限为 50 年，截止于作品创作完成后和作品首次发表后第 50 年的 12 月 31 日。

5）对于作者身份不明的作品，使用权的保护期截止于作品首次发表后第50年的12月31日。

6）《中华人民共和国计算机软件保护条例》第十四条规定，软件著作权自软件开发完成之日起产生。自然人的软件著作权，保护期为自然人终生及其死亡后50年，截止于自然人死亡后第50年的12月31日；软件是合作开发的，截止于最后死亡的自然人死亡后第50年的12月31日。法人或者其他组织的软件著作权，保护期为50年，截止于软件首次发表后第50年的12月31日，但软件自开发完成之日起50年内未发表的，本条例不再保护。

4. 医药商业秘密的保护

《中华人民共和国反不正当竞争法》是医药商业秘密保护的主要适用法律。此外，《中华人民共和国公司法》《刑法》等法律也对商业秘密的保护和侵害商业秘密的行为作了规范，同样适用于医药商业秘密的保护。

【扩展阅读】

我国医药产品知识产权保护相关法律、法规

法律：

《中华人民共和国刑法》

《中华人民共和国专利法》

《中华人民共和国商标法》

《中华人民共和国反不正当竞争法》

《中华人民共和国科学技术进步法》

《中华人民共和国著作权法》

《中华人民共和国药品管理法》等

法规：

《中华人民共和国药品管理法实施条例》

《药品专利纠纷早期解决机制实施办法（试行)》

《中药品种保护条例》

《计算机软件保护条例》

《中华人民共和国著作权法实施条例》

《中华人民共和国知识产权海关保护条例》等

任务实施

一、组建团队，分配任务

团队的组建延续本项目任务一所组成的团队。

二、开展调查和案例资料整理

1. 开展医药产品知识产权侵权案例搜集

团队成员通过阅读相关知识，利用网络搜集公开的医药产品知识产权侵权资料，自我设计不少于 3 个问题并回答，形成案例资料，保存为 WORD 格式文档（注明资料出处），作为课程学习资源的组成部分。

2. 制作汇报 PPT

团队成员合理分工，围绕搜集的案例、分析问题、收获体会等方面，制作汇报 PPT。

三、团队汇报案例整理成果

每个团队用 5 ~ 8 分钟展示搜集的案例资料，汇报成果。

【操作提示】

本任务重点锻炼学生的资料搜集整理能力、分析问题能力、写作和表达能力，教师应加强和团队负责人的沟通交流，保证资料调研整理和汇报成果效果。

任务测评

序号	考核内容	考核标准	配分	得分
1	案例资料	1. 资料来源权威真实，注明出处 2. 案例具有代表性 3. 案例整理清晰，格式规范，可阅读性强 4. 分析总结准确深刻，能提出建议或应对措施	60 分	
2	汇报 PPT	1. 分工明确，全员参与 2. 文档美观，图文并茂 3. 展示详略得当 4. 编排得当，表达流利	40 分	
合计			100 分	

目标检测

一、单项选择题

1. 20 世纪 50 年代末 60 年代初，美国人费根堡姆提出了（　　）。

A. 质量检验管理　　B. 统计质量控制管理

C. 检验员质量管理　　D. 全面质量管理

2. GMP 在我国被称为（　　）。

A. 药品经营质量管理规范　　B. 药品生产质量管理规范

C. 药品非临床研究质量管理规定　　D. 中药材生产管理规定

3. GSP 在我国被称为（　　）。

A. 药品经营质量管理规范　　B. 药品生产质量管理规范

C. 药品非临床研究质量管理规定　　D. 中药材生产管理规定

4. 医药产品知识产权是指一切与医药行业有关的发明创造和智力劳动成果的（　　）。

A. 财产权　　B. 所有权　　C. 转让权　　D. 支配权

5. 医药知识产权区别于有形医药产品财产权的最重要、最根本的特征是（　　）。

A. 非物质性　　B. 法定性　　C. 专有性　　D. 时间性

二、多项选择题

1. 全面质量管理的内容包括（　　）。

A. 强调质量第一　　B. 预防为主

C. 强调用事实和数据说话　　D. 不断改进

E. 一切以经济效益为中心的观点

2. PDCA 循环是指（　　）。

A. 计划　　B. 执行　　C. 控制

D. 检查　　E. 处理

3. 药品质量指标包括（　　）。

A. 有效性指标　　B. 安全性指标

C. 稳定性指标　　D. 经济性指标

E. 均一性指标

4. 医药产品知识产权的种类有（　　）。

A. 医药专利权　　B. 医药商标权

C. 医药著作权　　D. 医药商业秘密

E. 医药知识权

5. 医药产品知识产权的特征有（　　）。

A. 法定性　　B. 非物质性　　C. 专有性

D. 时间性　　E. 地域性

三、简答题

1. 全面质量管理的特点有哪些？

2. PDCA 循环包括哪些阶段？

3. 简述医药产品知识产权的概念、种类。

4. 简述我国医药产品知识产权保护的意义。

目标检测单项、多项选择题参考答案

一、单项选择题

1. D　2. B　3. A　4. A　5. A

二、多项选择题

1. ABCD　2. ABDE　3. ABCDE　4. ABCD　5. ABCDE

项目五

医药企业市场运营管理

通过本项目的学习，了解医药市场调查及预测的概念与意义，掌握医药市场调查、预测的内容与方法；了解医药市场细分、医药目标市场及医药市场定位的概念，掌握医药市场细分、医药目标市场及医药市场定位的作用、要求及策略。

任务一　医药市场调查

学习目标

1. 了解医药市场调查的概念与意义。
2. 掌握医药市场调查的内容与方法。

【任务引入】

随着人们生活水平的不断提高和养生保健意识的增强，“阿胶”产品因其深厚的文化底蕴和补血滋阴、润燥止血等功能，倍受广大消费者的青睐，价格也一直呈上涨态势。在这一背景下，H 医药批发公司根据市场调查发现，由于毛驴没有像牛羊一样享受国家政策扶持，且毛驴生长周期为 3 ~4 年，群养难度大，导致毛驴的存栏量逐年下降，纯粹为了驴皮养殖毛驴也不现实。因此，生产“阿胶”的材料供不应求。而同时“阿胶”产品消费人群正在持续向年轻、价格敏感度较低的城市白领转移，需要“阿胶”产品的终端消费人群在逐年增多。于是，H 医药批发公司和 Y 阿胶股份有限公司一次性签订了 56 吨价格为 ×元/千克的“阿胶”产品采购合同。几年后，由于生产“阿胶”产品的原料驴皮更加紧缺，出现了“阿胶”产品价格 5 年上涨 9 次的现象，据相关经销商透露，“阿胶”产品价格还有上调的区间。

思考问题：

如何了解目前阿胶的价格？

请同学们带着这个问题学习下面的内容。

相关知识

一、医药市场调查的概念与意义

1. 医药市场调查的概念

医药市场调查就是运用科学的方法和手段，有目的、有计划地搜集医药市场信息，并加以整理、分析的活动过程，主要包括两个方面：一是搜集信息；二是对信息进行整理加工和分析。前者侧重于客观性，而后者通过对信息的加工处理，具有主观性。

2. 医药市场的特点

医药产品不同于其他一般商品，医药市场也不同于一般的商品市场，具有其独特特征。

（1）复杂性

医药市场消费层次多、需求多样化、差异较大。这些与消费者的年龄、受教育程度、城乡区域消费差别、产品附加值及品牌价值度等有关。从消费者需求角度来看，还存在民族、年龄、文化水平和用药习惯等明显差异。

（2）专业性

医药产品关系到人们的身体健康甚至生命安全，其交易受到国家药品质量监督管理部门的严格监管。因此，医药产品市场专业性强。

（3）被动性

消费者常常是一种被动消费。例如，患者的消费需求大都通过处方医生开出的处方实现的，医生是其主导。

（4）稳定性

医药市场供求相对稳定。其市场需求原则上与发病率呈正相关。医药市场产品生命周期长。由于医药产品的质量、疗效和安全性要求，要用一种疗效更好、安全性更强的新医药产品来替代既有市场上的某种医药产品，所用生命周期必然也较长。

3. 医药市场调查的意义

由于医药市场具有不同于一般商品市场的独特特征，因此，对医药市场进行系统的市场调查，可以发现和解决医药市场现有问题或寻找到新的市场机遇，为企业管理者作出各种决策提供强有力的支持。

（1）有助于医药企业了解市场供需情况，更好地满足消费者需求

通过对医药行业的生产、销售和进出口情况进行调查，可以了解医药产品的市场供给量；对人口结构、消费水平及各种购买影响因素与影响程度进行调查，可以了解市场购买力。

（2）有助于企业发现开发新医药产品的机遇

企业通过搜集消费者信息，能更好地了解消费者的需求变化和消费者对本企业医药产品的看法，了解市场的可能趋势和消费者的潜在需求，把握新的市场机会开发新产品，提高医药企业的市场竞争力。

(3) 有助于管理者作出正确决策

对于一个企业而言，经营目标和经营策略的正确与否是企业兴衰成败的关键。准确的信息是正确经营决策的前提。市场调查能为管理者提供及时、准确、灵活、有效的市场信息，使管理者对自身的经营资源和经营能力以及市场需求和经营环境产生更清晰的认识，有利于企业进行正确的市场定位，制定正确的营销策略，为企业解决市场问题、作出正确决策提供参考依据。

二、医药市场调查的内容与方法

1. 医药市场调查的内容

(1) 宏观层面

1) 人口环境，包括人口数量、人口结构、人口分布等。

2) 经济环境，包括消费者支出水平、消费结构、消费者储蓄状况及信贷情况等。

3) 自然环境，包括自然资源短缺现象、环境污染与企业关系、政府干预的影响、地理位置、交通运输等。

4) 科技环境，包括生产新技术发展、电商等新营销方式等。

5) 政治和法律环境，包括政策和法律是否制约或促进医药市场活动、国际惯例和准则的规定等。

6) 社会文化环境，包括人群价值观、教育水平、思维方式、风俗习惯、宗教信仰等。

(2) 微观层面

1) 企业自身情况，包括人员、技术、设备、资金等。

2) 供应商，包括资源供应的资质可靠性、资源供应的价格波动区间、资源供应的质量状况等。

3) 消费者情况，包括需求特点、需求变化、产品认可程度等。

4) 营销渠道，包括营销代理商、物流企业、营销服务结构、金融机构等。

5) 竞争对手，包括产品竞争对手、企业竞争对手等。

6) 公众群体，包括相关政府机构、传播媒介、融资群体、非官方群体等。

2. 医药市场调查的方法

(1) 询问法

调查人员采用提问方式向被调查者了解情况，收集信息。

1) 网络问卷。这种方法的优点是便利、快捷、调查效率高、成本低廉，缺点是只能针对上网人群。

2) 邮寄问卷。将问卷邮寄给被调查者，请他们填好后寄回。这种方法的优点是调查面广，被调查者有充分的时间回答问题；缺点是时间周期长，问卷回收率低。

3) 电话访问。这种方法的优点是可立即得到所需信息，且提问灵活，成本也低；缺点是电话交谈通话时间有限，无法收集深层信息，时间过长可能会引起被调查者反感。

4) 面谈，如上门采访、现场采访、个别询问、集体询问、座谈会等。面谈中调查人员可充分提问，被调查者也能充分发表自己的意见，提问形式灵活，调查回收率高，收集资料全面，资料真实性强，但该方法成本太高，能访问的人数有限，调查结果受调查人员个人理解的影响大。适于收集需要较深入了解的信息。

（2）观察法

通过直接观察有关对象和事物了解情况，收集信息，如观察消费者购物和使用产品的方式。例如，某医药连锁有限公司想了解某下属药房一周客流量的变化情况，以便确定促销方式，就可以安排调查人员在该药房的入口处观察不同时间消费者人数的变化情况，或根据店内安装的摄像机进行记录。

观察法不正面接触调查对象，信息在被调查者未意识到的情况下获得，因此结果比较真实、自然、客观。但是调查成本较高，时间也较长，并且仅观察表面现象，无法调查被调查者的兴趣、偏好、心理感受、购买动机、态度等深层次情况，因而该方法适用于商品资源调查、库存调查、客流量及消费者行为调查等。

（3）实验法

从影响被调查者的若干条件中选出一个或几个实验条件，在不改变其余条件的情况下，了解实验条件的变化对被调查者的影响程度。这种方法使调查人员可以在可控状态下分析、观察某些市场现象之间是否存在因果关系以及相互影响程度，取得较为客观的数据，可信度较高，但比较耗时。此外，影响市场变化的因素错综复杂，很多因素无法严格控制，在一定程度上会影响实验结果的可靠性。

3. 医药市场调查的步骤

医药市场调查一般包括确定目的、制定方案、实施调查、整理分析、编写报告五个步骤。

（1）明确目的

医药企业调查者和调查结果使用者首先要共同明确调研要解决的问题，研究的目标必须明确而具体，使调查项目具体可行。一方面要将调查需要解决的问题具体到可行及确切范围，减少不必要的信息采集。另一方面要考虑到调查的成本和可操作性，保证调查结果真实性，能切实解决问题。

（2）制定方案

调研目标确定后，市场调查实施人员需要制定一个详尽严密的调研方案。调查方案的主要内容包括调查工具的选择、样本设计、抽样方法、资料的收集与整理、数据分析方法、调研进度、经费预算等。

（3）实施调查

在正式调查实施阶段，调查人员需要使用事先设计好的调查工具，如访谈、调查问卷等，对调查对象开展调查，从而收集调查数据和有关资料，最终形成调查数据。需要指出的是调查者在调查过程中，需要有意识地对数据和资料进行收集整理，符合调查方案要求，以便为后期分析奠定基础。

（4）整理分析

对于通过调查获取的数据和资料，还需要通过全面的整理，使其符合调查分析要求。对不同性质的数据和材料应采取不同的分析方法。一般使用归纳与演绎相结合、分析与综合相结合等方法对定性数据进行分析。对于定量数据，一般应使用统计学的相关方法和工具开展分析，如相关分析、回归分析、方差分析等，实践中往往采用SAS、SPSS、Stata、Minitab等统计软件提高数据分析效率。

（5）编写报告

根据调查资料与数据分析研究结果，可以编写调查报告，其目的是为生产经营决策、市场预测等提供依据。调查报告的基本内容包括调查背景和目的、调查方法、调查过程、调查结果和建议等。报告一般由标题、序言、正文、附录等要素组成。

4. 医药市场调查问卷设计方法

问卷是向被调查者提问时普遍要用到的基本的资料收集工具。问卷设计的质量将直接影响到所收集资料的质量。因此，问卷设计是调查过程中最关键的环节之一。为了保证问卷的质量，通常要进行以下步骤。

（1）确立问卷整体框架

调查人员在透彻理解调查目标的基础上，列出达到调查目标所需要的问题分类清单，作为问卷的整体框架，再拟定具体的问题。在设计时，要考虑到以下三方面内容。

1）所提问题是否必要。在问卷设计中，所需要了解的问题既不能遗漏也无需面面俱到，以免增加调查的时间成本，并且问题过多过长可能造成被调查者厌倦，从而影响到调查质量。

2）被调查者是否能够回答所提问题。例如，所提的问题是否适用于所有被调查者、被调查者是否能够回忆起所问的信息、问题的难度等。

3）被调查者是否愿意回答。主要是指一些涉及个人或家庭隐私的敏感性问题，或使被调查者感到不安和受威胁的问题，如个人或家庭收入。如果问卷中必须包括这类问题，则需要在设计中通过提问方式或顺序等技巧来解决。

（2）确定问题的回答方式

1）开放式，是指被调查者自行回答问题。回答不受限制，有可能获得许多事先没有预料到的信息。但由于没有标准化答案，导致信息汇总和分析工作量大。

2）封闭式，是指问卷设计者提供若干答案，由被调查者在其中选择。这种方式有利于后期资料的整理和分析。为了减少设计时信息遗漏，通常可列出一项“其他”作为补充，必要时也可在封闭式问题之后跟随一个开放式问题，以便取得更准确的信息。

（3）严格问卷中的措词

问卷中提出问题的措词是问卷设计的关键。

1）简单易懂，避免复杂词汇。应避免使用过于复杂的学术性词汇或专业术语，避免使用网络语言及一些俚语。

2）明确具体，避免模棱两可。例如，“经常”“偶尔”“较多”等词汇，不同的人心中的标准不同，可能导致答案无可比性。

3）保持中立，避免诱导性提问。诱导性问题可能影响被调查者的作答。

4）避免双向问题。主要指一个问题中包含有两个及以上的问题，例如，“请问您对这一款血压计的质量及售后是否满意?”如果被调查者不是都满意，就很难仅用一个“是”或“否”来回答。

5）避免收集到虚假回答的信息。为避免一些被调查者有意识地粉饰自己或迎合大众的想法而作出虚假回答，可采用一些技巧来解决，例如，将这类问题隐藏在一组较轻松的问题中；从侧面间接地提问，使问题仅涉及其他人，从回答中推测被调查者的态度；问卷不显示真实个人信息等。

（4）确定问题顺序

不同的排序可能会产生不同的效果。

1）以简单、有趣的问题作为开始，更容易让人产生兴趣，有助于取得被调查者的信任，顺利进入问卷访谈过程。

2）先一般问题，后具体内容，可以确定更具体的问题是否适用于被调查者。

3）按时间顺序排列，使被调查者容易回答或回忆。

4）按内容分组排列，避免在不同内容之间频繁地转换话题从而影响被调查者的注意力。

（5）确定其他必需要素

1）问卷的标题，要概括调查的主题，做到简明、扼要、醒目、突出。

2）卷首介绍词，如调查机构和调查人员介绍、调查目的及重要性、完成问卷大致所需时间、保密承诺、感谢语以及结束介绍词等。

3）问卷填写说明，如填表须知等。

4）识别信息，包括被调查者的地址、访问日期、时间及调查人员姓名等，一般放在问卷的最后。

例：客户满意度调查问卷

亲爱的客户：

您好！感谢您长期以来对我们的支持和厚爱，在您和其他客户的大力支持下，我们的事业得以迅速发展。但我们深深感觉我们的服务与您的要求仍有不少差距，为了改进我们的工作，更好地为您服务，我们制作了客户满意度调查问卷，请您协助填写，请把您对本公司的宝贵意见或建议告诉我们，以便我们及时改进，不胜感激。谢谢！

您的朋友：××有限公司

现诚意邀请您填写此问卷，并传真或邮寄我们；也可登录我们的微信公众号、网站下载表格填写后发给我们。

填写人姓名：　　　　　　联系方式：

1. 您的公司属于下列哪种企业？（请在您认为合适的“□”中画“√”，下同）

□ A. 国有企业

□ B. 民营企业

□ C. 外资企业

☐ D. 其他________

2. 您对我公司为您服务的工作人员的服务态度是否满意?

☐ A. 满意

☐ B. 比较满意

☐ C. 一般

☐ D. 不太满意

☐ E. 不满意

3. 您对我们的服务满意度的总体评价如何?

☐ A. 满意

☐ B. 比较满意

☐ C. 一般

☐ D. 不太满意

☐ E. 不满意

4. 您认为我们的服务今后有哪些可以改进的地方?

☐ A. 沟通

☐ B. 语言表达

☐ C. 态度

☐ D. 解决问题

☐ E. 维护

☐ F. 责任心

☐ G. 配合

☐ H. 业务技能

☐ I. 其他________

调查人员:

时间:

任务实施

一、组建团队，分配任务

班级同学按 3 ~5 人规模，自愿组成若干个学习团队，推选负责人。

二、市场调查，设计问卷

1. 背景及任务

全球人口老龄化、人们生活水平提高和偏远地区医疗服务需求增加等因素正促使传统医疗方式的变革，移动性和便携性逐步成为影响医疗电子产业发展的关键。此外，半导体技术的发展推动医疗创新以前所未有的速度向前迈进，在快速处理计算、高精度模数转换和无线网络技术进步的带动下，医疗电子产品走向便携化和小型化。便携式医疗电子产品的出现缘起于家庭医疗护理的兴起和消费者对自身健康关注度的增加，血糖仪、血氧计、疾病控制和诊断监视系统等设备开始走向便携化。当前在便携式医疗电子领域比较热门的应用主要是带液晶显示的体温计、血糖仪、血氧计、生化分析仪、胰岛素注射泵和心脏除颤仪等医药产品。便携式医疗电子产品走进家庭与人们生活水平的提高密切相关，当前在欧美国家，血压计和血糖仪等检测产品已经成为家庭必备的一种医疗设备，在我国，随着人民生活富裕程度以及人们自我保健意识的提高，沿海城市和内陆大城市开始消费这些医药产品，相关市场逐渐热起来。

2021 年 11 月初，国际糖尿病联合会（IDF）在官网上更新了全球糖尿病概览的相关数据，世界范围内成年糖尿病患者人数已高达 5.37 亿人，占全球总人口数的 10.5%。在我国，2011—2021 年，糖尿病患病人数从 9 000 万人增长到了 1.4 亿人，占全国总人口数的 1/10，与世界范围内的发病率持平。在这 1.4 亿人中，51.7% 的人群未被诊断，属于“隐性”糖尿病群体 。因此，血糖自我监测越来越重要。资料显示，全世界血糖检测市场容量为 50 亿美元，美国市场容量约为 20 亿美元。我国糖尿病患者人数的年均增长率为 7%，但仅有 1.5% ~2% 的患者拥有自己的血糖监测仪，而欧美国家的这个比率高达 90% 以上，近几年我国血糖检测市场增长迅猛，市场潜力很大。

任务：帮助小李设计一份关于血糖检测市场的调查问卷。调查目的由各组根据任务背景商讨确定（例：血糖仪品牌市场占有情况调查）。

2. 调查整理资料，保存为 WORD 格式文档，作为课程学习资源的组成部分。

3. 制作汇报 PPT

团队成员合理分工，围绕调查目的、制定方案、调查内容、设计问卷等方面，制作汇报 PPT。

三、汇报成果

每个团队用 5 ~8 分钟展示所设计的问卷，并做汇报说明。

任务测评

序号	考核内容	考核标准	配分	得分
1	问卷设计	1. 问卷设计贴合调查目的，具有可操作性 2. 选取的被调查人群具有代表性 3. 资料整理准确清晰，格式规范，可阅读性强	60 分	
2	汇报 PPT	1. 分工明确，全员参与 2. 文档美观，图文并茂 3. 展示详略得当 4. 编排得当，表达流利	40 分	
合计			100 分	

任务二　医药市场预测

学习目标

1. 了解医药市场预测的概念与意义。
2. 掌握医药市场预测的内容与方法。

【任务引入】

某医药批发公司打算首营一款用于治疗淋巴肿瘤的进口医药产品，该医药产品目前尚未列入医保目录。该医药产品在医药市场是否有相应替代产品、能不能被消费者接受、消费者能普遍接受的价格区间是多少等，都需要前期进行市场预测，以便相关部门分析首营的可操作性。

思考问题：

1. 如何完成该医药产品在某地区的市场预测？
2. 如何为公司决策者提供确切依据？

请同学们带着这些问题学习下面的内容。

相关知识

一、医药市场预测的概念与意义

1. 医药市场预测的概念

医药市场预测是在医药市场调查的基础上，根据市场历史和现状信息，运用科学的方法和技术，对医药市场未来的发展趋势进行估计、测算和判断，得出符合逻辑的结论的活动和过程。

医药市场预测是我国发展医药市场的客观需要，也是企业在市场竞争中遵循经济运行规律、把握市场机会、顺应市场发展趋势的客观需要。

2. 医药市场预测的意义

（1）医药市场预测是企业制定经营决策的重要前提条件

医药企业要作出正确的经营决策，必须了解医药市场的发展方向和需求变化，通过对医药市场预测、了解病情的变化趋势，掌握人民群众对医药产品的需求和医药产品的生产供应情况，从而作出正确的医药市场发展变化的趋势预测。这是企业进行正确决策的首要条件。

（2）医药市场预测是企业制订经营计划的重要依据

医药企业在制订经营计划时，除了依据国家指导性政策外，还必须考虑社会、市场和消费者的需求及企业本身经济效益的要求。这就要求医药企业能够预测并根据市场需求的变化，及时调整自身经营计划。

（3）医药市场预测是企业掌握主动权提高市场竞争力的重要途径

在市场经济中，任何企业都面临严峻的市场竞争。经营品种、价格、质量、促销手段和售后服务等经营领域都存在竞争。竞争的结果是优胜劣汰。正确的市场预测可以使医药企业了解市场上的竞争对手、竞争领域和竞争形势，制定正确的竞争策略，提高竞争能力，掌握竞争的主动权。

（4）医药市场预测是企业提高经济效益的重要手段

通过医药市场预测可以发现目标市场，发现市场需求潜量和企业的销售潜量，有利于医药企业开拓市场，提高市场占有率。通过医药市场预测，发现市场机会，避免市场风险，调整经营策略，改善经营管理，合理使用人力、财力、物力、时间和空间，提高科学管理水平。做到人尽其才、物尽其用，提高医药企业经济效益。

二、医药市场预测的内容与方法

1. 医药市场预测的内容

医药市场预测的内容非常广泛，可以将所有与医药生产经营活动相关的内容作为研究对象进行综合预测，也可以针对某一项专题内容进行重点预测。例如，某种药品的市场供求趋势预测、价格变动趋势预测、市场占有率预测、新药开发前景预测等。其中市场供求趋势预测在医药市场预测中占有比较重要的地位。

（1）宏观经济环境预测

宏观经济环境是影响医药企业经营活动的重要因素，包括政治环境、经济周期、通货膨胀、消费支出、政府开支、疾病、疫情、自然灾害、人口、科学技术等。医药企业要在充分认识和掌握有关经营环境资料和信息的前提下，采用必要的措施来适应宏观经济环境的发展变化。

（2）行业市场预测

行业市场预测是指预测医药行业发展规模、发展方向、发展速度，其中包括对医药产品、市场竞争、市场促销、经济效益等的预测。

1）医药产品预测。医药产品是医药企业经营的物质内容，医药企业的一切活动过程必须通过医药产品的运动来实现。对医药产品的预测主要有医药产品生命周期预测，新医药产品开发与应用预测，新剂型、新规格发展预测，药品标准管理预测，医药产品需求量预测，医药产品供应量预测，医药产品供求关系变化预测，医药产品成本变化预测，医药产品价格预测等。

2）市场竞争预测。主要包括医药竞争主体变化预测、竞争策略与手段变化预测、竞争实力变化预测、竞争结果预测等。

3）市场促销预测。主要包括促销手段预测、促销方式预测、促销效果预测、消费者价格心理预测等。

4）经济效益预测。医药企业的经营活动，其战略目标就是产生经济效益。因此，对经济效益进行预测是至关重要的。经济效益预测包括销售收入预测、利润预测、流通费用及流通费用率预测、资金周转预测、资金利用效果预测等。

2. 医药市场预测的方法

在医药市场调查的基础上，对市场采用定性或定量的方法进行分析、测算和推断。

（1）定性预测

定性预测是根据知识和经验，对未来医药市场发展变化的趋势作出分析和判断的方法。常用的定性预测方法有经验判断法和专家意见法。

1）经验判断法。是指预测人员通过已掌握的信息资料及市场调查研究结果，对医药市场的未来发展趋势作出主观判断。这种预测方法简单实用，但预测结果受预测人员业务知识水平、掌握信息资料的情况以及分析综合能力的影响。经验判断法又可分为主管人员判断法、专业人员判断法以及主管人员与专业人员结合判断法。

2）专家意见法。是指相关行业领域具有专业知识、经验和分析判断能力的专家，对医药市场的某一发展趋势作出专业性预测的方法。专家意见是一种权威性预测，其预测结果有较大的参考价值，是医药市场预测常用的一种方法。可以由主管部门召集专业管理人员、从业人员以及富有经验的有关专家直接交换意见，集体探讨，从而作出相应判断；也可以将需要预测的内容和有关资料交给相关专家，专家们以不署名的形式进行个人预测，组织者将专家预测意见集中归纳整理，形成预测结果。

（2）定量预测

定量预测是指运用数学方法，对各种统计资料和信息进行数据处理，从而估计医药市场的发展变化趋势。此法比较适用于统计资料完整、准确、详细以及市场发展变化趋势比较稳定的情况。常用的定量预测方法有以下两种。

1）平均数法。根据市场调查的结果，按时间顺序列出各期的数据，求其算数平均值，作为预测值。通常选择期数越长，预测的误差越小。其计算公式如下：

预测值 = 前期统计总量/期数

例：某健康药房 2019 年中成药销售额是 180 万元，2020 年是 170 万元，2021 年是 190 万元，预测 2022 年的中成药销售额是多少。

根据平均数计算公式：

中成药销售额预测值 = 前期统计总量/期数 = (180 + 170 + 190)/3 = 180（万元）

2）加权平均数法。时间序列各期的实际数据，对预测对象未来发展有不同程度的影响，时间序列期离预测期愈近，其实际值对预测值的影响愈大，越能反映发展趋势。因此，对不同时期的实际数给予不同的权数处理后再求平均值。普遍认为，时间序列期越近的数据，应给予越大的权数。

例：某医药批发企业，2022 年第一季度至第三季度的销售额分别是 4 540 万元、4 580 万元和 5 360 万元，预测第四季度的销售额。

以加权平均数计算，设定各期权数分别是0.1、0.2、0.3，则其计算方式如下：

$$第四季度销售额预测值 = (4\,540 \times 0.1 + 4\,580 \times 0.2 + 5\,360 \times 0.3)/(0.1 + 0.2 + 0.3) \approx 4\,963（万元）$$

（3）定性定量预测

定性定量预测是指将上述定性预测与定量预测方法有机结合起来，进行定性分析，定量推算，从而估计医药市场的发展变化趋势。

三、医药市场预测与医药市场调查的关系

医药市场预测与医药市场调查两者之间既有联系，又有区别。医药市场调查是医药市场预测的基础，市场调查是对市场过去和现状的记录和分析；而医药市场预测是依据已经发生的情况，推测和预见未来医药市场发展变化趋势。医药市场调查的结果是医药市场的各种历史和现状信息；医药市场预测的结果是医药市场的未来发展趋势。医药市场调查是收集资料；医药市场预测是推测将来的可能性。医药市场调查和医药市场预测共同为制订医药产品的经营计划和决策提供依据。

任务实施

一、组建团队，分配任务

班级同学按3~5人规模，自愿组成若干个学习团队，推选负责人。

二、分析评价案例，撰写市场预测报告

背景：S负责为一家保健品公司起草开发通乳产品的预测报告。他从竞争产品少、无强势品牌、人群购买力强等诸多方面，论证了该产品所具有的市场潜力，并作了预测报告。报告递交上去后，老板很高兴，当即批准实施。在该产品上市前，他也做了相关市场调查，并从各个方面印证了自己对市场的分析与判断。为使营销方案更有针对性，他还请来了一批业界权威，论证产品的营销方案，方案获得了大家的广泛赞同。但在会后，一位朋友提醒他："注意一下消费人群的数量，我感觉消费人群太少。"

营销战役打响后，产品销量一直无法突破。这时他想起了朋友关于消费人群少的话，立即派人去调查，结果得知，市区内每年的新生儿数量仅约为1万人。在前期的市场调查中漏了一项，就造成营销预测的重大失误！在一个500万人的城市，即使全部目标人群都购买该产品，销售额也不过百万，这样的市场怎么做？于是S重新进行市场定位，扩大销售区域，如此才使销售工作渐有起色。

任务：根据背景材料撰写一份市场预测报告并对S的预测作一简评。

三、汇报成果

每个团队用5~8分钟展示所撰写的市场预测报告，并做汇报说明。

任务测评

序号	考核内容	考核标准	配分	得分
1	市场预测报告	1. 市场预测报告设计贴合预测目的，具有可行性 2. 市场预测报告选取的预测方法恰当，分析准确深刻 3. 市场预测报告结构清晰，格式规范，可阅读性强	60 分	
2	汇报 PPT	1. 分工明确，全员参与 2. 文档美观，图文并茂 3. 展示详略得当 4. 编排得当，表达流利	40 分	
合计			100 分	

任务三　医药市场细分与目标市场选择

学习目标

1. 了解医药市场细分的概念、作用、要求及标准。
2. 掌握医药目标市场的选择条件及策略。

【任务引入】

医药新零售平台代表

2012 年成立的某大药房连锁股份有限公司，是一家以 B2C 医药电子商务为主要发展业务的医药零售企业，在全国多个城市建立了数百家智慧药房，相继获得了医药界“经营创新奖”“最具影响力医药新零售品牌”等奖项，成为新零售的医药企业典型。但与一般医药电商不同的是，该公司的发展路径靠的不仅仅是“医药 + 电商”模式。它是一家已在医药领域里扎根上百年的企业。数年前开始，该公司拓展了互联网电商平台销售业务，主要通过天猫、京东以及公司官网三大平台开展电商平台的销售业务，销售额、订单笔数、访问人数快速增加，实现月销售收入近千万元，此后持续保持稳健快速发展，抢占了医药电商的先发优势，一年后成功登陆新三板。医药电商主要针对年轻人，对于 60 ~ 70 岁的中老年群体，尤其在三线、四线城市，线下零售店购药还是主流方式。人口老龄化趋势下，此群体药品需求量较大；同时药品的即时属性也较难改变，电商药店仍难以满足大部分消费者即买即用的需求。

2016 年药品新零售概念一经提出，为包括药店行业在内的国内众多传统医药零售企业提出了转型升级的新方向。凭借自身强大的医药电商基因，该公司于2017年全面启动医药新零售战略，通过数字化手段以及完备的线上线下基础服务设置，快速跃升为新零售的医药担当，打造出智慧药房“小店面、大品类、高频次、优服务”的行业口碑。

由于公司拓展，经营费用超过利润，此后出现大幅亏损，以致从新三板退市。近年来，该公司通过大力拓展线下门店，发展新型院外及社区DTP药房，推广“网订店取”“网订店送”等新型配送方式，实现医药新零售业态的布局提速。三年后再次冲击港股IPO，受到业内普遍关注，也吸引了众多著名投资机构的目光。

该公司也公开表示，希望通过对拓展门店进行细致规划，保持店面位置、药店密度和药店空间大小的平衡，使每个零售药店的销量及盈利能力最大化，实现规模化经营，增强竞争力，使公司经营再上新台阶。

思考问题：

通过该公司的发展经历，了解目标市场选择对企业发展的重要性。

请同学们带着这个问题学习下面的内容。

相关知识

医药市场细分、目标市场选择及医药市场定位是医药企业市场营销机会选择和确定过程中的三个互相联系、不可分割的环节。其中，医药市场细分是目标市场选择、医药市场定位的基础和前提。

一、医药市场细分

1. 医药市场细分的概念

医药市场细分是指医药企业在市场调查的基础上，按照消费者的需求特性差异，将医药产品或服务的整体市场划分为若干个具有相同特征的子市场的过程。市场细分的概念由美国市场营销学家温德尔·史密斯于1956年提出，认为其中任何子市场都是由有相似需求的消费者群组成，以便企业相应地用特定的市场营销组合去满足这些不同消费者群的需求。

2. 医药市场细分的作用

医药市场细分，可以更好地满足消费者需求，为医药企业发现和了解市场营销机会、选择目标市场提供科学依据，避免企业人力、财力、物力的浪费，提高医药企业市场竞争力。医药市场细分的作用具体表现在以下四个方面。

（1）有利于更好地满足消费者的医疗需求

满足消费者的需求是市场营销的核心。通过医药市场细分，医药企业可以更准确地了解不同细分市场中消费者的医疗需求，开发合适的医药产品或医疗健康服务。

（2）有助于医药企业认识市场和发现市场机会

通过医药市场细分，分析比较细分市场的不同情况，医药企业可以发现尚未满足或没有被充分满足的消费需求，找到本企业的市场机会，制定营销策略，开拓新市场。

（3）有利于医药企业制定合理的市场营销战略与策略

通过市场细分，医药企业可以有针对性地选择目标市场，准确把握市场定位；可以帮助医药企业制定产品、价格、促销及分销策略；有助于医药企业及时掌握市场需求的变化，并迅速准确调整营销策略，取得市场主动权。

（4）有利于医药企业合理有效地管理资源

通过市场细分，确定企业营销目标，在合理利用有限资源的情况下，选择对自己最有利的市场，发挥资源最大优势，取得最好经济效益，实现医药企业发展目标。

3. 医药市场细分的要求

对医药市场的细分，并不是越细越好。过于细分的医药市场可能会使企业陷入投入和效益不对等的困境。因此，使有效的细分发挥最大的效益，是细分医药市场应遵循的原则。

1）细分市场要足够大。其消费者群容量或规模足以使医药企业有发展的潜力。

2）细分市场是可预估和可衡量的。市场范围明确，市场容量可计算、衡量。

3）细分市场具有可开发性。医药企业有能满足细分市场的人力、物力、财力资源，并能对其施加影响。

4）细分市场需在一定时期内保持相对稳定。在细分过程中，调查分析本身需要一定时间，调整营销策略也需要时间，这会增加企业的成本，过于频繁的市场变化会影响企业的经济效益及发展。

4. 医药市场细分的标准

医药市场细分，不是通过细分产品，而是划分不同的消费者群。通常来说，可通过人口标准、地理标准、心理标准、行为标准四个方面来划分（见表5－1）。这四种标准往往相互影响，不能直接分开，需要综合考虑，有时候这四种标准也会随着时间、经济发展以及消费者年龄、阅历、知识增长而不断地变化。

表5－1　常见医药市场细分标准

标准	细分变量
人口标准	年龄、性别、家庭规模、家庭生命周期（单身阶段、新婚阶段、育儿阶段、空巢阶段、鳏寡阶段）、收入、文化程度、民族、宗教、风俗等
地理标准	行政区域、地形、气候条件、城镇规模、地区人口密度、交通情况、环境等
心理标准	社会群体、职业、生活方式、个性特点等
行为标准	使用产品时间、使用频率、对产品期望值、品牌忠诚度等

二、医药目标市场选择

1. 医药目标市场的概念

医药目标市场是指医药企业为满足现有或潜在的消费者需求而设定的细分市场，也就是医药企业为完成任务和战略目标而选择或明确的服务对象。

2. 医药目标市场的选择条件

医药企业要在市场中发展，首先要在细分市场的基础上根据一定的要求和标准，选择目标市场作为可行的经营方向。对医药企业而言，即使规模再大，由于资源的限制，也不可能有足够的人力、物力、财力来满足整体市场消费者的需求，并且也并非所有的目标市场都是医药企业愿意选择和能够选择的。一般来说，医药企业在选择目标市场时需要依据以下三个条件。

1）目标市场要有一定的规模。如果没有一定的需求规模，该市场构不成现实的市场和医药企业的目标市场。

2）目标市场要有一定的发展潜力。市场有尚待满足的需求和良好的发展前景，才能保证医药企业的稳定发展。

3）要切合医药企业的竞争实力。理想的目标市场必须结合医药企业的实力来考虑。有的细分市场虽然规模适合，有较大发展潜力，但不符合企业自身发展目标，就不能作为目标市场；有的细分市场虽然符合企业发展目标，但企业不具备相应的人力、物力、财力等资源实力，无法在市场上拥有相当的占有率，则也将其作为目标市场。

3. 医药目标市场的选择策略

医药目标市场的选择策略是指医药企业在细分市场的基础上，确定目标市场作为生产和经营目标的决策。对目标市场的选择模式，医药企业一般有产品专门化、市场专门化、选择专门化、市场全覆盖等，因此企业可以采取以三种不同的选择策略。

（1）集中性策略

集中性策略是指医药企业集中力量，进行专业化生产和销售，以一个或少数几个性质相似的子市场作为目标市场。其优点是兼顾市场占有率，又可以减少生产和促销方面的费用。通过创优创精产品，树立医药企业的信誉。缺点是目标市场范围较窄，一旦竞争对手强大，经营风险较大。

（2）无差异策略

无差异策略是指不细分市场，以一种产品、一种市场营销方法来满足该市场上所有消费者的需求。其最大的优点是成本经济性。采用批量生产和经营，降低生产成本，减少市场调查和宣传费用，从而降低人力、物力、财力投入。但此种策略难以满足消费者差异性需求。一般适用于普适性医药产品。

（3）差异化策略

差异化策略是指把整体市场划分为若干细分市场，针对不同市场，采用不同的市场营销组合方式去分别满足不同消费者的需求，以完成医药企业目标。差异化策略的优点在于一方面，其针对性强，可以满足消费者的特殊需求；另一方面，可以使医药企业发展多品种产品、进行多手段经营，提高企业竞争力。但是，差异化策略也相应会增加企业经营成本和各种管理费用，需要慎重选择，权衡成本及利润。

4. 影响目标市场选择策略的因素

影响目标市场选择策略的因素主要有企业综合实力、产品特点、市场供需趋势、市场差异性及竞争对手的策略等。医药企业实力是企业的设备、技术、资金和营销能力的综合反映。一般来说，综合能力强的企业选择无差异策略或差异化策略；企业产品具有特性差异的宜采用差异化策略或集中性策略；不同细分市场中消费者需求有明显差异的，企业宜选择差异化策略或集中性策略；市场供不应求时，企业可以采用无差异策略以降低成本；当市场供过于求时，企业宜采用差异化策略或集中性策略。市场上竞争对手的策略会直接影响到企业策略的选择，一般要与竞争对手相区别。

【扩展阅读】

2022—2026年中国医药电商行业深度调研及投资前景预测报告

医药电商指借助互联网渠道进行医药产品销售及服务的商业模式，包括医药产品生产或经营企业、各类服务商等通过互联网渠道，进行医药产品交换及提供相关服务的行为。

从2016—2021年中国医药电商交易规模来看，2016—2020年，中国医药电商交易规模从950亿元增长至1 956亿元，2021年达到约2 260亿元，总体呈现持续扩大的趋势。实际上，从产品性质来看，医药产品属于刚需品，市场需求稳定；从渠道来看，线上购买医药产品，实现即时配送，有力解决线下取药排队时间长的痛点，因而医药电商实现了快速发展。

从投融资情况来看，2021年全年国内医药电商行业共发生了10起投融资事件，融资总额超51.3亿元。涉及的企业包括云开亚美、悦米科技、一块医药、邻医快药、药师帮、叮当快药、西柚健康、药兜网、阿康健康、上药云健康等多家企业。

随着新冠肺炎疫情防控的新形势，医药电商与数字医疗迎来了新发展，特别是打通“最后一公里”的急药配送成为备受关注的焦点。2022年1月，中国医药物资协会联合阿里本地生活、神鸟健康等研究团队发布的《迈向医药快送时代：中国医药O2O发展研究报告(2021)》显示，受处方药网售放开等政策利好影响，送药上门模式的渗透率提升，医药O2O迎来加速发展期，随着医保支付的试点实行，在线问诊、医保支付、送药到家的闭环成为未来的发展趋势之一。

2022年5月，国家药品监督管理局印发《药品监管网络安全与信息化建设“十四五”规划》，“十四五”期末，以支撑药品安全及高质量发展为目标，构建完善的药品智慧监管技术框架；落实“放管服”改革要求，优化营商环境，实现全部政务服务事项“一网通办”；推进药品全生命周期数字化管理，完善品种档案，建立安全信用档案，提高基于大数据的精准监管水平；健全药品信息化追溯体系，实现药品重点品种可追溯；推动药品产业数字化、智能化转型升级；构建药品监管社会共治体系。

2022年8月，国家市场监督管理总局发布《药品网络销售监督管理办法》，自2022年12月1日起施行，对药品网络销售管理、平台管理、监督检查及法律责任作出了规定。

随着国家支持“互联网+医药健康”行业发展决心和力度的持续加大，以及互联网医药在新冠肺炎疫情中的价值凸显，医药零售市场将由以线下为主逐步转为线上线下融合发展的新零售模式，同时销售品类中处方药的占比也将逐步增长。而在这些因素的综合影响下，预计“十四五”时期医药电商行业将迎来重大的发展机遇。

任务实施

一、组建团队，分配任务

班级同学按 3 ~5 人规模，自愿组成若干个学习团队，推选负责人。

二、开展医药企业发展典型案例整理分析

1. 搜集和整理医药企业发展典型案例

团队成员通过阅读相关知识，利用网络搜集公开的医药企业经营发展的资料，从医药市场细分、目标市场选择两个方面进行挑选，并根据获得的信息设计与医药市场相关的问题并回答，形成案例资料，保存为 WORD 格式文档（注明资料出处），作为课程学习资源的组成部分。

2. 制作汇报 PPT

团队成员合理分工，围绕搜集的案例、问题及回答、收获体会等方面，制作汇报 PPT。

三、团队汇报案例整理成果

每个团队用 5 ~8 分钟展示搜集的案例资料，汇报成果。

【操作提示】

本任务重点锻炼学生的资料搜集整理能力、写作和表达能力，教师应加强和团队负责人的沟通交流，保证资料调研整理和汇报成果效果。

任务测评

序号	考核内容	考核标准	配分	得分
1	案例资料	1. 资料来源权威真实，注明出处 2. 案例具有代表性 3. 案例整理清晰，格式规范，可阅读性强 4. 案例设置的问题和答案切合课程学习目标，具有启发性 5. 分析总结准确深刻，能提出建议或应对措施	60 分	
2	汇报 PPT	1. 分工明确，全员参与 2. 文档美观，图文并茂 3. 展示详略得当 4. 编排得当，表达流利	40 分	
合计			100 分	

任务四　医药市场定位

学习目标

1. 了解医药市场定位的概念与类型。
2. 掌握医药市场定位的程序与策略。
3. 熟练运用医药市场定位策略处理企业目标市场中的问题。

【任务引入】

六味地黄丸源自东汉大医学家、医圣张仲景《金匮要略》中的肾气丸，是滋补肾阴、固本养生的经典之方。国内六味地黄类制剂生产厂家众多，竞争激烈。比较有影响力、消费者认同感高的当数同仁堂、仲景、九芝堂、汇仁等。同仁堂凭借百年老字号、“炮制虽繁必不敢省人工，品味虽贵必不敢减物力”的品质而成为市场领导者；九芝堂以“三百年历史”为依托，诉求“不含糖”，强调自己的品质承诺。面对这样高度同质化的产品，作为浓缩丸的杰出代表，宛西制药的仲景牌六味地黄丸如何另辟蹊径，脱颖而出做品牌呢？

近几年，宛西制药调整营销策略，果断放弃大批发模式，转而将医药产品定位于高端市场。利用宛西是医圣张仲景故乡的背景，宛西制药专门注册了“仲景”商标，重新设计了个性化的产品包装，并大幅度提高了产品零售价格。针对市场上同类竞品众多、缺乏品牌差异的情况，该企业提出了“药材好，药才好”的消费准则，并在中央电视台、凤凰卫视等多家媒体上大量投放电视广告。更重要的是，该企业注重营销落地，加强零售终端管理，扩充终端销售队伍，保证策略得到很好执行。

思考问题：

1. 从这个案例中受到了什么启发？
2. 如何进行市场定位呢？

请同学们带着这些问题学习下面的内容。

相关知识

一、医药市场定位的概念

医药市场定位，简单的说就是确定医药企业和医药产品在目标市场上所处的位置。具体是指医药企业根据所选定的目标市场的竞争状况和自身条件，确定医药企业和医药产品在目标市场上特色、形象和位置的过程。

市场定位是由美国营销学家艾·里斯和杰克·特劳特在 1972 年提出的。市场定位要求确定的市场位置，必须使自身的产品有别于其他竞争品牌，并取得在目标市场中的最大战略优势。市场定位的实质就是差异化，使本企业与其他企业严格区分开来，使消费者明显感觉到和认识到这种差别，从而在消费者心目中占有特殊位置。

通过市场定位树立企业产品在目标市场即目标消费者心目中的形象，使企业所提供的产品具有一定特色，适应一定消费者群的需求和爱好，并与竞争者的产品有所区别。因为在同一市场上，有许多同类产品存在，各个品牌各有特色，由于广大消费者有自己的价值取向和认同标准，企业要想在目标市场上取得竞争优势和更大效益，就必须根据消费者和竞争者两方面的情况，确定本企业的市场定位。

二、医药市场定位的类型

1. 区域定位

区域定位是指医药企业在制定营销策略时，应当为医药产品确立要进入的市场区域，即确定该医药产品是进入国际市场、国内市场，还是某地市场等。只有找准了自己的市场，才会使企业的营销计划获得成功。

2. 层级定位

每个社会都包含有许多社会层级，不同的层级有不同的消费特点和消费需求，医药企业的产品究竟面向什么层级，是医药企业在选择目标市场时应考虑的问题。

根据不同的标准，可以对社会不同的层级进行划分。进行层级定位，就是要牢牢把握住某一层级的需求特点，从营销的各个层面上满足他们的需求。

3. 职业定位

职业定位是指医药企业在制定营销策略时，要考虑将医药产品或服务销售给什么职业的群体。

4. 个性定位

个性定位是指如何把医药企业的产品销售给那些具有特殊个性的消费者。这时，考虑选择一部分具有相同个性的消费者作为自己的定位目标，针对他们的爱好实施营销策略，可以取得最佳的营销效果。

5. 年龄定位

在制定营销策略时，医药企业还要考虑消费者的年龄问题。不同年龄段的人，有自己不同的需求特点，只有充分考虑到这些特点，满足不同消费者需求，才能够赢得消费者。

除此之外真正能产生营销效益的往往还有那些不明显的、不易被察觉的定位。因此，在进行市场定位时要有一双善于发现的眼睛，这样才可能通过定位获得巨大的收益。

三、医药市场定位程序

医药市场定位通常包括明确潜在竞争优势、选择合适的定位策略、传播和送达市场定位信息三个程序。

1. 明确潜在竞争优势

医药企业要进行市场定位，必须要对目标市场的现状进行分析，明确本企业和竞争者的潜在竞争优势。

（1）明确本企业潜在的竞争优势

企业之所以对市场进行细分，选定目标市场并进行市场定位，目的是更好地满足该目标市场消费者的需求。定位战略的第一项任务，就是要确认消费者心中可接受的认知尺度。因此，了解消费者的需求，明确他们对所要购买医药产品的偏好和愿望，以及他们对医药产品满足需求程度的评价标准是进行定位的依据。

（2）找出竞争者潜在的竞争优势

企业在进行市场定位时，不仅要明确本企业潜在的竞争优势，还要了解目标市场现有竞争者潜在的竞争优势，即竞争者正在提供何种医药产品，其在消费者心目中的形象如何，并对其产品成本和经营情况进行估计，判断竞争者在目标市场上的定位以及产品、品牌、营销策略等。

（3）识别目标市场可能的潜在需求

针对竞争者的市场定位和潜在消费者的真正需求，企业可以将所有可能的市场需求都列出来。企业应重点关注那些目标消费者没有被现有竞争者满足的需求，以及那些已经有了相应的产品或服务但没有被很好满足的需求。

2. 选择合适的定位策略

经过分析，医药企业也许会发现许多潜在优势，然而并不是每一种优势都是企业能够利用的，企业要善于发现并利用自身存在或创造出来的相对竞争优势。相对竞争优势可以是现有的也可以是潜在的，是现在比竞争者做得更好的地方，或能够在某方面胜过竞争者的能力，如技术、管理、品牌、成本等，医药企业需要据此选择市场定位策略。

3. 传播和送达市场定位信息

医药企业应大力开展广告宣传，把企业的定位观念准确地传播给目标消费者，通过一系列活动，将自己的理念识别系统、行为识别系统和视觉识别系统以及独特的竞争优势传递给目标消费者。在传播时企业所有的营销手段都应该同步，避免因营销手段不统一导致的定位信息模糊混乱。例如，企业如果选择提供高质量、高价格、完善服务的高档次产品，那么相应的产品价格就不能太低，提供给消费者的购物环境也应该是宽敞、舒适、优雅的。

四、医药市场定位策略

1. 避强定位策略

避强定位策略，也称避让定位策略或错位定位策略，是指医药企业力图避免与实力最强的或较强的其他企业直接发生竞争，而将自己的医药产品定位于另一市场区域内，使自己的产品在某些特征或属性方面与最强或较强的对手有比较显著的区别，即把自己的产品确定在当前目标市场的空白地带。这一定位可以避开竞争，获得进入市场的先机，抢先建立对自己有利的市场地位。

如果决定采取避让定位策略，必须搞清楚以下两方面问题。一是这一市场空缺为什么存在？是竞争对手没有发觉、无暇顾及还是根本没有市场开发前景。如果该市场确有需求，那就要考虑潜在需求量是否足够大，如果收益无法弥补成本或弥补成本开支后只有微利，企业一般不会采取这一策略。二是医药企业是否有足够的技术力量去开发产品，是否有一定的质量保证体系和售后服务体系，如果没有只能造成资源的浪费。在避开市场上强有力的竞争对手时，可以采取以专业化为核心的市场补缺方式，即发现市场中被大企业忽略的某些细分市场，专心致力于在这些市场上专业化经营，从而获取最大限度的收益。

2. 迎头定位策略

迎头定位策略，也称竞争性定位策略、针对性定位策略，是指医药企业选择靠近现有强者企业产品市场的附近或类似市场的位置，与强者企业采用大体相同的营销策略，与其争夺同一个市场。因此，这是一种与在市场上占据优势地位即较强的竞争对手“对着干”的定位策略。

如果决定采取迎头定位策略，医药企业应具备以下几个条件：一是医药企业的产品在质量、功能或其他方面明显优于竞争对手；二是该市场容量足够容纳现有竞争对手的产品；三是医药企业拥有足够的实力支持这种较量。不难看出，迎头定位策略有时会是一种危险的策略，但不少企业认为这是一种更能激励自己奋发上进的可行的定位策略，一旦成功就会取得巨大的市场优势。实行迎头定位策略，必须知己知彼，尤其应清醒估量自己的实力，不一定试图压垮对方，只要能够平分秋色就已是巨大的成功。

3. 重新定位策略

重新定位策略，也称改变定位策略，因为市场与战场一样风云变幻，因此，企业也必须因市场变化而重新定位。例如，××饮品从药茶市场重新定位在饮料市场，从一种预防上火的功能饮料，改变成为非功能类别属性，为××饮品从区域子市场走向母市场和挖掘潜在市场扫除了障碍。

采取重新定位策略一般有三种情况：一是因产品变化而重新定位；二是因市场需求变化而重新定位；三是因扩展市场而重新定位。采取重新定位策略时，必须注意变中求稳，否则，频繁改变定位会影响品牌形象，同时也会加大成本开支，影响经济效益。

4. 共享定位策略

共享定位策略，也称遵强定位策略、跟随定位策略，当医药企业实力不够，且目标市场已被竞争对手占领而又无法选择其他市场时，可采取共享定位策略，做市场跟随者，竞争对手也不会因此受到威胁，与现有竞争对手和平共处，能够分得部分市场，这是弱小企业普遍采用的市场定位策略。

任务实施

【背景资料】

某企业研发出一种治疗口腔咽喉疾病的西药，其主要特点是具有独特的碘分子杀菌作用。目前，咽喉类药品市场品牌众多，竞争激烈。而市场常见的口腔类药品中，产品不多且基本没有什么知名度高、疗效好的品牌。从适应证上看，该药品既能治口腔疾病，又治咽喉疾病。如果进入咽喉类药品市场，面对强劲的竞争对手，企业需投入巨资，才有可能争得一席之地。而口腔类药品市场还没有特别有影响力的品牌，处于松散空白的状况。

一、实施目标

1. 培养学生对医药市场定位的职业素养。

2. 强化学生对市场定位分析、竞争对手分析、新医药产品功能点描述、新医药产品卖点寻找分析、目标市场分析、推广策划等职业技能。

二、实施内容

制定新产品上市策划方案。

三、实施方法

学生成立项目小组，模拟医药企业市场部门，完成新医药产品上市策划方案的制定。

四、实施要求

根据上述背景资料，对医药产品核心利益点进行透彻分析，提炼出精确的产品定位点。将新医药产品上市策划的构思和创意形成格式正确、内容翔实、条理清楚、可以具体操作执行的策划方案。

任务测评

评价内容	考核点	分值	考核标准	备注
职业素养 20 分	职业道德	10 分	诚实严谨，方案不违背职业道德与营销伦理	
	职业能力	10 分	方法得当、思路清晰，对背景资料分析透彻、细致（5 分）；撰写的策划方案符合要求，能在规定时间内完成任务（5 分）	

续表

<table>
<tr><th>评价内容</th><th colspan="2">考核点</th><th>分值</th><th>考核标准</th><th>备注</th></tr>
<tr><td rowspan="15">策划方案
80 分</td><td colspan="2">文本格式</td><td>5 分</td><td>文字编排工整清楚、格式符合要求</td><td rowspan="14">策划方案字数不少于 1 500 字，每少 50 字扣 1 分</td></tr>
<tr><td colspan="2">文字表达</td><td>5 分</td><td>流畅、条理清楚、逻辑性强</td></tr>
<tr><td rowspan="12">方案内容</td><td>封面完整</td><td>3 分</td><td>要素完整：写清策划方案名称、策划者和策划分工</td></tr>
<tr><td>前言</td><td>2 分</td><td>简述策划的背景、目的以及方案主要内容</td></tr>
<tr><td>目录</td><td>2 分</td><td>排列有序（1 分）、一目了然（1 分）［排列至一、（一）两级即可］</td></tr>
<tr><td>市场分析</td><td>7 分</td><td>市场分析包括医药企业的宏观环境以及行业分析（1 分）、消费者对医药产品偏好分析（2 分）、竞争产品分析（2 分），市场分析透彻、到位，能从分析中获得新医药产品上市的竞争状况（2 分）</td></tr>
<tr><td>新产品分析</td><td>5 分</td><td>对新医药产品特点描述详细，新医药产品核心利益点分析准确</td></tr>
<tr><td>新产品
SWOT 分析</td><td>8 分</td><td>新医药产品优势（2 分）、劣势（2 分）、机会点（2 分）、威胁点（2 分）分析准确</td></tr>
<tr><td>新医药产品定位</td><td>5 分</td><td>产品市场定位符合市场实际情况，定位具有竞争力</td></tr>
<tr><td>推广目标</td><td>5 分</td><td>有营销目标（2 分），目标明确、具体、具有可行性（3 分）</td></tr>
<tr><td>推广策略</td><td>20 分</td><td>广告语、广告主题等设计（5 分），公关宣传活动安排（5 分），其他促销活动（5 分）、媒介选择（5 分）（要求：3 条以上广告语、2 个以上公关宣传活动、2 个以上终端促销活动、3 种以上的媒介安排）</td></tr>
<tr><td>经费预算</td><td>5 分</td><td>有预算与分配表（2 分），费用预算合理可行（3 分）</td></tr>
<tr><td>效果评估</td><td>3 分</td><td>有效果评估（1 分），效果评估合理，符合企业要求（2 分）</td></tr>
<tr><td colspan="2">创新方面</td><td>5 分</td><td>方案有一定新意，见解独到</td><td></td></tr>
<tr><td colspan="3">合计</td><td>100 分</td><td></td><td></td></tr>
</table>

目标检测

一、单项选择题

1. 医药市场调查的步骤包括（　　）。

A. 制定方案→确定目的→实施调查→整理分析→编写报告

B. 确定目的→制定方案→实施调查→整理分析→编写报告

C. 确定目的→实施调查→制定方案→整理分析→编写报告

D. 确定目的→制订计划→搜集信息→整理信息→编写报告

2. 市场调查方法（　　）的特点是不正面接触被调查者，信息在被调查者未意识到的情况下获得，所得调查结果比较真实、自然、客观。但是调查成本较高，耗时较长。

A. 询问法　　B. 面谈法　　C. 实验法　　D. 观察法

3. 下列哪种说法是正确的？（　　）

A. 市场细分是目标市场选择的基础

B. 目标市场选择是市场细分的基础

C. 市场细分是目标市场选择的结果

D. 市场定位是市场细分的前提

4. 下列哪个不是目标市场选择的条件？（　　）

A. 市场规模　　B. 市场的发展潜力

C. 消费者群　　D. 切合企业的竞争实力

5. 下列关于医药市场细分的要求的说法，哪个是不正确的？（　　）

A. 细分市场足够大

B. 细分市场可预估和可衡量

C. 细分市场具有可开发性

D. 细分市场在一定时期内保持相对的发展变化

二、多项选择题

1. 医药市场的特点是（　　）。

A. 复杂性　　B. 专业性　　C. 主动性　　D. 稳定性

2. 医药市场调查的常用方法有（　　）。

A. 询问法　　B. 观察法　　C. 网络问卷法　　D. 实验法

3. 下列哪些属于医药市场定位的策略？（　　）

A. 避强定位策略　　B. 无差异策略

C. 共享定位策略　　D. 重新定位策略

4. 影响目标市场选择策略的因素主要有（　　）。

A. 企业综合实力　　B. 市场供需趋势

C. 市场差异性　　D. 市场的地域性

5. 目标市场的选择策略是（　　）。

A. 定位策略　　B. 集中性策略

C. 无差异策略　　D. 差异化策略

三、简答题

1. 简述医药市场调查的方法。

2. 简述医药市场预测的内容。

3. 简述医药市场细分的标准。

4. 什么是市场定位？
5. 市场定位程序包括哪些步骤？

目标检测单项、多项选择题参考答案

一、单项选择题

1. B　2. D　3. A　4. C　5. D

二、多项选择题

1. ABD　2. ABCD　3. ACD　4. ABC　5. BCD

项目六

医药企业人力资源管理

通过本项目的学习，了解企业人力资源管理的概念，掌握医药企业人力资源管理的内容和特征；了解企业人力资源管理的发展历史，掌握医药企业人力资源管理的注意事项；了解医药企业人力资源规划的概念与意义，掌握医药企业人力资源的开发与绩效管理。

任务一　医药企业人力资源管理概述

学习目标

1. 了解医药企业人力资源管理的概念与发展。
2. 掌握医药企业人力资源管理的意义与注意事项。

【任务引入】

在一家大型企业从事人力资源工作长达5年的李先生，眼下正打算跳槽去一家小型企业担任副总。李先生说："在公司，我总觉得自己是个谁都能取代的角色。招聘、面试，任何一个部门的同事都能做，而薪资设计，公司也早就有一套完善的体系。我越想越觉得自己可有可无。"

在某国企人力资源部工作的王经理，也是心力交瘁，他把自己的工作概括为"员工保姆""出气筒""救火员""夹心饼干"等可怜的后勤角色，公司在召开重要会议时，他所在部门经常会被遗忘。王经理说："在我所接触的大部分企业中，人力资源部门的负责人，好像都是老好人或者业务能力不强的人才会去担任。可以想象，人力资源部门是个多么无足轻重的部门。"

思考问题：

1. 从人力资源管理角度分析上述问题产生的原因何在？
2. 对你有何启示？

请同学们带着这些问题学习下面的内容。

相关知识

一、医药企业人力资源管理的概念与发展

1. 人力资源的概念

经济学中把为了创造物质财富而投入生产活动中的一切要素统称为资源，包括人力资源、物力资源、财力资源、信息资源、时间资源等，其中人力资源是一切资源中最宝贵的资源，是第一资源。人力资源包括数量和质量两个方面。人力资源与其他资源一样也具有特质性、可用性、有限性。管理学大师彼得·德鲁克在1954年出版的《管理的实践》一书中，首次在管理学领域提出了“人力资源”这一概念。他指出：“人力资源是所有可利用资源中最有生产力、最有用处、最为多产的资源。”与其他资源相比，人力资源拥有独特的“协调能力、融合能力、判断能力和想象能力”，管理者必须清楚，这一“特殊资产”只能为人力资源所有者自己拥有和使用。德鲁克虽然提出了人力资源这一概念，并指出了其重要性，但却没能对人力资源这一概念进行详细的界定。

人力资源（human resource，HR），又称劳动力资源或劳动力，是指能够推动整个经济和社会发展、具有劳动能力的人口总和。广义的定义是社会具有智力劳动能力和体力劳动能力的人的总和，包括数量和质量两个方面。而狭义的定义是，组织所拥有的用以制造产品和提供服务的人力。

通常来说，人力资源的数量为具有劳动能力的人口数量，人力资源的质量指经济活动人口具有的体质、文化知识和劳动技能水平。一定数量的人力资源是社会生产的必要的先决条件。一般说来，充足的人力资源有利于生产的发展，但其数量要与物质资料的生产相适应，若超过物质资料的生产，不仅会消耗大量的新增产品，而且多余的人力也无法就业，对社会经济的发展反而产生不利影响。经济发展主要依靠经济活动人口素质的提高，随着生产中广泛应用现代科学技术，人力资源的质量在经济发展中将起着愈来愈重要的作用。

人力资源的基本方面包括体力和智力。如果从现实的应用形态来看，则包括体质、智力、知识和技能四个方面。具有劳动能力的人，不是泛指一切具有一定的体力和智力的人，而是指能独立参加社会劳动、推动整个经济和社会发展的人。所以，人力资源既包括劳动年龄内具有劳动能力的人口，也包括劳动年龄外参加社会劳动的人口。

对于劳动年龄，由于各国的社会经济条件不同，其法律规定也不尽相同。一般国家把劳动年龄的下限规定为15岁，上限规定为64岁（许多国家的法定退休年龄只是名义上的，如工龄或养老保险交纳到了一定年限，照样可以退休，因此实际退休年龄会早于法定退休年龄）。《中华人民共和国劳动法》规定，禁止用人单位招用未满16周岁的未成年人。文艺、体育和特种工艺单位招用未满16周岁的未成年人，必须遵守国家有关规定，并保障其接受义务教育的权利。根据《国务院关于安置老弱病残干部的暂行办法》和《国务院关于工人退休、退职的暂行办法》中规定的退休年龄，男性为60周岁，女性为55周岁（干部）或50周岁（工人）。

2. 医药企业人力资源管理的内容及特征

医药企业人力资源管理（HRM），是指医药企业的人力资源部门，根据医药企业的总体战略要求，结合企业与个人需要，对企业人力资源进行有计划的合理配置，有效运用员工招聘、培训、使用、考核、激励、调整等一系列管理程序，充分调动员工的积极性，发挥员工的潜能，以满足企业当前及未来发展需要，保证企业目标实现与企业员工发展。

学术界一般把人力资源管理分成七大模块，分别是人力资源规划、招聘与配置、培训、人力资源开发、绩效管理、薪酬福利管理、员工关系管理。

医药企业人力资源管理具有以下五个特征。

（1）独立性

医药企业在人事管理方面享有充分的自主权。企业有权根据实际需要决定人员编制，有权自主用工和决定用工形式，有权选拔使用企业管理人员，有权将那些勤政廉洁、品行优秀、真干实干、经营素质高、管理能力强的人才吸纳到医药企业中，有权拒绝企业不需要的人员。

（2）竞争性

医药企业要建立市场配置人力资源的调节机制，完善人事管理中的竞争激励机制，在企业内部也建立人才市场，调节企业内部人力资源的使用，同时还可以从本地区、国内、国际人才市场引进人才，大胆起用新人，不断进行人事更新，使企业始终保持有一支生机勃勃的员工队伍。

（3）实效性

建立科学的企业人员素质测评体系，以德、勤、能、绩作为统一评判的标准，重实绩、重效益。同时将定性考核和定量考核相结合、素质考核与实绩考核相结合、平时考核与定期考核相结合，为医药企业科学的招聘、选拔和使用人才提供手段和依据。

（4）开放性

现代医药企业制度要求建立开放性、多样性的人事管理制度，通过多种渠道引进人才，采取多种方式管理人才、培养人才，提高人事管理的透明度。

（5）法制性

医药企业经营者的任免要按照民主方式和法律程序进行，建立企业经营者管理上的民主监督和制约机制，防止滥用权力，使企业经营者在法律允许的范围内从事生产经营活动。

3. 企业人力资源管理的发展历史

人力资源管理是一门新兴学科，问世于20世纪70年代末。人力资源管理的历史虽然不长，但人事管理的思想却源远流长。从时间上看，从18世纪末开始的工业革命，一直到20世纪70年代，这一时期被称为传统的人事管理阶段。从20世纪70年代末以来，人事管理让位于人力资源管理。人力资源管理大致经历了以下三个阶段。

（1）劳动管理阶段

在传统管理阶段，工人被管理者当成只会干活的劳动力去使用，仅仅作为生产力要素的一个部分，此时对劳动力的管理就是劳动管理。在这个阶段，工人的地位十分低下，管理者对工人的管理实质上只起到监督作用。

（2）人事管理阶段

在科学管理阶段，随着对工人工作能力和工作绩效研究的不断深入，管理者发现，单靠简单粗暴的监督来管理工人是不行的，他们是有思想、有感情、有潜能的人，特别是通过霍桑试验，管理学家发现工人不仅是经济人，还是社会人，因此，应在物质和精神两个层面上对工人加以引导和管理，这样他们才会努力工作，才能为企业创造利润。这个阶段就是人事管理阶段，此时，工人的地位有了很大程度的提高，在资本家的企业里出现了工会等一些工人团体，工人可以通过工会和资本家进行谈判，工人的社会保障体系也逐步建立起来。

（3）人力资源管理阶段

到了人事管理的后期，管理者发现，劳动力和其他资源一样，也有走向枯竭的一天，一个工人能够给企业创造价值的时间只有十几年或几十年，如何在这段时间内，充分调动其积极性，挖掘其工作潜能，使其最大限度地为企业创造财富，是需要深入研究的问题。于是，管理学家就提出了人力资源这一概念，把劳动力当成一种资源来看待，人力资源管理也就随之产生。在这个阶段，管理者对工人十分重视，通过考核、激励等各种方式最大限度地调动工人的积极性，工人的地位得到很大程度的提高，同时企业也通过组织各种类型的培训来提高工人的工作技能，使其为企业创造更大的价值。

【扩展阅读】

医药制造行业发展环境

2020 年开始，受到新冠肺炎疫情的冲击，全球贸易环境动荡，“三医”政策发生变动，我国医药制造企业收入增速逐步放缓，中国医药市场高速增长的时代已经过去，进入平稳发展期。与此同时，受医药制造行业监管力度高、生产难度大等壁垒因素的影响，目前行业正逐渐转型，百强制药企业的贡献度不断增加，规模企业市场集中度明显提高。此外，医药生产企业存在严格的行业准入及政策、技术、资金、市场、品牌等门槛，且医药产品研发和创新、生产质量管理、专业营销与市场等方面，需要长时间的发展与积累才能形成。因此，目前众多医药制造企业面临着业务和能力方面的双重压力，正处于转型创新工作深水区、关键期，这无疑给企业的组织能力带来了极大考验。而组织能力的提升，需要通过提升人才的工作积极性、忠诚度以及绩效才能得以全面实现。

4. 我国医药企业人力资源管理的发展阶段

新中国成立以后，我国人力资源管理经历了从人事管理到战略管理的转变过程。人力资源管理的发展大致可分为三个阶段，即劳动人事管理阶段、人力资源管理阶段和人力资源战略管理阶段。

（1）劳动人事管理阶段

劳动人事管理，又称人事档案管理，是我国计划经济体制的产物。在这个阶段，人员流动受到政策的严格限制，采用单纯的“档案式”管理方法。此时的劳动人事部门是一个纯粹的事务性管理部门，主要负责员工人事档案管理，根据政策进行招工录用、职称评定、发放工资，制定劳动纪律等，技术含量较低。企业用人采用年功制，职务晋升凭资历，工资分配平均制，这种管理方法不利于调动员工的工作积极性和主动性。

（2）人力资源管理阶段

人力资源管理阶段是随着市场经济的发展而发展的。在这个阶段，人才择业开始双向选择，原有的限制被打破，人才流动速度加快，企业越来越认识到人才的重要性。此时的人力资源管理是以“工作”为中心，比较注重工作结果，企业的员工被看作是一种资源，工作中心逐步转移到员工的绩效管理上，企业逐步完善了现代化薪酬体制，通过岗位分析和人才盘点，更加合理配置企业人力资源，通过加大培训力度，提高员工的工作技能和知识素养，通过优化薪酬分配方案，调动员工的积极性。

（3）人力资源战略管理阶段

随着市场经济的发展，企业间竞争加剧，人才争夺战也愈演愈烈，人才竞争成为企业竞争的核心。此时人力资源部门的工作也成为企业整合战略管理的一个重要组成部分，人员配备和企业战略有机结合起来，使得整个企业的战略管理能力得到提升。

【扩展阅读】

加强企业人力资源管理的方法

1. 要有爱惜人才的理念

人才是企业的宝贵财富，各级管理者必须爱惜人才，绝不能嫉贤妒能。即使管理者自身是一个非凡的人才，但如果手下没有几个才华卓越的干将和一大批精英骨干，孤家寡人是很难成就大业的。

2. 关键人才的培养和管理

关键人才是企业的核心和代表，是企业的灵魂和骨干。企业不论大小，不管是何种所有制结构，都必须拥有这样一批核心员工。在市场经济条件下，企业之间的竞争最终也将是关键人才的竞争，关键人才的数量和质量，决定着企业的核心竞争力，决定着企业的生存和发展。

3. 要有举荐人才的美德

管理者应有举荐人才的美德。一个与岗位不匹配的人才是一个不安定因素，即使他本人没有表现出怀才不遇的情绪，但“事不平，有人鸣”，人们会自觉或不自觉地将人才与管理者作对比，从而降低管理者的威信。

4. 建立人才培养的机制

要拥有人才就要有培养人才的机制，海尔、联想、华为这些顶尖企业都是人才辈出。这些顶尖企业的领导者无不是创造出一种良好的企业环境，营造出一种良性的企业氛围，这种积极的环境和氛围才能孕育出企业所需的人才。

二、医药企业人力资源管理的意义和注意事项

1. 医药企业人力资源管理的意义

（1）有利于促进生产经营的顺利进行，在合理组织劳动力、协调劳动关系等方面发挥

作用。

（2）有利于调动企业员工的积极性，为提高劳动生产率创造一个合适的劳动环境。

（3）有利于现代企业制度的建立，只有一流的管理，才有一流的人才，才能创造出一流的产品。

（4）有利于提高经济效益并使企业的资产保值增值。只有合理组织劳动，科学配置人力资源，才可以做到低劳动消耗，高收益。

2. 医药企业人力资源管理的注意事项

人力资源管理是企业管理的重要组成部分，大多数企业都会注重企业人力资源管理。医药企业人力资源管理的注意事项主要有以下几点。

（1）医药企业人力资源管理必须关注三个衡量标准

医药企业人力资源经理必须把自己视同经营者，把自己的工作用三个标准衡量，一是利润，二是成本，三是时间。人力资源经理只有把自己看作是经营者，在规划或实施人力资源管理项目时才会关注项目的人力资本和企业经济指标，以成本、利润为中心，视人力资源工作为为企业创造利润的工作，必须能为企业降低成本或控制成本，同时注意时间，讲求时效。

（2）任何事情都应当先规划再执行

人力资源管理同其他的企业经营行为一样，需要人力资源经理投入的最重要的一件事就是规划。制定人力资源规划切忌闭门造车，要制定系统的人力资源规划必须请有关人员参与讨论，制定符合实际的人力资源规划是人力资源管理成功的唯一基础。当实际情况发生变化时，人力资源经理应能制订一个新计划反映来自企业内部或外部的环境变化。“规划、规划、再规划”应该成为人力资源经理的一项重要工作内容。

（3）人力资源管理目标和计划必须生动形象

医药企业各个部门都是忙碌的，都有自己的工作压力，这使得他们会忽视人力资源管理。再加上他们可能并没有接受过人力资源管理方面的培训，所以常常无法理解人力资源管理工作。因此，人力资源管理的目标和计划必须生动、具体、形象，便于沟通和交流。

（4）采用渐进的方式逐步实现目标

有的医药企业的人力资源经理可能会发现本企业的人力资源管理状况一塌糊涂，没有一点章法。论资排辈、沾亲带故、没有计划、人员离职率居高不下等问题层出不穷。俗话说，一口吃不成个胖子。目标只能一点一点地去实现，并且每实现一个目标就进行一次评估，确保所有参与人力资源管理的人都能从进步中得到鼓励。

（5）人力资源管理应该得到管理者的支持

不涉及利益和权力调整的人力资源管理方案是没有价值的方案，除了浪费企业人力和财力之外，没什么用处。然而涉及利益和权力调整的方案，如果不能得到企业管理者的支持，那就是人力资源经理在自讨没趣了。

（6）要想获得成功必须对目标进行透彻的分析

医药企业人力资源管理的方法多种多样，成就也各有不同。同样的工作在不同的企业可能取得截然不同的结果，所以人力资源管理必须注意人力资源需求分析，并根据需求来制定人力资源管理目标。在设定人力资源管理目标和进行人力资源需求分析的过程中，一定要与其他部门以及企业管理者进行良好和充分的沟通。

（7）医药企业人力资源经理应该熟悉企业经营

医药企业人力资源经理可能不是企业中的技术专家，也不是销售能手，可能更不擅长规划市场，但一个合格的人力资源经理必须熟悉企业经营运作的每一环节，甚至成为企业的业务专家。所谓企业业务专家是指必须深刻理解企业业务的运行方式和流程，知道哪些地方是企业业务的关键点，也知道哪些地方可能存在问题，最重要的是知道人力资源和这些地方的关系是怎样的。

任务实施

一、组建团队，分配任务

班级同学按 3 ~5 人规模，自愿组成若干个学习团队，推选负责人。

二、开展调查和资料整理

1. 开展对医药企业人力资源现状的分析研讨

团队成员通过阅读相关知识，利用网络搜集公开的医药企业人力资源现状资料，自我设计不少于 3 个问题并回答，形成案例资料，保存为 WORD 格式文档（注明资料出处），作为课程学习资源的组成部分。

2. 制作汇报 PPT

团队成员合理分工，围绕搜集的案例、问题及回答、收获体会等方面，制作汇报 PPT。

三、团队汇报案例整理成果

每个团队用 5 ~8 分钟展示搜集的案例资料，汇报成果。

【操作提示】

本任务重点锻炼学生的资料搜集整理能力、分析问题能力、写作和表达能力，教师应加强和团队负责人的沟通交流，保证资料调研整理和汇报成果效果。

任务测评

序号	考核内容	考核标准	配分	得分
1	案例资料	1. 资料来源权威真实，注明出处 2. 案例设置的问题和答案切合课程学习目标，具有启发性 3. 分析总结准确深刻，能提出建议或应对措施	60 分	

续表

序号	考核内容	考核标准	配分	得分
2	汇报 PPT	1. 分工明确，全员参与 2. 文档美观，图文并茂 3. 展示详略得当 4. 编排得当，表达流利	40 分	
合计			100 分	

任务二　医药企业人力资源规划

学习目标

1. 了解医药企业人力资源规划的概念与意义。
2. 掌握医药企业人力资源的开发与绩效管理。

【任务引入】

某企业的绩效管理主要采用以下三个步骤和方法。

第一步，对于部门主管以上的领导干部，年终由分管领导召集其下属员工开会，共同听取其述职报告，再由员工及上级领导根据其一年来的表现填写年度领导干部考核评议表。该表汇总后将分数按领导、部门内同事、下属 2∶3∶5 的权重加权平均得出总分。

第二步，全体员工共分四组排序：一般员工、主管、部门经理、高层领导。每组按考评结果分五个等级，每一等级所占比例见表 6－1。

表 6－1　不同等级所占比例分布

等级	A	B	C	D	E
比例	10%	30%	54%	5%	1%

第二步，考评结果运用。A 等级范围的人有机会获得晋升，而 E 等级的将被淘汰或降级。

思考问题：

1. 请指出前两个步骤使用了哪些绩效考评方法？
2. 上述考评方法有哪些不足之处？请针对这些不足提出改进建议。

请同学们带着这些问题学习下面的内容。

相关知识

一、医药企业人力资源规划的概念与意义

1. 医药企业人力资源规划的概念

医药企业人力资源规划（human resource planning，HRP）是医药企业人力资源管理的一项系统战略工程，它以医药企业发展战略为指导，结合医药企业内外部条件，持续和系统地分析医药企业在不断变化条件下对人力资源的需求，开发制定出与医药企业长期效益相适应的人事政策的过程。

从狭义角度分析，人力资源规划是指医药企业根据发展战略，使人力资源的供给和需求平衡的活动过程；从广义角度分析，人力资源规划是医药企业所有各类人力资源规划的总称，包括战略发展规划、组织人事规划、制度建设规划、员工开发规划等。本教材主要介绍狭义角度的人力资源规划。

2. 医药企业人力资源规划的分类

（1）按时间跨度划分

按时间跨度划分，医药企业人力资源规划可分为短期、中期和长期规划。短期规划指一年及以内的规划；长期规划指五年及以上的规划；中期规划指介于上述两者之间的规划。规划期的长度主要和企业面临的环境因素的不确定性程度有关。不确定因素多，往往只能进行短期规划，如果环境相对稳定，则可进行较长期的规划。

（2）按规划性质划分

按规划性质划分，医药企业人力资源规划可分为战略规划、战术规划。战略规划主要是根据企业内部的经营方向和经营目标以及企业外部的社会和法律环境对人力资源的影响来制订的一套几年计划，一般为五年以上；战术规划则是根据企业未来面临的外部人力资源供给预测以及企业发展对人力资源需求量的预测而制定的人力资源管理具体方案，包括招聘、辞退、晋升、培训、工资福利政策和组织变革等。

3. 医药企业人力资源规划的主要内容

（1）人员规划

人员规划是对医药企业人员需求总量、人员结构以及内外流动的整体规划，包括人力资源现状分析、企业定员、人员需求、人员供给状况及内部调配计划等方面。组织内的人员在未来岗位的分配是通过有计划的人员内部流动来实现的。这种内部的流动计划就是内部调配计划。

（2）晋升规划

晋升规划是医药企业留住人才的最佳表达方式。对于医药企业来说，有计划地提升有能力的人员，以满足各岗位职责对从业人员的要求，是医药企业人力资源管理的重要职能；从员工角度来看，有计划地晋升，会满足员工不同层次的需求。一般情况下，晋升规划有一定的指标限制。

（3）补充规划

为了填补医药企业中、长期人力需求可能产生的岗位空缺，人力资源部门需拟定合理的补充规划，使其与晋升规划密切相连。补充规划是人力资源规划政策的具体表现。

（4）培训开发规划

培训开发规划的目的是为医药企业培养和开发合格的、胜任工作岗位或准备晋升其他工作岗位的员工。培训开发规划必须与晋升规划、补充规划联系在一起，这样才能充分发挥其效能。

（5）费用规划

为了保证医药企业未来的人工成本和人力资源管理费用不超过合理的支付限度，人力资源管理部门必须制定合理的费用规划。未来的费用成本主要取决于医药企业内部员工的分布状况以及人力资源的管理水平。

（6）制度规划

制度规划包括人力资源管理制度体系建设程序、制度文化管理等内容，是人力资源总规划目标得以实现的重要保证。

4. 医药企业人力资源规划的意义

（1）规划人力发展

人力发展包括人力预测、人力增补及人员培训，三者紧密联系，不可分割。一方面，通过医药企业人力资源规划可以对目前人力现状予以分析，以了解人事动态；另一方面，可以对未来人力需求做一些预测，以便对企业人力增减进行通盘考虑，再据以制订人员增补和培训计划。所以，医药企业人力资源规划是人力发展的基础。

（2）促进人力资源合理运用

现阶段只有少数医药企业的人力资源配置较符合理想状况。在相当多的医药企业中，一些人的工作负荷过重，而另一些人则工作过于轻松；也许有一些人的能力有限，而另一些人则感到能力有余，未能充分利用。人力资源规划可以改善人力资源分配不平衡的状况，进而谋求其分配合理化，以使人力资源更好地配合企业发展需要。

（3）配合医药企业发展的需要

每一个医药企业都是在不断追求生存和发展，而生存和发展的主要因素是人力资源的获得与运用，即如何适时、适量及适质地使医药企业获得所需的各类人力资源并发挥其作用。现代科学技术日新月异，社会环境变化多端，如何针对这些多变的因素，配合企业发展目标，对人力资源恰当规划甚为重要。

（4）降低医药企业用人成本

影响医药企业用人结构和数量的因素很多，如业务、技术革新、机器设备、组织工作制度、工作人员能力等。人力资源规划可对现有的人力结构进行分析，并找出影响人力资源有效运用的瓶颈，使人力资源效能充分发挥，降低人力资源在成本中所占的比率。

5. 医药企业人力资源规划应注意的问题

（1）充分考虑内部、外部环境的变化

医药企业人力资源规划只有充分地考虑了内外环境的变化，才能适应需要，真正做到为企业发展目标服务。内部变化主要指销售的变化、开发的变化、企业发展战略的变化和企业员工的流动变化等；外部变化指社会消费市场的变化、政府有关人力资源政策的变化、人才市场的变化等。为了更好地适应这些变化，医药企业在人力资源规划中应该对可能出现的情况作出风险预测，提出面对风险的应对策略。

（2）有效保证人力资源供给

医药企业的人力资源保障问题是人力资源规划中应解决的核心问题。它包括人员的流入预测、流出预测、内部流动预测，社会人力资源供给状况分析、人员流动损益分析等。只有有效保证了对企业的人力资源供给，才有可能进行更深层次的人力资源管理与开发。

人力资源规划不仅是面向医药企业的规划，也是面向员工的规划。医药企业的发展和员工的发展是互相依托、互相促进的关系。如果只考虑企业的发展需要而忽视了员工的发展需求，则企业发展目标的达成就会受挫。良好的人力资源规划，一定能满足企业和员工长期利益需求，一定是企业和员工寻求共同发展的规划。

【扩展阅读】

医药企业人力资源体系常见问题

1. 在岗位体系方面

由于业务范围扩大，员工的岗位结构更加细化，岗位种类也更多，而企业的岗位类别不能反映新岗位的工作性质和类型，造成岗位体系不合理。此外，伴随着人员规模扩张，员工类型多元化，员工能力、素质、技能等差异越来越大，原有的岗位分类难以体现员工间的差异性，导致岗位体制不公平。

2. 在薪酬体系方面

由于岗位专业化和员工差异化的扩大，薪酬体系复杂性增加，使得现有的薪酬体系无法适应企业的发展需要，从而造成薪酬体系缺少外部竞争力和内部公平性，主要体现在薪酬理念跟不上行业发展、薪酬水平缺少市场对标、薪酬设计无法体现岗位和员工价值。

3. 在绩效体系方面

由于缺乏合理的指标设置、科学的考核模式、明确的指标设计标准等，导致绩效体系无法激励先进，鞭策后进，存在绩效分配“大锅饭”现象，严重制约了企业的业绩实现和长期发展。

4. 三大体系缺乏有效联动

岗位、薪酬、绩效三大体系缺乏有效联动，形成人力资源管理模块孤岛，人力资源管理模块价值无法发挥出来，人力资源管理体系整体价值难以有效实现。

二、医药企业人力资源开发与绩效管理

1. 医药企业人力资源开发

（1）人力资源开发的概念

人力资源开发（human resource development，HRD），是20世纪70年代后盛行于西方的

流行用语和实践活动。医药企业人力资源开发是指医药企业以各种方式使全体员工具备完成现在或者将来工作所需要的知识、技能、智力、体力以及创造力，以积极的工作态度改善员工在现有或将来岗位上的工作业绩，最终实现医药企业整体绩效提升的一种计划性、连续性的活动。

医药企业人力资源开发以未来为导向，着重提高员工未来工作绩效或长期绩效。所以，开发的学习内容和活动方式多与培训不同，在开发过程中所学习的内容并不一定与员工当前的本职工作有直接的关联。由于培训通常侧重于员工当前的工作绩效，因此要求员工参加培训常带有一定的强制性，而在人力资源开发阶段，员工的学习具有一定的自主性。

（2）医药企业人力资源开发的过程

医药人力资源开发的过程是指医药企业从了解人力资源需求情况开始，选择合理的开发目标，明确员工和企业为达到目标而需共同采取的行动。从企业角度来看，企业为了长远目标，确定人力资源开发需求，在此基础上，帮助员工自我成长，引导员工制定个人开发规划；或者根据需要，制定相关的人才引进策略，通过各种方式，吸引外来人才。从员工个人角度来看，员工为了确定自我开发需求，需要了解自我目标和兴趣取向、自身能力以及企业对自身期望目标，然后根据职业前途中个人的下一任工作要求，结合行业未来发展需要，通过各种方法不断对自己实施开发活动，与此同时，企业应及时向员工反馈各种信息，使其自我开发过程更有针对性和有效性。

（3）医药企业人力资源开发的渠道和方法

1）在职开发法。医药企业采取工作轮换、指导实习、实践学习等方式对人力资源进行开发。工作轮换主要用于对管理人员的培训，让其在晋升前，了解相关部门的运行情况；工作轮换有时也用于新员工的能力开发，让其在轮换过程中找到适合自己能力和性格的岗位。指导实习则是老带新开发模式，通过在岗人员的现场指导，使晋升到此岗位的员工尽快适应新工作岗位的要求。实践学习是指让被开发者用全部时间分析和解决企业内部甚至外部存在的某个具体实际问题。

2）脱岗开发法。医药企业采取正规教育、研讨会、周期性休假等方式对人力资源进行开发。正规教育包括专门为员工设计的企业外教育计划和企业内教育计划，企业外教育计划主要是由大学开设的中、短期课程以及咨询公司开设的短期课程来完成；企业内教育计划主要是让有发展前途的员工到企业自己建立的基地进行学习，将课堂教学、文件筐练习和角色扮演等方法结合起来进行的人员开发。研讨会通常与大学或咨询公司合办，员工间开展思想、政策和程序等方面的交流，对目前一些没有定论的问题或某些问题的未来发展趋势展开讨论，以借鉴一些最新的模式或研究结果，捕捉到相关敏感信息。周期性休假是指医药企业给员工提供一些带薪休假时间，增进员工对企业的归属感，这种人才开发方法在招募和留存人才方面具有一定作用。

（4）医药企业员工职业计划与职业管理

医药企业员工职业计划与职业管理的成功，需要医药企业与员工共同努力与相互协作。

1）了解员工的职业取向。医药企业需要各种不同职业取向的员工。孔子曰：“知之者不如好之者，好之者不如乐之者。”医药企业应尽量满足员工的职业取向。从总体上看，员工的职业取向大致有以下四种类型。

①专业技术取向。这类员工愿意不断提高自己的专业技术，希望通过技术水平的发展来提高自己的价值，而不愿意转变为纯粹的管理人员——将与人打交道作为自己的职业。

②管理取向。这类员工愿意与人打交道，想通过提高自己在人际沟通、分析问题等方面的管理能力，适应上级的期望来提高自己在企业中的地位。

③组织（地域）取向。这类员工愿意在某一个自己喜欢的特定组织中工作，或者只愿意在某一城市或地区工作。比如，有些毕业生家乡观念很重，只愿意在家乡工作而不愿意到其他地方工作。

④独立取向。这类员工不愿意接受他人的领导和组织的制约。因此，他们更喜欢自己创业开办公司或者做咨询师等自由职业者。

2）认识员工所处的职业生涯阶段。为了实现对员工职业生涯的有效管理，医药企业有必要认清员工在职业生涯各个阶段的不同特征。员工的职业生涯可划分为四个阶段：开拓阶段、奠定阶段、保持阶段和下降阶段。各个阶段在工作关系、核心活动和工作角色方面都具有一些不同的特征。员工职业生涯阶段划分见表 6－2。

表 6－2　　员工职业生涯阶段划分表

生涯阶段	开拓阶段	奠定阶段	保持阶段	下降阶段
年龄区间	16～25 岁	20～35 岁	35～55 岁	50～60 岁
工作关系	学徒	同事	师傅	顾问
核心活动	辅助、学习、追随	自主、独立、贡献	培养发展他人、进行资源调配、影响组织方向	退出组织
工作角色	依赖他人	独立	为他人承担责任	重要性下降

①开拓阶段。员工要确定自己的兴趣和技能水平，并通过教育和培训提高自己的技能水平。在这一阶段，员工技能的种类和水平、自己以前的工作经历，甚至父母的职业都有可能对员工的职业选择产生重要影响。

②奠定阶段。员工通过提高自己的能力，增强自己对同事和企业的适应性来奠定自己的事业基础。过去，这一过程往往是在一个企业中完成的。现在正在发生的一个重要变化是有的员工将通过不断跳槽，在多个企业中来完成这一过程。员工在进入企业的初期就承担具有挑战性的工作，对其以后不断在事业上取得成功有着重要意义。这种最初的挑战性工作可以使员工在以后的职业生涯中保持自己的竞争能力和旺盛的工作热情。影响员工职业发展的另一个因素是初期抱负，一般而言，远大的抱负会使员工得到激励。

③保持阶段。员工在企业中所学的专业知识和所做的经验积累，使其成为企业的骨干，能承担更多的责任，对新员工产生更多影响。如果企业绩效不理想，企业高层次岗位的空缺可能更主要地由外部劳动力市场来填充，处于这一阶段的不少员工可能会放弃自己的原有职

业，重新开始职业探索。因此，有人将这种现象称为事业上的“中年躁动期”。

这个阶段员工将遇到以下问题：意识到发展的同时也意识到衰老；意识到年龄增大引起的身体变化；已经知道自己职业目标的实现程度；在工作关系上已经从新手变为教练；在工作中落伍的感觉不断增强，不想再“颠沛流离”，渴望工作有保障。员工关注的焦点是工作变更、晋升、降职的可能性以及失业等问题。

企业应该鼓励员工正视自己的不稳定性和不安全感，帮助员工的方法有：让中年员工去帮助青年员工，这可以使中年员工保持旺盛的精力，同时也可以使青年员工学习中年员工的工作经验。解决或防止中年员工的知识老化问题，可以让他们参加研讨班、听讲座或到大学去学习，还可以给中年员工安排具有挑战性的工作任务，周期性地改变中年员工的工作内容，为中年员工提供有利于相互之间经常交流信息的工作环境，奖励与工作成绩相联系，提倡参与式的领导管理方式。研究表明，智力活动能力强、具有很强的自我激励意识和非常灵活善变的员工，其知识老化速度比较慢。

④下降阶段。在职业生涯的下降阶段，员工的工作责任减少，在企业中的地位和作用下降，人们对老年员工的偏见开始增加。这些偏见包括：老年员工的生产效率比年轻员工低；培训老年员工学习新的工作方法要花费更多的时间和金钱；由于年老体弱，老年员工的缺勤率比年轻员工高；老年员工在工作中发生的事故率超过标准；老年员工很难相处等。这些偏见阻碍老年员工的职业发展，因此，老年员工开始为退休作心理准备。

医药企业在人力资源管理过程中，应认清员工的职业生涯阶段，努力帮助他们制订好职业计划，使他们在各个阶段获得发展。

3）告诉员工在自己的职业计划和职业管理中承担的责任。在对员工进行职业指导和咨询前，医药企业应确定员工可能选择的职业道路。职业道路是指一个人在一生中可能担任的一系列职务。在为员工确定职业道路时，应先进行工作分析，找出不同工作对员工要求的相同点和不同点，然后将对员工行为要求类似的工作组合在一起，形成一个工作族，并在工作族内或不同工作族之间找出一条职业道路，最后将确定的所有职业道路连接起来，构成一个职业道路系统。

员工的职业道路可以通过分析员工在组织中目前的工作情况来判断。企业对员工职业道路的要求包括：具有真实可行性、尝试性和灵活性；能够根据工作内容、任职顺序、组织形式和管理需要进行相应的调整，但也不要过分集中于一个领域；说明每个岗位要求员工具备的技巧、知识和其他品质以及具备这些条件的方法。

企业应该告诉员工需要在自己的职业计划和职业管理中承担以下责任：

①对自己的工作能力、职业兴趣和价值观念进行自我评价；

②分析可供自己选择的职业资源；

③确定自己的发展目标和需要；

④向管理者说明自己的职业倾向；

⑤与管理者共同商定双方都可以接受的达到目标的行动方案；

⑥执行双方设定的行动方案。

4）明确企业在实施员工职业计划与职业管理中的责任。员工的职业计划和职业管理必须能够适应企业的需要，即适应企业在员工招聘方面的竞争需要，适应现存的或计划实施的企业结构。企业的高层管理者在有效实施员工职业计划与职业管理方面负有重要的责任。

①企业在实施员工职业计划中应该承担的工作包括：充当一种催化剂，鼓励员工为自己制订职业计划；为员工提供制订职业计划所需要的培训；对于员工职业发展目标的现实性和需要的合理性进行评估；提供员工制订自己职业计划所需职业的模型、信息、条件等方面的指导，辅导员工制订出双方都愿意接受的职业计划；为员工提供实现职业计划所需要的培训；跟踪员工职业计划的实施并帮助其进行适当的调整。

②企业在实施员工职业管理中应该承担的工作包括：设计出搜集、分析、解释和利用信息的便捷方式；发现岗位空缺、培训项目和工作轮换等职业发展机会；负责组织和更新信息，发挥为员工提供信息的作用；为管理人员的决策过程提供信息系统和程序；综合有关信息，为岗位空缺等确定合格的候选人并进行选择；搜集、分析、解释和利用职业管理信息；监控和评价员工职业管理过程的执行效果。

2. 医药企业人力资源绩效管理

（1）绩效的概念

绩效是相对于员工的工作而言的，即按照员工的工作性质，其完成工作的结果或履行职务的结果。换句话说，就是指组织成员对组织的贡献，或对组织所具有的价值。

在企业中，员工的绩效具体表现为完成工作的数量、质量、成本费用以及为企业做出的其他贡献等，具有多因性、多维性和动态性。

1）多因性。多因性是指员工的绩效优劣取决于多个因素的影响，包括外部的环境、机遇，个人的智商、情商和所拥有的技能和知识结构，以及企业的激励因素等。

2）多维性。多维性是指员工的绩效优劣应从多个方面、多个角度去分析，才能取得比较合理的、客观的、易接受的结果。

3）动态性。动态性是指一个人的绩效随着时间、岗位情况的变化而变化。

绩效是一个组织或个人在一定时期内的投入产出情况。投入指的是人力、物力、时间等资源，产出指的是工作任务在数量、质量及效率方面的完成情况。由此衍生出了绩效管理的概念。

（2）绩效管理的概念

所谓绩效管理，是指管理者用来确保员工的工作活动和工作产出与组织目标保持一致，通过不断改善其工作绩效，最终实现组织战略的手段及过程。绩效管理是一个完整的闭环系统，由计划制订、绩效辅导、绩效考核、绩效反馈以及绩效结果应用等环节构成，完整的绩效管理系统如图 6－1 所示。

绩效管理要取得成效，这几个环节的工作必须环环相扣，否则就不能达到提升绩效的效果。

（3）绩效考核的概念、功能、基本原则和常用方法

1）绩效考核的概念。绩效考核是指用一套标准来进行对比，以评估员工完成工作任务

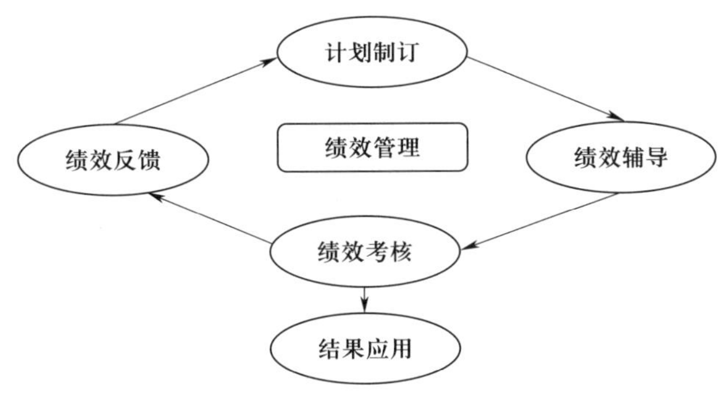

图6－1　完整的绩效管理系统

的程度，然后把该信息传递给员工的过程。绩效考核是手段而不是目的，从外延上它包含了以下三层含义：

①绩效考核是人力资源绩效管理系统的组成部分，它运用一套系统和一贯的制度性规范、程序和方法进行考核；

②绩效考核是对企业员工在日常工作中所显示出来的工作能力、态度和业绩，进行以事实为依据的评价；

③绩效考核是从企业经营目标出发对员工进行考核，并使考核结果与其他人力资源管理职能相结合，推动企业经营目标的实现。

2）绩效考核的功能。绩效考核的最终目的是改善员工的工作表现，以达到企业的经营目标，并提高员工的满意程度和未来的成就感。美国组织行为学家约翰·伊凡斯维奇认为，绩效考核可以达到以下八个方面的目的：

①为员工的晋升、降职、调职和辞退提供依据；

②企业对员工的绩效考核的反馈；

③对员工和团队对企业的贡献进行评估；

④为员工的薪酬决策提供依据；

⑤对招聘选择和工作分配的决策进行评估；

⑥了解员工和团队对培训和教育的需要；

⑦对培训和员工职业生涯规划效果进行评估；

⑧对工作计划、预算评估和人力资源规划提供信息。

3）绩效考核的基本原则。绩效考核应遵循一些基本原则，这些原则既是考核的重要理论依据，又是行之有效的人力资源管理考核体系应满足的基本条件。绩效考核主要包括以下基本原则：

①内容规范化原则；

②客观公正原则；

③全方位考核原则；

④责权利相结合原则。

4）绩效考核的常用方法。在确定考核对象、目标、标准后，就要选择相应的考核方法。下面介绍几种常用、实用的方法。

①量表考核法。这种方法简便易行，运用最为普遍。量表考核法一般由两部分组成：一部分是待考核特征、区域或行为项目和标明每个项目绩效水平的标尺或其他方式；另一部分是等级部分，经常用优秀、良好、合格、较差等形容词进行定义。量表考核法的示例见表6－3。

表6－3　量表考核法示例

考核内容	考核项目	说明	评定
基本能力	知识	是否具备现任岗位所要求的基础理论和实际业务知识	A　B　C　D　E 10　8　6　4　2
业务能力	理解力	是否能理解上级的指示，干脆利落地完成本职工作任务，不需上级反复指示	A　B　C　D　E 10　8　6　4　2
	判断力	是否能理解上级意图，正确把握现状，随机应变，恰当处理	A　B　C　D　E 10　8　6　4　2
	表达力	是否具备现任岗位所要求的口头表达和文字表达能力，能否进行联络、说明工作	A　B　C　D　E 10　8　6　4　2
	交涉力	在和企业内外人员交涉时，是否具备使对方诚服或达成协议的能力	A　B　C　D　E 10　8　6　4　2
工作态度	纪律性	是否严格遵守工作纪律和规章，是否严格遵守工作汇报制度，按时进行工作报告	A　B　C　D　E 10　8　6　4　2
	协作性	在工作中，是否充分考虑别人的处境，是否主动协助上级、同事做好工作	A　B　C　D　E 10　8　6　4　2
	积极性和责任感	对分配的任务是否不讲条件，主动积极，尽量多做工作，主动进行改进，向困难挑战	A　B　C　D　E 10　8　6　4　2
评定标准： A—非常优秀，理想状态 B—优秀，满足要求 C—基本满足要求 D—有明显不足 E—不满足要求	等级换算： A—64分及以上 B—48～63分 C—32～47分 D—16～31分 E—15分及以下	合计分 评语 考核人签字	

该方法的优点是简单易行，可以在较短的时间内较轻松地完成考核工作。它的缺点也来源于优点，因为这种方法易于使用、简单且易标准化，很容易使考核人忘记考核的目的和意义，认为填完表后就万事大吉，而不去考虑保证绩效考核结果的真实有效。

②排队法。排队法是最为简单的绩效考核方法之一。此法要求考核人根据一些特定的考核尺度（如销售额、管理能力等）把被考核人从高到低排列出来。排队法经常被用来评定总体绩效。这种方法的明显优点表现为其简单性以及它强求考核人区分不同水平的绩效。它的缺点是可能会刺激员工为了更好的排名而干涉甚至破坏他人的工作。

③评语法。评语法是最常见的以一篇简短的书面鉴定来进行考核的方法。评语的内容包

括被考核人的工作业绩、工作表现、优缺点和需努力的方向等。评语的格式、篇幅、重点等一般不受限制，由考核人自由掌握，不存在标准规范。

评语法的缺点：评语内容通常会涉及被考核人的优点与缺点、成绩与不足、潜在能力、改进的建议及培养方法等。所以，运用此法作出的评语，一方面缺少特定的维度（即使划分维度也很粗略），另一方面评语较随意，缺乏明晰的定义和行为对照标准。加之其几乎全部使用定性式描述，缺乏量化数据，因此难以相互比较和据此作出准确的人事决策。

④关键事件法。关键事件法要求保存最有利和最不利的工作行为的书面记录。当这样一种行为对部门的效益产生无论是积极的还是消极的重大影响时，管理者都应把它记录下来。在考核的后期，考核人运用这些记录和其他资料对员工业绩进行考核。其优点在于针对性强，结论不易受主观因素的影响。缺点在于工作量大；此外，要求管理者在记录中不能带有主观意愿，在实际操作中往往难以做到。关键事件法一般有年度报告法和行为定位评价法。

⑤强制分布法。强制分布法是指将限定范围内的员工按照某一概率分布划分到有限数量的几种类型上的方法。这种方法的理论基础是，员工的绩效是呈正态分布的。这种方法的特点是两端水平的人少，中间水平的人多。这种方法的优点主要表现在能有效地减少趋中或考核标准严格或宽松导致的误差。它的缺点在于当限定范围内的员工绩效水平不服从正态分布时，强行使用此法会把一些被考核人归入不适当的类别中，从而会挫伤一些员工的工作积极性。

⑥目标管理法。目标管理法是时下比较流行的考核方法。该方法得以推广的一个重要原因是这种方法符合人们“一分耕耘，一分收获”的价值观，此外，它能更好地把个人和组织目标有机结合起来，达到一致。

目标管理法的特点在于绩效考核人的角色从“法官”转换为顾问和促进者，员工的角色也从消极的旁观者转换为积极的参与者。使员工增强了满足感，提高了工作的自觉性，能够以一种更积极主动的态度投入工作，促进工作目标和绩效目标的实现。

⑦360 度绩效考核法。又称为全方位考核法。该方法是指通过员工自己、上级、同事、下属和客户等不同主体来了解员工的工作绩效，通过评论知晓各方面的意见，清楚员工的长处和短处，来达到提高员工绩效的目的。其特点是评价维度多元化（通常是四个及以上），适用于对中层以上的人员进行考核。

（4）绩效考核的具体操作

1）收集资料。收集资料是指在一次考核至另一次考核间隔期内观察员工的行为表现或听取组织内其他人员观察到的该员工的行为表现。这是绩效考核的基础工作。在收集资料时，资料的来源一般越多越好，主要有被考核人工作表现记录、其他与被考核人有来往的相关人员的评价等，但后者应该谨慎选择，以保持绩效考核的客观公正性。所收集的资料应加以分析并以绩效标准修正后方可利用。

2）设定考核的间隔时间。设定考核的间隔时间对考核操作过程而言，也是必不可少的一环。考核的间隔时间因工作性质而异，应充分讲求科学性。若间隔时间太短，则要耗费大量的人力、物力、财力，而无激励促进效果；若考核的间隔时间过长，则又失去了绩效考核对员工工作应有的监督作用和威慑力，同时又不能使员工及时获得工作反馈信息，影响工作绩效的提高。

考核的间隔时间应因工作性质或考核目的的不同而不同。一般情况下，考核的间隔时间应为6个月至1年；对于项目制工作，一般应在项目结束后进行绩效考核或在期中、期末进行两次考核；对于培训期员工，则考核的间隔时间设定应比较短，以使员工及时获得反馈和指导。

3）选择合适的绩效考核方法。可以让被考核人的上级、同事、下属、客户以及本人从各自的角度对被考核人进行全方位评价，以全面客观了解被考核人，增强绩效考核的信度和效度。

4）制订绩效改进计划。进行绩效考核的主要目的是促使改进绩效。在考核之后，组织管理者和员工应共同制订绩效改进计划。而绩效改进计划设计的目的又在于使员工改变其行为。为了使改变能实现，首先员工要有想改变的愿望，员工必须知道要做什么、该如何做，同时，企业应努力营造一种积极向上、努力改进绩效的环境，并对员工取得的进步予以奖励。

（5）绩效考核结果的应用

在人力资源管理中，薪酬、培训、岗位晋升和调整、解雇等是其核心所在。所有的人力资源管理和开发都围绕这些工作开展。一个有效的绩效管理系统一定和这些内容有着紧密联系，绩效考核就是其决策的重要信息源和依据。绩效考核结果的合理运用，可以对员工业绩和能力的提升起到较强的激励作用。绩效考核结果应用的正确做法见表6－4。

表6－4　绩效考核结果应用的正确做法

序号	应用领域	具体做法
1	用于奖金分配和薪酬调整	员工的季度考核得分与季度奖挂钩，年度考核得分与年终奖挂钩。对绩效考核优秀的员工，可提高其薪酬等级；对绩效考核较差的员工，可根据具体情况，对其进行降薪处理
2	用于岗位晋升和岗位调整	根据考核结果对确实不能胜任工作的员工，可依法定程序终止劳动关系；通过对员工在一定时期的连续绩效分析，选出绩效较好、较稳定的员工作为公司晋升培养对象
3	用于员工能力培训与开发	通过对员工绩效考核结果的分析，可发现员工的优劣势特征，并据此有针对性地对其能力素质进行开发和利用
4	用于激励员工的职业发展	通过有效的绩效管理，形成优胜劣汰的激励机制，不断激励员工提升自我的能力水平，从而提高企业员工的整体素质

任务实施

一、组建团队，分配任务

团队的组建延续上一任务所组成的团队。

二、开展调查和资料整理

1. 开展医药企业绩效考核方案搜集和整理

团队成员通过阅读相关知识，利用网络搜集公开的医药企业绩效考核方案的资料，自我设计不少于3个问题并回答，形成案例资料，保存为WORD格式文档（注明资料出处），作为课程学习资源的组成部分。

2. 制作汇报PPT

团队成员合理分工，围绕搜集的案例、问题及回答、收获体会等方面，制作汇报PPT。

三、团队汇报案例整理成果

每个团队用5~8分钟展示搜集的案例资料，汇报成果。

【操作提示】

本任务重点锻炼学生的资料搜集整理能力、分析问题能力、写作和表达能力，教师应加强和负责人的沟通交流，保证资料调研整理和汇报成果效果。

任务测评

序号	考核内容	考核标准	配分	得分
1	案例资料	1. 资料来源权威真实，注明出处 2. 方案完整 3. 方案整理清晰，格式规范，可阅读性强 4. 案例设置的问题和答案切合课程学习目标，具有启发性 5. 分析总结准确深刻，能提出建议或应对措施	60分	
2	汇报PPT	1. 分工明确，全员参与 2. 文档美观，图文并茂 3. 展示详略得当 4. 编排得当，表达流利	40分	
合计			100分	

目标检测

一、单项选择题

1. 人力资源，又称劳动力资源或劳动力，是指能够推动整个经济和社会发展、具有劳动能力的（　　）总和。

A. 经济　　B. 市场　　C. 人口　　D. 社会

2. 人力资源规划按时间跨度可分为短期、(　　) 和长期规划。

A. 中长期　　B. 半期　　C. 短中期　　D. 中期

3. 人力资源短期规划的时间长度一般为 (　　)。

A. 5 年　　B. 3 年　　C. 1 年　　D. 10 年

4. 员工职业生涯开拓阶段年龄区间为 (　　) 岁。

A. 16 ~ 25　　B. 20 ~ 35　　C. 35 ~ 55　　D. 50 ~ 70

二、多项选择题

1. 人力资源培训按培训形式可分为 (　　)。

A. 职前培训　　B. 继续教育　　C. 职业教育　　D. 应急性培训

2. 医药企业人力资源规划的主要内容有 (　　)。

A. 人员规划　　B. 晋升规划　　C. 培训开发规划　　D. 费用规划

3. 医药企业人力资源管理的目的有 (　　)。

A. 规划人力发展　　B. 降低用人成本

C. 促进人力资源合理运用　　D. 配合企业发展的需要

4. 绩效考核的基本原则有 (　　)。

A. 内容规范化原则　　B. 客观公正原则

C. 全方位考核原则　　D. 责权利相结合原则

5. 360 度绩效考核法可以通过 (　　) 知晓员工的长处和短处，来达到提高员工绩效的目的。

A. 客户　　B. 上级　　C. 同事　　D. 下属

三、简答题

1. 绩效考核的功能有哪些？

2. 绩效考核的常用方法有哪些？

目标检测单项、多项选择题参考答案

一、单项选择题

1. C　2. D　3. C　4. A

二、多项选择题

1. ABC　2. ABCD　3. ABCD　4. ABCD　5. ABCD

项目七

医药企业财务与税务管理

通过学习医药企业财务与税务管理，了解和掌握财务管理相关的基础知识，在掌握财务管理基本理论和基本方法的前提下，还应掌握几种简单常用的财务指标分析方法。税务管理是税款征收的前提和基础性工作，是税款征收管理的重要内容。通过学习本项目，既要了解医药企业相关的税种和税率，又应掌握不同税务的处理及纳税筹划的基本方法。

任务一 医药企业筹资管理

学习目标

1. 掌握医药企业筹资的分类。
2. 了解医药企业筹资管理的原则。
3. 了解医药企业权益筹资的分类。
4. 了解医药企业债务筹资的分类。

【任务引入】

近日，证监会通报了某医药企业财务报告造假及涉嫌虚假陈述等违法违规行为。该医药企业涉嫌通过仿造、变造增值税发票等方式虚增营业收入，通过伪造、变造大额定期存单等方式虚增货币资金，将不满足会计确认和计量条件的工程项目纳入报表，虚增固定资产等。同时，该医药企业涉嫌未在相关年度报告中披露控股股东及关联方非经营性占用资金情况。

财务是客观存在于企业经营过程中的资金运动，财务管理是对企业资金运动进行规划和控制的一项管理活动。随着企业生产经营规模的不断扩大，经济关系日趋复杂化，竞争日趋激烈化，财务管理在企业管理中的作用越来越重要。

请同学们带着这样的理念学习下面的内容。

相关知识

一、医药企业筹资管理概述

医药企业筹资是指医药企业根据其生产经营、对外投资和调整资本结构等需要，经济有效地筹措和集中资金的活动。

1. 医药企业筹资管理的目标

医药企业筹资管理目标又称医药企业理财目标，是医药企业筹资管理活动所希望实现的最终结果，也是评价医药企业筹资管理活动是否合理有效的重要标准。医药企业筹资管理目标是企业组织筹资活动、处理筹资关系所要达到的根本目的，它决定着医药企业筹资管理的基本方向，是医药企业筹资管理工作的出发点。医药企业筹资管理目标取决于企业的总体目标。医药企业筹资管理目标一般分为短期目标和长期目标两种。

（1）短期目标——企业利润最大化

利润是衡量医药企业经济效益和经营成果的一个重要指标，经营获利是企业生存和发展的必要条件和基本追求。资金筹集、使用和成本控制的目的就是获取必要资金，提高资产使用效率，控制成本耗费，以达到企业利润最大化。

企业利润最大化目标就是假定在投资有预期收益的前提下，医药企业筹资管理目标应是企业利润最大化，这是医药企业的短期目标。在这一目标驱动下，企业会尽可能地增加收入、减少投入、降低成本，某种程度上有可能导致医药企业片面追求短期利润最大化，进行掠夺性经营，同时这个目标也忽视了资金的时间价值和风险因素，可能会抑制技术改造和新产品研发，损害相关主体的利益，有可能使医药企业筹资管理目标与企业整体发展战略目标相背离。

（2）长期目标——企业价值最大化

企业价值最大化是指医药企业通过财务上的合理规划与经营，采用最优财务政策，在充分考虑资金时间价值和风险因素与报酬关系的基础上，使企业总价值达到最大化。其基本前提是保证医药企业长期稳定发展，企业价值增长应满足相关各方利益需要。

企业价值最大化最主要的目标是把企业相关利益主体糅合成企业唯一主体，使投资者的财富不断增值，同样也就增加了利益相关者之间的投资价值。企业价值最大化突出的特点是财务目标多元化，并在经营过程中协调各利益相关者之间的财务关系。因此，企业筹资管理不应把目标限制在股东财富最大化上，而应长期关注企业价值最大化。

2. 医药企业筹资管理的意义

（1）满足正常生产经营活动的需要

医药企业新建时，要按照经营方针所确定的生产经营规模核定长期资金需要量和流动资金需要量，同时筹措相应数额的资金，资本金不足部分需融通短期或长期负债资金来满足生产经营活动的需要。

（2）满足经营规模扩大的需要

医药企业在成长时期，因扩大生产经营规模或追加对外投资需要大量资金，尤其是长期资本。这种扩张型筹资活动不仅会导致医药企业资产规模的扩大，同时也使医药企业负债规模相应增大，既给医药企业带来收益增长的机会，也带来了更大的风险。

（3）满足到期偿债的需要

医药企业要保持持续经营能力，必须做到以收抵支，如期足额偿还到期的债务本息，维护财务信用，以减少破产风险。偿债融资有两种情况：一是调整原有的资本结构，通过举债从而使资本结构更加合理；二是恶化性偿债融资，即医药企业由于现有支付能力已不足以偿付到期旧债而被迫举借新债，这种情况表明医药企业财务状况已经恶化。

3. 医药企业筹资管理的原则

（1）规模适当原则

医药企业的筹资规模应与资金需求量相一致，既要避免因资金筹集不足，影响生产经营的正常进行，又要防止资金筹集过多，造成资金闲置。

（2）筹措及时原则

医药企业财务人员应全面掌握资金需求的具体情况并熟知资金时间价值的原理，合理安排资金的筹集时间，适时获取所需资金。

（3）来源合理原则

不同来源的资金，对医药企业的收益和成本有不同影响。因此，医药企业应认真研究资金来源渠道和资金市场，合理选择资金来源。

（4）经济原则

医药企业筹集资金必然要付出一定的代价并承担相应的风险，不同筹资方式下的资金成本和财务风险有高有低。因此，需要对各种筹资方式进行分析对比，选择经济可行的筹资方式。

4. 医药企业筹资的分类

医药企业筹资可按不同标准进行不同分类，这里介绍几种主要的分类方式。

（1）按使用期限分类

按资金使用期限的长短可分为短期性筹资和长期性筹资。短期性筹资一般是指每次所筹资金使用期限不超过一年，如商业信用和短期借款等筹资方式。长期性筹资一般是指每次所筹资金使用期限至少在一年以上，如长期银行借款、发行长期债券、发行股票等筹资方式。

（2）按权益特征分类

按资金的不同权益特征可分为所有者权益筹资和负债筹资。所有者权益筹资是指所有者在医药企业净资产中享有的经济利益，在数量上为资产减去负债后的余额，包括投资者投入医药企业的资本及持续经营中形成的经营积累，如资本公积和末分配利润等。另外，医药企业通过吸收直接投资、发行股票、内部积累等方式融通的资金也属于医药企业所有者权益。所有者权益一般不用归还，因而称之为医药企业的自有资本、股权资本或权益资本。负债筹资是指医药企业通过向金融机构借款、发行债券、融资租赁等方式筹集的资金。这部分资金被称为医药企业的借入资本或债务资本。负债所筹资金到期需还本付息，因而风险较大。

（3）按资金来源分类

按资金的来源范围可分为内部筹资和外部筹资。内部筹资是指医药企业在内部通过留存利润而形成的筹资来源。内部筹资是在医药企业内部“自然”形成的，因此被称为“自动化的资本来源”，一般无需花费筹资费用，其数量通常由医药企业可分配利润的规模和分配政策所决定。外部筹资是指医药企业在内部筹资不能满足需要时，向医药企业外部筹集而形成的资本来源，医药企业向外部筹资大多需要花费一定的筹资费用。

5. 筹资渠道与筹资方式的关系

筹资渠道指客观存在的融通资金的来源方向与通道；筹资方式指可供企业在融通资金时选用的具体筹资形式，包括吸收直接投资、发行股票、利用留存收益、向银行借款、利用商业信用、发行公司债券、租赁筹资、杠杆收购等形式。

筹资渠道解决的是资金来源问题，筹资方式则解决通过何种方式取得资金的问题，它们之间存在一定的对应关系。一定的筹资方式可能只适用于某一特定的筹资渠道，但是同一渠道的资金往往可采用不同的方式去取得。

二、医药企业权益筹资

医药企业通过权益筹资方式融通的是企业的权益资本（也称主权资本）。

1. 吸收投资

医药企业采用吸收投资的方式筹集资金一般分为以下三类。

（1）国家投资

国家投资是指有权代表国家投资的政府部门或者机构以国有资产投入企业，在这种情况下形成的资本叫国有资本。吸收国家投资是国有医药企业筹集自有资金的主要方式。吸收国家投资一般具有以下特点：产权归属国家；资金的运用和处置受国家约束较大；在国有医药企业中采用比较广泛。

（2）法人投资

法人投资是指法人单位以其依法可以支配的资产投入企业，在这种情况下形成的资本叫法人资本。法人投资一般具有以下特点：发生在法人单位之间；以参与医药企业利润分配为目的；出资方式灵活多样。

（3）个人投资

个人投资是指社会个人或本企业内部员工以个人合法财产投入企业，在这种情况下形成的资本叫个人资本。个人投资一般具有以下特点：参加投资的人员较多；每人投资的数额相对较少；以参与医药企业利润分配为目的。

2. 优先股筹资

优先股按发行条款和股息分配条款的不同，可分为以下四类。

（1）累积优先股和非累积优先股

累积优先股是指企业在任何营业年度内未支付的股利可累积起来递延到以后年度支付；

非累积优先股是指企业对以前年度欠付的股息不予累计计算，也不再由以后年度补发。

（2）参与优先股与非参与优先股

参与优先股是指企业按规定的股利率支付完优先股息和发放完普通股股利后，尚有剩余的可供分配利润时，能与普通股一起参与剩余利润分配的优先股；非参与优先股是指只能分得约定的股利，而不能与普通股一起参与剩余利润分配的优先股。

（3）可转换优先股与不可转换优先股

可转换优先股是指股票发行时就规定股东具有在股票发行后的某一个时期按一定比例将其转换成普通股股票这一权利的优先股；不可转换优先股则指不具备这种转换权利的优先股。

（4）可赎回优先股和不可赎回优先股

可赎回优先股是指在优先股发行条款中规定发行企业可在股票发行的某一个时期内，按发行价格和规定的方式予以赎回的优先股；不可赎回优先股是指发行后不能按原价赎回的优先股。

3. 普通股筹资

股票发行可分为以下两种方式。

（1）有偿增资发行

有偿增资发行是指发行时投资者必须按认购的股数及股票面值或市价缴纳现金或实物。这种发行方式按认购人的不同又分为股东优先认购、第三者分摊和公开招股发行。股东优先认购，是指企业在发行新股时给予普通股股东以某一价格优先认购新股的权利，且规定新股的认购比例与持有旧股的比例相同。若股东不准备认购新股，则可将认购权转让。第三者分摊，是指企业发行新股时，给予和企业有特定关系的第三者（如员工、管理层、往来银行、供应商、客户等）以较低价格认购新股的权利。公开招股发行，是指以不特定的多数投资者为发行对象，向社会公开招募认股人。

（2）无偿增资发行

无偿增资发行是指发行时股东不需要缴纳现金或实物，即可无代价取得新股，具体包括无偿支付方式、股票分红方式、股份分割方式。无偿支付方式，是企业用资本公积转增股本，按股东现有股份比例无偿交付新股票。股票分红方式，是指股份公司以当年可分配净利润计算分配新股，代替支付给股东的现金股利。股份分割方式，是指将原来大面额股票分割为若干股小面额股票，分割只增加股份的数量，而企业资本的数额并不发生改变。

三、医药企业债务筹资

1. 短期负债筹资

短期负债筹资是指所筹资金使用期限不超过一年的筹资，主要包括商业信用筹资和短期借款筹资两种基本形式。

（1）商业信用筹资

商业信用筹资是指在医药企业间进行商品交易时，以延期付款或预收货款进行资金结算而形成的资金借贷关系，它是医药企业间的直接信用行为。由于商业信用产生于医药企业经常发生的商品交易中，因而应用广泛，在短期负债筹资中占有相当大的比重。商业信用的具体形式有应付账款、应付票据和预收账款等。

（2）短期借款筹资

短期借款是指医药企业向银行或其他非银行金融机构借入的、期限在一年以内的借款。短期借款按照有无担保可分为信用借款和抵押借款。

1）信用借款，又称无担保借款，是指医药企业凭借自身的信誉从银行取得的借款。

2）抵押借款，是指借款医药企业以本企业的某些资产作为偿债抵押品而取得的借款。银行贷款的安全程度取决于抵押品的价值大小和变现速度，价值越大，变现能力越强，银行贷款风险越小。通常，借款医药企业可提供的抵押品包括应收账款、应收票据、存货等。

2. 长期负债筹资

长期负债筹资是指所筹资金的使用期限在一年以上的各种债务筹资方式，主要包括长期借款筹资、债券筹资、融资租赁筹资等。

（1）长期借款筹资

长期借款是指医药企业向银行和非银行金融机构以及其他单位借入的、使用期限在一年以上的借款。主要用于满足购建固定资产和其他长期流动资金占用的需要。

（2）债券筹资

债券是医药企业为筹集资金而发行的，在约定期限内向债券持有者还本付息的一种有价证券。

（3）融资租赁筹资

融资租赁是指出租人以收取租金为条件，在契约或合同规定的期限内将租赁物出租给承租人使用的一种经济行为。融资租赁区别于通常的经营租赁。融资租赁可分为以下三种形式。

1）直接租赁。承租人直接向出租人租入所需要的设备，并付租金的方法称为直接租赁。直接租赁涉及的当事人包括出租人、承租人和制造商。出租人需要按照承租人的要求向制造商订购承租人需要的相关设备，承租人需要在设备承租期向出租人支付租金。

2）售后回租。这是资金短缺医药企业解决资金需求的一种方式。例如，一家医药企业虽然拥有生产设备，但因缺乏资金而无法进行正常的生产经营。于是，将某设备卖给出租人，然后再将设备租回使用，由此形成售后回租的租赁关系。由于医药企业的设备所有权已经转化成设备使用权，在此期间，该医药企业要按期支付租金。医药企业由于出售设备获得了可以购买原材料等生产物资的资金，医药企业的生产经营活动得以正常开展。

3）杠杆租赁。这种租赁利用了金融机构的贷款资金，使出租人的业务规模扩大，获得了负债经营的杠杆效应，因此称为杠杆租赁。这种租赁要涉及出租人、承租人、制造商和金融机构四方当事人。杠杆租赁的业务程序如下：

①出租人与承租人签订租赁合同；
②出租人按照承租人订购设备价款的70%向金融机构申请贷款；
③出租人与制造商签订设备订购合同，并支付全部价款；
④制造商按照出租人的要求向承租人直接提供所需设备；
⑤承租人使用设备并向出租人支付租金；
⑥出租人按照贷款合同的约定向金融机构支付利息和本金。

任务实施

一、组建团队，分配任务

班级同学按3~5人规模，自愿组成若干学习团队，推选负责人。

二、开展案例资料搜集和整理

1. 开展对医药企业筹资管理的分析研讨

团队成员通过阅读相关知识，利用网络搜集关于医药企业筹资管理的资料，自我设计不少于2个问题并回答，形成案例资料，保存为WORD格式文档（注明资料出处），作为课程学习资源的组成部分。

2. 制作汇报PPT

团队成员合理分工，围绕搜集的案例、分析问题、收获体会等方面，制作汇报PPT。

三、团队汇报案例整理成果

每个团队用5~8分钟展示搜集的案例资料，汇报成果。

【操作提示】

本任务重点锻炼学生的资料搜集整理能力、分析问题能力、写作和表达能力，教师应加强和团队负责人的沟通交流，保证资料搜集整理和汇报成果效果。

任务测评

序号	考核内容	考核标准	配分	得分
1	案例资料	1. 资料来源权威真实，注明出处 2. 选取的医药企业具有代表性，分析总结准确深刻，能提出建议或应对措施 3. 案例整理清晰，格式规范，可阅读性强	60分	
2	汇报PPT	1. 分工明确，全员参与 2. 文档美观，图文并茂 3. 展示详略得当 4. 编排得当，表达流利	40分	
合计			100分	

任务二　医药企业资产管理

学习目标

1. 掌握流动资产的管理。
2. 了解固定资产的概念及特征。

【任务引入】

海尔集团公司的"三个零"

创立于1984年的海尔集团公司（以下简称海尔），近半个世纪以来持续稳定发展，已成为在海内外享有较高美誉的大型国际化企业集团。为应对网络经济和加入WTO的挑战，海尔坚持全面实施国际化战略，已建立起具有国际竞争力的全球设计网络、制造网络、营销与服务网络。

海尔从1998年开始实施以市场链为纽带的业务流程，以定单信息流为中心带动物流、资金流的运动，加快了与用户零距离、产品零库存和零营运成本"三个零"目标的实现。零库存的实现，主要依靠三个准时制（just in time，JIT）生产方式，又称作无库存生产方式（stockless production），即JIT采购、JIT送料、JIT配送。零库存使得海尔的仓库转变成为配送中心。它是为了下道工序配送而短暂储存物资的一个地方。零库存不仅意味着没有大量的物资积压，最重要的在于为资金快速周转铺平道路。

海尔的"三个零"战略中，最重要的是它可以使海尔寻求和获得竞争力。海尔的CEO认为，一只手抓住可以满足用户需求的全球供应链，另一只手抓住资金的快速周转链，把这两种链结合起来，就是企业的竞争力。"三个零"的战略思想，使海尔最终成为了世界500强的国际化企业。

固定资产、流动资产营运管理的最优化，是所有企业营运资金管理的追求目标，只有营运资金管理各个环节整体优化，才能实现零营运资金占用的目标。

思考问题：

固定资产、流动资产的营运管理有何意义？

请同学们带着这个问题学习下面的内容。

相关知识

一、医药企业流动资产管理

1. 银行存款管理

1）各独立和相对独立核算的医药企业财务部门，必须设定订本式银行存款日记账，对银行存款的收付存进行及时登记。出纳人员根据银行存款收付款凭证，按业务发生顺序登记入账，银行存款日记账的月末余额必须与银行存款科目的余额相等。

2）月末，银行存款日记账应与银行对账单进行核对，编制银行存款余额调节表，经调整后，余额应相等，如出现不等的情况，必须查明原因，并视情况作出处理。

3）医药企业在付款时，超出《现金管理暂行条例》规定结算范围的款项，应通过银行办理转账结算，医药企业必须提供包含对方单位名称、开户银行、账号以及支付用途、金额等内容的审批单据，经规定的审批程序后，财务部门方可安排付款。

4）财务部门不得签发空白支票，不得签发远期或空头支票。

5）空白支票由出纳人员保管，支票的有效银行预留印鉴必须实行两人或两人以上分开保管。

6）财务部门要定期或不定期地对银行存款、银行存款日记账、银行存款余额调节表进行审查、核实，对支票和印鉴的保管进行检查，以确保银行存款的安全完整。

2. 现金管理

1）现金的使用必须严格按照《现金管理暂行条例》的范围收取和支付现金。

2）现金库存限额应根据需保留现金单位距银行的远近、日常现金流量的大小等具体情况，由医药企业财务部门核定，超过库存限额的现金必须及时送存开户银行。

3）现金的收支管理应注意以下事项。

①医药企业必须设定订本式现金日记账，由出纳人员负责登记。

②出纳人员必须根据审核人员审核内容完整、手续齐备的现金收付款凭证，按照业务的发生顺序逐笔登记现金日记账。

③收付款凭证必须大小写金额相符、原始单据齐备、审签手续齐全，并且收付款人在收支凭证上签字，当面点清。收付款凭证加盖“收讫”“付讫”及出纳人员私章戳记，对已报销的附件加盖“已报销”戳记，对内容不完整、手续不完善、原始单据不齐全的现金收付业务，出纳人员有权拒绝办理。

④每日终了，出纳人员应计算当日现金收入、支出合计数和结存数，并同库存现金实存额核对，做到账实相符，日清日结，并妥善保管好现金收付凭证。

4）现金内部控制应注意以下事项。

①出纳人员无权进行现金收付业务的账务处理，不得自行填制凭证，不得自行收付款项，不得先收付款后，才将单据交会计人员制单。

②医药企业确实需要保留现金的，库存现金不得超过核定的限额，不得坐支现金，不得以“白条”充抵库存现金，不得保留账外现金（公款）。

③医药企业财务部门要定期或不定期地对库存现金进行抽查、核实，确保现金账账相符、账实相符。

3. 应收账款管理

1）应收账款以客户单位为对象设置明细账，按收入实现时的债权金额计价入账；对发生的交易须及时登记入账，准确无误地反映其形成、回收、增减变化及结存情况。

2）对应收账款要主动清算、催收、完清手续。定期（每年不得少于一次）与客户单位核对往来业务，发出对账单进行核对，编制对账清单。对核对不符的应及时查明原因，作出相应处理。

3）医药企业应建立客户信用评价体系，对新老客户综合情况进行评价，并据此给予客户相应的赊销政策与价格政策。

4）坏账损失采用备抵法核算。

5）销售部门及相关责任单位应定期逐项分析应收账款及客户情况，科学合理地制定收款策略和措施，积极组织催收货款。无法收回的应收账款，应查明原因，凡符合会计政策规定的坏账损失，经股东大会或董事会或总经理办公会同意，列作坏账损失。对已列坏账损失并作会计处理的应收货款，仍应“账销案存”，制定相应的收款政策，落实责任人员催收。

4. 预付账款管理

预付账款是指医药企业为取得生产经营所需的物资、劳务等而按照合同规定预先支付给供货单位或提供劳务方的款项。

对预付账款的管理应注意以下几点：

1）设置“预付账款”账户核算预付账款业务的预付和收回情况；预付款项业务不多时也可将预付账款业务在“应付账款”账户进行核算。

2）医药企业应加强对预付账款的管理，预付期不宜过长，保证按期收回等值材料、商品或收回预付款，以免造成坏账损失。

3）预付账款的管理包括预付款项、收回货物以及无法收到货物三个方面，反映的经济业务必须真实、合法、合理。

4）预付货款应按照规定程序和权限办理；对预付货款的供应商实施信用分级管理；预付货款必须依合同付款，并在合同约定的时间清算完毕。

5）对已不符合预付款性质的款项，转入其他应收款进行管理。

5. 其他应收款管理

1）其他应收款指医药企业除应收票据、应收账款、预付账款以外的其他各种应收、暂付款项，包括备用金，应收的各种赔款、罚款，应向员工收取的各种垫付款项，以及已经不符合预付款性质而按规定转入的预付账款等。

2）医药企业应设置“其他应收款”科目进行总分类账核算，并按其项目及不同的债务人设户，进行明细核算。月末结出各明细分类账的余额并与总分类账进行核对。

3）备用金的管理应注意以下事项。

①借支备用金必须填写借款单，写明用途、金额、使用时间，由总经理、分管领导或部门负责人按规定权限审核批准后由财务部门审核借支。

②因公出差人员借支的差旅费，出差返回公司后一周内必须报销结账。

③医药企业财务部门设置备用金辅助台账，按部门、借款人进行明细登记，及时催收。对已借备用金未作报销结账的，不得再重新借支。财务部门根据情况有权从借款人工资收入

中一次或分次扣回借款。

④其他应收款项的坏账准备按备抵法核算，采用个别认定法估计坏账损失。

6. 应收票据管理

1）应收票据是医药企业采用商业汇票结算方式时，因销售产品等发生的以票据形式所拥有的债权，包括银行承兑汇票和商业承兑汇票。

2）财务部门设置应收票据登记簿逐笔记录每一笔应收票据的种类、号码、出票人、出票日、到期日、票面金额、票面利率、经济业务等内容。逐笔记录票据增减变动情况，逐笔分析票据可收回性。对逾期票据应转入应收账款进行相应管理。带息票据计提的利息应冲减财务费用。

3）财务部门应当每月对票据进行清查、盘点。

7. 存货管理

1）医药企业以购入、自制、委托外单位加工、投资者投入、接受捐赠等方式取得的存货全部采用实际成本计价。领用或发出的存货，按实际成本进行核算，其成本计价的方法，采用移动加权平均法，并按领用或发出存货的去向进行分配，记入有关成本费用科目。

2）存货购入、验收、发出管理应注意以下事项。

①购入存货。应由物资采购部门，根据医药企业的采购要求，编制存货采购计划，并按要求编制月度、季度和年度存货采购计划。采购人员遵照批准的采购计划，提出采购请款单，采购请款单一般一式三份，一份送财务部门，一份送验收部门，一份由物资采购部门留存。采购人员应按批准的采购计划按质按量及时组织货源，坚持质量第一、同质同价的采购方针，按大宗物资招标采购、零星物资就地采购的原则进行。

②验收存储。购入的存货均应由独立于物资采购部门以外的部门负责验收。验收部门应检查存货的质量、数量、规格型号等，并填制验收单，验收完毕后，将所收到的货物送交仓库保管部门，由保管人员清点、检查后签收，并将验收单等单据送交财务部门。

③存货的发出。仓库保管部门必须根据批准的领料单和货物调拨单进行材料货物的发出。领料单一般为一式三份，一份存物资采购部门，一份作为仓库保管部门的发料依据，另一份送财务部门作为核算依据。

④存货储备和消耗定额。医药企业应按材料物资的类别、规格和品种，建立储备定额，存货的耗用应建立消耗定额。不能建立消耗定额的其他物资，按批准的耗用量领用。

3）在生产和管理过程中，对没有使用完的材料物资和边角余料，必须按规定退库。办理退料必须填制退料单，经仓库保管部门验收后，签收退料单，退料单一式三份，一份存物资采购部门，一份作为仓库保管部门入库材料物资的依据，一份送财务部门作为记账依据。

4）仓库保管部门应建立存货保管制度。对不同的物资，应根据其不同的物理、化学性质，结合医药企业的仓储条件分门别类保管。仓库保管人员对管辖内的库内库外物资均应妥善保管。仓储物资要合理堆放，加强维护保养，做好防火防盗，防止虫咬鼠伤、霉烂变质等，保证存货的安全完整。

8. 低值易耗品管理

低值易耗品是指不作为固定资产核算的各种用具物品，如工具、管理用具、玻璃器皿以及在经营过程中周转使用的包装容器等。低值易耗品的核算，可以根据不同种类低值易耗品的特点，分别采用不同方法进行摊销：对数额较小的低值易耗品，可采用“一次摊销”法；对数额较大的低值易耗品，可采用“五五摊销”法。

二、医药企业固定资产管理

1. 固定资产的概念

固定资产是指医药企业为生产商品、提供劳务、出租或者经营管理而持有、使用寿命超过一个会计年度的有形资产。

2. 固定资产的特征

1）固定资产属于一种有形资产，具有实物特征，这一特征将固定资产与无形资产区别开来。有些无形资产可能同时符合固定资产的其他特征，如无形资产为生产商品、提供劳务而持有、使用寿命超过一个会计年度。但由于其没有实物形态，所以不属于固定资产。

2）医药企业持有固定资产的目的是为了生产商品、提供劳务、出租或者经营管理，而不是直接用于出售。

3）固定资产的持有、使用寿命，是指企业持有、使用固定资产的预计期间，或者该固定资产所能生产产品、提供劳务的数量。固定资产持有、使用寿命超过一个会计年度，表明固定资产属于长期资产，随着持有、使用而磨损和损耗，通过计提折旧方式逐渐减少账面价值。

3. 固定资产的成本

固定资产的成本是指医药企业购建某项固定资产达到预定可使用状态前所发生的一切合理、必要的支出。医药企业可以通过外购、自行建造、投资者投入、非货币性资产交换、债务重组、合并和融资租赁等方式取得固定资产。不同取得方式下，医药企业固定资产成本的具体构成内容及其确定方法也不尽相同。外购固定资产的成本，包括购买价款、相关税费、使固定资产达到预定可使用状态前所发生的可归属于该项资产的运输费、装卸费、安装费和专业人员服务费等。以一笔款项购入多项没有单独标价的固定资产，应当按照各项固定资产公允价值比例对总成本进行分配，分别确定各项固定资产的成本。

4. 固定资产的折旧

固定资产折旧是指在固定资产使用寿命内，按照确定的方法对应计折旧额进行的系统分摊。其中，应计折旧额是指应当计提折旧的固定资产的原价扣除其预计净残值后的金额。已计提减值准备的固定资产，还应当扣除已计提的固定资产减值准备累计金额。

预计净残值是指假定固定资产的预计使用寿命已满并处于使用寿命终了时的预期状态，医药企业目前从该项资产的处置中获得的扣除预付处置费用后的金额。预计净残值率是指固定资产预计净残值占其原价的比率。医药企业应当根据固定资产的性质和使用情况，合理确定固定资产的预计净残值。预计净残值一经确定，不得随意变更。医药企业应当按月对所有的固定资产计提折旧，但已提足折旧仍继续使用的固定资产、单独计价入账的土地和持有待售的固定资产除外。提足折旧是指已经提足该项固定资产的应计折旧额。当月增加的固定资产，当月不计提折旧，从下月起计提折旧；当月减少的固定资产，当月仍计提折旧，从下月起不计提折旧。提前报货的固定资产，不再补提折旧。

5. 固定资产的购置管理

1）医药企业固定资产购置包括医药企业自建、外购、融资租赁等。

2）医药企业必须严格按照经董事会审批同意实施的年度固定资产购置计划，开展资产新增及固定资产更新改造项目购置工作。

3）医药企业应按照长期资产购置审批流程执行固定资产购置审批。

4）日常固定资产的购置采购金额 50 万元以下，依据非招标采购方式管理制度执行；采购金额 50 万元（含）以上，依据招标管理制度执行。

5）固定资产购置必须要与供应商签订采购合同，且采购款项必须以公对公方式结算。

6）各医药企业固定资产购置必须履行交接验收程序，确保账卡物一致，财务部门、资产管理部门和使用保管部门的购置资产信息一致。

7）各医药企业自建工程，应及时进行项目竣工验收、编制竣工决算报告、办理固定资产移交手续。外购及融资租赁固定资产，经办部门应及时办理固定资产交接手续，填制固定资产验收报告，连同有关批准文件、合同、协议、发票等，发起审批流程，办理固定资产入账手续。

8）所建造的固定资产已达到预定可使用状态，但尚未办理竣工决算的，应当自达到预定可使用状态之日起，根据工程预算、造价或者工程实际成本等，按估计的价值转入固定资产。

6. 固定资产的验收管理

1）固定资产交付或者完工时，应由使用保管部门会同财务部门以及资产管理部门共同办理资产验收。在建工程等完工时，必须由企业其他专业部门会同工程部门及使用保管部门办理资产验收；其他需要专门机构检测的设备，如有必要，可请相关部门协助进行检测后办理资产验收。资产验收项目包括资产名称、品牌、规格型号、数量、生产厂家、附件资料及性能检测等内容；如需要调试方可办理验收的，使用保管部门及供应商调试成功后办理验收手续，验收完毕后填制固定资产验收单。固定资产验收单一式三联，使用保管部门、资产管理部门、财务部门各存一份。

2）凡在验收中发现的问题，应做好记录，并由资产管理部门督促经办人员立即办理退换或索赔手续，并按合同索赔条款处理。

7. 固定资产的编码管理

1）医药企业对固定资产实行编码管理，资产管理部门统一印制固定资产卡片，并对每项固定资产进行编码标识。

2）固定资产在使用前必须先办理完毕入账手续，填制固定资产卡片并粘贴在固定资产实物规定的位置；各使用保管部门必须保证所管理的固定资产标识的清晰完整。固定资产分配编码填制卡片以后，方能由使用保管部门领用。

3）编码规则：固定资产卡片编码由系统自动生成唯一编码，至少包括医药企业账套号、固定资产类别编码、卡片流水编码。实物资产粘贴的固定资产卡片编码应与系统编码一致。

4）已经编码的固定资产发生盘亏、报废、调拨或者出售等情况，其编码予以注销，不再使用，以免发生混淆。

8. 固定资产的使用管理

固定资产使用管理实行使用保管部门负责制，原则上谁使用谁负责。

1）除房屋、建筑物等由资产本身性质决定需由医药企业管理外，其他各项资产都要确定专门管理人。资产在用的，使用人为管理人；资产未用、停用或在维修而暂时没有使用人的，由各级资产管理部门负责管理。

2）各医药企业负责人是本医药企业固定资产使用和管理的责任人，对本医药企业的固定资产负有全面的管理责任。没有明确资产管理人或管理人难以确定的，由各级资产占有医药企业主持工作的领导负责。

3）医药企业内部固定资产使用人变更，资产管理部门应及时在盘点时对相关信息进行变更。

9. 固定资产的修理管理

1）固定资产的年度大修理计划由资产管理部门和使用保管部门共同制定，经财务部门审核后，报医药企业负责人批准，列入年度预算，预算编制细化至月；通过大修理后，凡符合相关条件的应确认为改扩建支出并记入固定资产成本。

2）固定资产的日常维修，由资产管理部门负责，费用列入当期损益。

10. 固定资产的处置管理

1）固定资产处置包括固定资产的出售、转让、对外投资、非货币性资产交换、债务重组、毁损报废等。

2）各医药企业对本企业所拥有的固定资产进行处置时，必须经过审批流程审批后方可进行，未经审批不得进行处置。

3）固定资产处置由各医药企业经办部门根据有关批准文件组织实施，连同有关批准文件、合同、协议、单证等，报送财务部门办理资产处置手续。资产处置完成后，经办部门应负责催收转让价款。

4）各医药企业固定资产发生盘亏时，使用保管部门要负责查明原因，根据资产盘点表及时填制资产盘盈盘亏单，按规定权限履行相关审批程序。

11. 固定资产的盘点

1）每半年度终了后的次月，资产管理部门与财务部门应对半年度发生变化的固定资产进行盘点。

2）固定资产使用保管部门每半年要对本部门的固定资产进行一次全面盘点、清查。资产管理部门及财务部门要对资产盘点、清查结果进行确认，将盘盈、盘亏结果按照资产盘点汇总表上报。

12. 固定资产后续支出的费用化

与固定资产有关的修理费用等后续支出，不符合固定资产确认条件的，应当根据不同情况分别在发生当期确认为损益。

（1）固定资产的减值

会计期末，医药企业的固定资产应当在期末时按照账面价值与可收回金额孰低计量，对可收回金额（指资产的销售净价与预期从该资产的持续使用和使用寿命结束时的处置中形成的预计未来现金流量的现值进行比较，两者之间较高者）低于账面价值的差额，应计提固定资产减值准备。

（2）固定资产的处置

1）应当将处置收入扣除账面价值和相关税费后的金额计入当期损益。固定资产的账面价值是固定资产成本扣减累计折旧和累计减值准备后的金额。

2）冲销被清理固定资产的原值和已提折旧，将被清理资产的净值转入“固定资产清理”账户的借方。

3）以资金核算收回价款及支付清理费用。

4）将固定资产清理净损失（收益）转入“营业外支出（收入）”账户的借方（贷方）。

任务实施

一、组建团队，分配任务

班级同学按 3 ~5 人规模，自愿组成若干学习团队，推选负责人。

二、开展案例资料搜集和整理

1. 开展对医药企业资产管理的分析研讨

团队成员通过阅读相关知识，利用网络搜集关于医药企业资产管理的资料，自我设计不少于 2 个问题并回答，形成案例资料，保存为 WORD 格式文档（注明资料出处），作为课程学习资源的组成部分。

2. 制作汇报 PPT

团队成员合理分工，围绕搜集的案例、分析问题、收获体会等方面，制作汇报 PPT。

三、团队汇报案例整理成果

每个团队用 5 ~8 分钟展示搜集的案例资料，汇报成果。

【操作提示】

本任务重点锻炼学生的资料搜集整理能力、分析问题能力、写作和表达能力，教师应加强和团队负责人的沟通交流，保证资料搜集整理和汇报成果效果。

任务测评

序号	考核内容	考核标准	配分	得分
1	案例资料	1. 资料来源权威真实，注明出处 2. 选取的医药企业具有代表性，分析总结准确深刻，能提出建议或应对措施 3. 案例整理清晰，格式规范，可阅读性强	60 分	
2	汇报 PPT	1. 分工明确，全员参与 2. 文档美观，图文并茂 3. 展示详略得当 4. 编排得当，表达流利	40 分	
合计			100 分	

任务三　医药企业财务分析

学习目标

1. 了解医药企业财务分析的作用。
2. 掌握医药企业财务分析的方法。
3. 掌握医药企业各类财务指标的分析。

【任务引入】

某税务机关对某大型医药企业（A 企业）开展例行检查，发现该企业“销售费用”下的二级科目“会议费”列支金额占其“销售费用”70%以上。经过进一步调查，稽查人员发现，该企业的员工在“会议费”中报销的餐费，竟占该二级科目金额的 80%以上，而与会议相关的场地、交通、住宿和设备租赁等费用合计不到 20%。稽查人员按照 A 企业年均会议费发生额估算，A 企业近 3 年的餐费竟高达 8 亿元，直接将 50%的药品生产毛利率水平拉低了近 20 个百分点，对此，稽查人员提出了质疑。

思考问题：

在税务稽查中，医药企业将餐费作为会议费税前列支的情况较为普遍，对此应如何看待？

请同学们带着这一问题学习下面的内容。

相关知识

一、医药企业财务分析概述

1. 医药企业财务分析的概念

医药企业财务分析，是指以财务报表和其他相关资料为主要依据，采用一定的标准和一系列专门的科学分析方法，对医药企业的财务状况、经营成果及其发展趋势进行的系统分析和评价。财务分析对不同的信息使用者具有不同的作用。

2. 医药企业财务分析的作用

（1）对投资者的作用

投资者是医药企业现有或潜在的所有者，他们是医药企业经营获利的最大受益者，也是医药企业经营风险的最大承担者，对医药企业的经营和收益状况极为关注，是财务分析的主要使用者。投资者期望自己投入的资金能实现保值增值，因此他们对医药企业的盈利能力和风险情况最为关注。而财务分析反映了医药企业经营的信息，为投资者分析医药企业经营状况和盈利能力提供了依据。

（2）对债权人的作用

债权人是指那些给医药企业提供融资的机构和个人，包括给医药企业提供贷款的机构或个人和以出售货物或劳务形式提供短期融资的机构或个人。债权人最为关注的是医药企业是否能按期还本付息，而财务分析可以确认医药企业偿债能力的大小，以及医药企业的收益状况与风险程度是否相适应，对于债权人决策是否向医药企业提供贷款具有重要价值。

（3）对经营者的作用

财务分析对于经营者来说是一种十分有用的工具。通过财务分析，经营者不仅可以发现生产经营中存在的问题与不足，采取有效措施解决这些问题，而且可以对医药企业财务状况、经营结果、现金流量及发展趋势作出准确判断，最大程度地实现医药企业价值最大化。

（4）对医药企业供应商和客户的作用

通过财务分析，供应商可以了解医药企业的信用状况，为制定信用政策提供依据；客户通过财务分析，可以了解医药企业的财务状况，据此判断医药企业的经营管理能力及产品服务质量，为选择进货途径作出正确决策。

（5）对政府相关部门的作用

通过财务分析，政府部门可以了解医药企业纳税情况、遵守法律法规和市场秩序的情况以及员工收入和就业状况。对所在地区医药企业的经营运作及发展状况进行全面了解和掌握，便于在宏观上制定政策，进行投资和产业发展方向的指引。

二、医药企业财务分析的基本报表

1. 基本财务报表

基本财务报表主要指资产负债表、利润表、现金流量表和所有者权益变动表。

（1）资产负债表

资产负债表是反映医药企业某一特定日期（月末、季末、年末）财务状况的一种静态报表。它是根据“资产 = 负债 + 所有者权益”这一平衡公式，依照一定的分类标准和次序，将某一特定日期的资产、负债、所有者权益的具体项目予以适当排列编制而成。资产负债表可以反映医药企业资产的构成及其状况，分析医药企业在某一特定日期所拥有的经济资源及其分布情况；可以反映医药企业某一特定日期的负债总额及其结构，分析医药企业目前与未来需要支付的债务数额；可以反映医药企业所有者权益的情况。我国企业资产负债表的一般格式见表 7 – 1。

表 7 – 1　　资产负债表

资产	期末余额	年初余额	负债和所有者权益（或股东权益）	期末余额	年初余额
流动资产：			**流动负债：**		
货币资金			短期借款		
交易性金融资产			交易性金融负债		
应收票据			应付票据		
应收账款			应付账款		
预付款项			预收款项		
应收利息			应付职工薪酬		
应收股利			应交税费		
其他应收款			应付利息		
存货			应付股利		
一年内到期的非流动资产			其他应付款		
其他流动资产			一年内到期的非流动负债		
流动资产合计			其他流动负债		
非流动资产：			流动负债合计		
可供出售金融资产			**非流动负债：**		
持有至到期投资			长期借款		
长期应收款			应付债券		
长期股权投资			长期应付款		
投资性房地产			专项应付款		
固定资产			预计负债		
在建工程			递延所得税负债		
工程物资			其他非流动负债		
固定资产清理			非流动负债合计		
生产性生物资产			负债合计		

续表

资产	期末余额	年初余额	负债和所有者权益（或股东权益）	期末余额	年初余额
油气资产			**所有者权益（或股东权益）：**		
无形资产			实收资本（或股本）		
开发支出			资本公积		
商誉			减：库存股		
长期待摊费用			盈余公积		
递延所得税资产			未分配利润		
其他非流动资产			所有者权益（或股东权益）合计		
非流动资产合计					
资产总计			负债和所有者权益（或股东权益）总计		

（2）利润表

利润表是反映医药企业一定会计期间（如月度、季度、半年度或年度）经营成果的一种动态报表。它是根据“收入－费用＝利润”的基本关系编制而成，其具体内容取决于收入、费用、利润等会计要素及其内容。利润表全面揭示了医药企业在某一特定时期实现的各种收入、发生的各种费用、成本或支出，以及医药企业实现的利润或发生的亏损情况。利润表可以解释、评价和预测医药企业的经营成果和获利能力，可以评价和考核管理人员的绩效，为投资者及医药企业管理者等各方提供有关医药企业经营成果的财务信息。我国企业利润表的一般格式见表7－2。

表7－2　利润表

项目	本期金额	上期金额
一、营业收入		
减：营业成本		
营业税金及附加		
销售费用		
管理费用		
财务费用		
资产减值损失		
加：公允价值变动收益（损失以“－”号填列）		
投资收益（损失以“－”号填列）		
其中：对联营企业和合营企业的投资收益		
二、营业利润（亏损以“－”号填列）		

续表

项目	本期金额	上期金额
加：营业外收入		
减：营业外支出		
其中：非流动资产处置损失		
三、利润总额（亏损总额以“－”号填列）		
减：所得税费用		
四、净利润（净亏损以“－”号填列）		
五、每股收益：		
（一）基本每股收益		
（二）稀释每股收益		

（3）现金流量表

现金流量表是反映一定时期内（如月度、季度或年度）医药企业经营活动、投资活动和筹资活动对其现金及现金等价物所产生影响的财务报表。现金流量表提供了医药企业资金来源与运用的信息，便于分析医药企业资金来源与运用的合理性，判断医药企业的营运效果，评价医药企业的经营业绩；提供了医药企业现金变动增减和原因的信息，可以分析医药企业现金变动的具体原因，明确医药企业当期现金增减的合理性。同时，现金流量表将资产负债表与利润表衔接起来，可分析医药企业创造现金的能力、盈利质量、偿债能力及支付能力，对于分析研究医药企业总体经营与财务状况有重要意义。我国企业现金流量表的一般格式见表7－3。

表7－3　　现金流量表

项目	本期金额	上期金额
一、经营活动产生的现金流量：		
销售商品、提供劳务收到的现金		
收到的税费返还		
收到其他与经营活动有关的现金		
经营活动现金流入小计		
购买商品、接受劳务支付的现金		
支付给职工以及为职工支付的现金		
支付的各项税费		
支付其他与经营活动有关的现金		
经营活动现金流出小计		
经营活动产生的现金流量净额		
二、投资活动产生的现金流量：		

续表

项目	本期金额	上期金额
收回投资收到的现金		
取得投资收益收到的现金		
处置固定资产、无形资产和其他长期资产收回的现金净额		
处置子公司及其他营业单位收到的现金净额		
收到其他与投资活动有关的现金		
投资活动现金流入小计		
购建固定资产、无形资产和其他长期资产支付的现金		
投资支付的现金		
取得子公司及其他营业单位支付的现金净额		
支付其他与投资活动有关的现金		
投资活动现金流出小计		
投资活动产生的现金流量净额		
三、筹资活动产生的现金流量：		
吸收投资收到的现金		
取得借款收到的现金		
收到其他与筹资活动有关的现金		
筹资活动现金流入小计		
偿还债务支付的现金		
分配股利、利润或偿付利息支付的现金		
支付其他与筹资活动有关的现金		
筹资活动现金流出小计		
筹资活动产生的现金流量净额		
四、汇率变动对现金及现金等价物的影响		
五、现金及现金等价物净增加额		
加：期初现金及现金等价物余额		
六、期末现金及现金等价物余额		

（4）所有者权益变动表

所有者权益变动表是反映医药企业在一定时期内，所有者权益各组成部分当期的增减变动情况的报表。通过所有者权益变动表，不仅可以为报表使用者提供所有者权益总量增减变动的信息，也可以为其提供所有者权益增减变动的结构性信息，特别是能够让报表使用者理解所有者权益增减变动的根源。所有者权益变动表为资产负债表和利润表提供了辅助信息，也在一定程度上提供了医药企业全面收益的信息。我国企业所有者权益变动表的一般格式见表7－4。

表 7－4　所有者权益变动表

编制单位：　　　　年度：　　　　单位：元

项目	本年金额							上年金额						
	实收资本（或股本）	资本公积	减：库存股	其他综合收益	盈余公积	未分配利润	所有者权益合计	实收资本（或股本）	资本公积	减：库存股	其他综合收益	盈余公积	未分配利润	所有者权益合计
一、上年年末余额														
加：会计政策变更														
前期差错更正														
二、本年年初余额														
三、本年增减变动金额（减少以“－”填列）														
（一）综合收益总额														
（二）所有者投入和减少资本														
1. 所有者投入资本														
2. 股份支付计入所有者权益的金额														
3. 其他														
（三）利润分配														
1. 提取盈余公积														
2. 对所有者（或股东）的分配														
3. 其他														
（四）所有者权益内部结转														
1. 资本公积转增资本（或股本）														
2. 盈余公积转增资本（或股本）														
3. 盈余公积弥补亏损														
4. 其他														
四、本年年末余额														

2. 财务报表附注

财务报表附注是对资产负债表、利润表、现金流量表和所有者权益变动表等报表中列示项目的文字描述或明细资料，以及对未能在这些报表中列示项目的说明等，可以使报表使用者全面了解医药企业的财务状况、经营成果和现金流量。

财务报表附注的主要内容包括：

1）不符合基本会计假设的说明；

2）重要会计政策和会计估计的说明，以及重大会计差错更正的说明；

3）财务报表附注应披露的重要会计政策；

4）资产负债表日后事项的说明；

5）关联方关系及其交易的说明；

6）财务报表中重要项目的说明；

7）其他重大会计事项的说明。

三、医药企业财务分析的方法

医药企业财务分析涉及的财务指标较多，这里主要对几类简单、重要的指标，从医药企业偿债能力、营运能力、盈利能力和发展能力等几个方面进行阐述和分析。

1. 医药企业偿债能力分析

医药企业偿债能力是指医药企业偿还各种到期债务的能力。偿债能力的大小，是衡量医药企业财务状况好坏的重要标志之一，是评估医药企业运转是否正常，能否吸引外来资金的重要方法。通过偿债能力分析，可以了解医药企业是否有足够的物资基础，保证其有足够的现金流量来偿付各种到期债务。

（1）资产负债率

资产负债率又称债务比率，是医药企业全部负债总额与全部资产总额的比率。它表示企业资产总额中，债权人提供资金所占的比重，以及企业资产对债权人权益的保障程度。其计算公式如下：

$$资产负债率=\frac{负债总额}{资产总额}\times 100\%$$

资产负债率越低，意味着资产对负债的担保能力越强，债权人的风险越小；反之，债权人的风险越大。资产负债率表明：总资产有多少是通过负债所取得的；企业债权人利益的保障程度；企业举债能力大小（资产负债率越低，举债越容易）。

医药企业负债经营，无论利润多少，债务利息是不变的。若利润增大，每一元利润所负担的利息就会减少，从而投资者收益就会提高。但并非这一比率越低越好，合理的资产负债率是企业良性发展的主要因素之一。在实际工作中，资产负债率的大小，还受其他诸多因素的影响，比如行业特点、管理水平、企业盈利稳定性、企业规模、宏观经济状况等。

（2）流动比率

流动比率是流动资产与流动负债的比率，表示医药企业每一元流动负债有多少流动资产作为偿还的保证，反映了医药企业的流动资产偿还流动负债的能力。其计算公式如下：

$$流动比率=\frac{流动资产}{流动负债}\times 100\%$$

流动比率适合于同行业比较或企业不同历史时期的比较。流动比率越高，表明企业短期偿还债务的能力越强，债权人的安全程度也就越高。一般认为保持在200%的水平较好，此时表明企业既有较好的偿债能力又有合理的流动资产结构。从企业角度出发，如果流动比率过高，则说明企业财务管理没能充分发挥融资杠杆的效用，资产利用率低下，借款能力不强。

（3）速动比率

速动比率又称酸性测试比率，是医药企业速动资产与流动负债的比率。其计算公式如下：

$$速动比率=\frac{速动资产}{流动负债}\times 100\%$$

其中，速动资产是指流动资产中可以立即变现的那部分资产，如现金、有价证券等。其计算公式如下：

$$速动资产=流动资产-存货-待摊费用$$

速动比率表明每一元流动负债有多少速动资产做保障。速动比率是流动比率的一个补充，其高低直接反映了医药企业短期偿债能力的强弱，用于衡量医药企业在某一时点上运用随时可变现资产偿付到期债务的能力。

（4）现金流动负债比率

现金流动负债比率是医药企业一定时期的经营现金净流量与流动负债的比率。它可以从现金流量角度来反映医药企业当期偿付短期负债的能力。其计算公式如下：

$$现金流动负债比率=\frac{年经营现金净流量}{年末流动负债}\times 100\%$$

该比率是从现金流入和流出的动态角度对医药企业实际偿债能力进行考察。由于有利润的年份不一定有足够的现金来偿还债务，因此，利用以收付实现制为基础的现金流动负债比率指标，能充分体现医药企业经营活动所产生的现金净流量可以在多大程度上保证当期流动负债的偿还，直观反映企业偿还流动负债的实际能力。

（5）产权比率

产权比率指负债总额与所有者权益总额的比率，是医药企业财务结构稳健与否的重要标志，也称资本负债率。其计算公式如下：

$$产权比率=\frac{负债总额}{所有者权益总额}\times 100\%$$

该比率反映了所有者权益对债权人权益的保障程度，即在医药企业清算时对债权人权益的保障程度。该指标越低，表明医药企业的长期偿债能力越强，债权人权益的保障程度越高，承担的风险越小，但医药企业不能充分发挥负债的财务杠杆效用。因此，医药企业在评价产权比率适度与否时，应从提高获利能力与增强偿债能力两个方面综合进行，即在保障债务偿还安全的前提下，尽可能降低产权比率。

2. 医药企业营运能力分析

医药企业营运能力主要是指医药企业资产营运的效率与效益。医药企业资产营运的效率主要是指资产的周转速度：医药企业资产营运的效益通常是指企业的产出和投入之间的比率。一般而言，资金周转速度越快，说明企业的资金管理水平越高，资金利用效率越高。周转速度通常用周转率（周转次数）和周转天数（周转期）表示。

（1）应收账款周转速度

1）应收账款周转率，又称应收账款周转次数，是指企业一定时期内主营业务收入净额同应收账款平均余额的比率。其计算公式如下：

$$应收账款周转率=\frac{营业收入净额}{应收账款平均余额}\times 100\%$$

其中，
$$应收账款平均余额=\frac{期初应收账款+期末应收账款}{2}$$

应收账款周转率是反映医药企业应收账款周转速度的一个重要指标，是企业在一定时期内（通常是1年）应收账款回笼现金的平均次数。应收账款周转率是反映流动资产营运状况的一个重要方面。

一般情况下，应收账款周转率越高越好，周转率越高，表明资金回笼速度快，平均收账期短，资产流动性强，短期偿债能力强，出现坏账损失的风险也随之降低。反之，则说明企业的营运资金过多地呆滞在应收账款上，影响企业正常生产经营所需资金的周转和偿债能力。

2）应收账款周转天数，又称平均应收账款回收期，它是反映应收账款变现速度的另一指标，是用天数来表示应收账款的周转速度，说明医药企业从获得应收账款权利到款项回收、变成现金所需要的时间。其计算公式如下：

$$应收账款周转天数=\frac{计算期天数}{应收账款周转率}=\frac{计算期天数\times 应收账款平均余额}{营业收入净额}$$

应收账款的周转次数越多，周转天数越少，说明医药企业应收账款的变现速度越快，收账效率越高，降低了发生坏账损失的风险。但如果企业应收账款周转天数太短，则表明企业付款条件过于苛刻，在现今医药市场环境下，这会影响大部分医药企业产品的销售量和销售额，甚至会影响到企业的盈利水平。应收账款是由赊销引起的，如果赊销比现金销售更有利，此时周转天数就不是越少越好。

（2）存货周期速度

1）存货周转率，是指医药企业一定时期的营业成本与存货平均资金占用额的比率，用于衡量医药企业的销售能力和存货周转速度以及医药企业购、产、销的平衡关系。它反映了医药企业存货在一定时期内使用和利用的程度，可以衡量企业的产品推销水平和销售能力，验证现行存货水平是否适当，是反映企业营运能力的重要指标之一。其计算公式如下：

$$存货周转率（次数）=\frac{主营业务成本}{平均存货成本}\times 100\%$$

其中，
$$平均存货成本=\frac{存货年初余额+存货年末余额}{2}$$

存货周转率反映了医药企业销售效率和存货使用效率。正常情况下，存货周转率越高，说明企业销售能力越强，企业占用在存货上的营运资金就越少。

2）存货周转天数，是衡量存货周转速度的另一指标，其计算公式如下：

$$存货周转天数=\frac{计算期天数}{存货周转率}$$

存货周转率越高，存货周转天数越少，变现速度就越快，存货资金占用水平就越低，企业的短期偿债能力就越强。但存货成本也不能过少，否则，会影响企业的正常经营。通过对存货周转速度的分析，企业能找出存货中存在的问题，在合理的范围内，尽可能降低存货资金占用水平。

（3）总资产周转率

总资产周转率是医药企业一定时期内营业收入净额与平均资产总额的比率，可以用来反映医药企业全部资产的利用效率。其计算公式如下：

$$总资产周转率=\frac{营业收入净额}{平均资产总额}\times 100\%$$

其中，

$$平均资产总额=\frac{期初资产总额+期末资产总额}{2}$$

总资产周转率高，表明企业的经营效率高，取得的收入多；总资产周转率低，说明企业的经营效率低，取得的收入少，最终会影响企业的盈利能力。企业应采取各项措施来提高企业的资产利用程度，如提高销售收入或处理多余的资产。

（4）流动资产周转率

流动资产周转率是指医药企业一定时期内营业收入净额与平均流动资产总额的比率，是反映企业流动资产周转速度的指标。其计算公式如下：

$$流动资产周转率=\frac{营业收入净额}{平均流动资产总额}\times 100\%$$

其中，

$$平均流动资产总额=\frac{期初流动资产+期末流动资产}{2}$$

一般情况下，流动资产周转率越高，表明企业流动资产周转速度越快，利用越好。在较快的周转速度下，流动资产会相对节约，其意义相当于流动资产投入在扩大，在某种程度上也增强了企业的盈利能力；而周转速度慢，则需要补充流动资金参加周转，从而造成资金浪费。

3. 医药企业盈利能力分析

医药企业盈利能力是医药企业在一定时期内获取利润的能力。盈利能力分析是通过对利润表中有关项目对比关系以及利润表和资产负债表中有关项目之间关联关系的分析，来评价医药企业当时的经营效率和未来获利能力的发展趋势。保持最大的盈利能力是企业财务工作的目标，同时也是企业实现持续健康发展的根本保证。

医药企业盈利能力分析可从医药企业一般盈利能力分析和税后利润分析两个方面来研究，本书主要介绍医药企业一般盈利能力。

（1）销售毛利率

销售毛利率是指医药企业销售毛利占销售净收入的比率，其中销售毛利是销售净收入与销售成本的差额，销售净收入是销售收入扣减销售折扣和折让后的差额。对销售毛利进行分析时，一般只考虑企业主营业务的销售毛利。其计算公式如下：

$$销售毛利率=\frac{销售净收入-销售成本}{销售净收入}\times 100\%$$

销售毛利率表示医药企业每一元销售净收入扣除销售成本后，可用于支付各项期间费用和形成盈利的数额，它是企业计算销售利润率的基础。一般情况下，单位毛利率越高，说明用来抵补医药企业各项经营费用支出的能力就越强，盈利能力也会相应提高；反之，盈利能力就会降低。销售毛利率不仅可以预测医药企业的盈利能力，评价医药企业存货价值水平，同时也有利于销售收入、销售成本水平的比较分析。

（2）销售净利率

销售净利率又称销售净利润率，是指销售净利润与销售收入的比率。其计算公式如下：

$$销售净利率=\frac{销售净利润}{销售收入}\times 100\%$$

销售净利率反映医药企业每一元销售收入所带来的销售净利润，用来衡量医药企业在一定时期内销售收入的获利水平。销售净利率越高，表明企业获利能力越强。企业要提高销售净利率，必须在增加销售收入的同时，相应获得更多的净利润。通过分析销售净利率的升降变动，可促使企业在扩大销售的同时，注意改进管理工作，提高盈利能力。

销售净利率的变动是由利润表中各个项目金额变动引起的，可以深入分析这种变动到底是由销售成本、销售费用、管理费用还是财务费用变化引起的，各项目在其中所起的作用如何。销售净利率与销售毛利率是息息相关的两个重要的企业盈利考核指标。

（3）成本费用净利率

成本费用净利率是指医药企业一定时期内净利润与成本费用总额之间的比率。其计算公式如下：

$$成本费用净利率=\frac{净利润}{成本费用总额}\times 100\%$$

成本费用净利率表示医药企业每耗费一元成本费用所能创造的净利润，揭示了医药企业生产经营过程中所发生的耗费与获得的收益之间的关系。这一比率越高，说明企业为获取利益所付出的代价越小，企业的获利能力越强。这是一个能反映企业增收节支、增产节约效果的重要指标。

（4）总资产报酬率

总资产报酬率是指医药企业息税前利润与企业平均资产总额的比率。由于资产总额等于债权人权益和所有者权益的总合，所以该比率既可以衡量企业资产综合利用的效果，又可以反映企业利用债权人及所有者提供的资本的盈利能力和增值能力。其计算公式如下：

$$总资产报酬率=\frac{息税前利润}{平均资产总额}\times 100\%=\frac{利润总额+利息费用}{（期初资产总额+期末资产总额）\div 2}\times 100\%$$

平均资产总额为期初资产总额与期末资产总额的平均数。总资产报酬率越高，表明企业资产利用的效率越高，企业盈利能力越强，经营管理水平越高。

（5）净资产收益率

净资产收益率又称净值报酬率或权益报酬率，是指医药企业一定时期内的净利润与平均净资产的比率。它可以反映投资者投入企业的自有资本获取净收益的能力，即反映投资与报酬的关系，因而是评价企业资本经营效率的核心指标。其计算公式如下：

$$净资产收益率=\frac{净利润}{平均净资产}\times 100\%$$

净资产收益率是评价医药企业自有资本及其积累获取报酬水平的最具综合性与代表性的指标，反映企业资本营运的综合效益。该指标通用性强，适用范围广，不受行业局限。一般认为，企业净资产收益率越高，企业自有资本获取收益的能力越强，营运效益越好，对企业投资者、债权人的保障程度越高。

4. 医药企业发展能力分析

医药企业发展能力是医药企业在生存的基础上，扩大规模、壮大实力的潜在能力。反映企业发展能力的指标主要有以下五个。

（1）营业收入增长率

营业收入增长率是医药企业本年营业收入增长额与上年营业收入总额的比率。它反映医药企业营业收入的增减变动情况，是评价企业成长状况和发展能力的重要指标。其计算公式如下：

$$营业收入增长率=\frac{本年营业收入增长额}{上年营业收入总额}\times 100\%$$

营业收入增长率是衡量医药企业经营状况和市场占有能力、预测医药企业经营业务拓展趋势的重要指标。不断增加的营业收入，是企业生存的基础和发展的条件。若该指标大于0，表示企业本年的营业收入有所增长，指标值越高，表明增长速度越快，企业市场前景看好；若指标小于0，则说明产品或服务不适销对路、质次价高，或是在售后服务等方面存在问题，市场份额萎缩。

（2）资本保值增值率

资本保值增值率是医药企业扣除客观因素后的年末所有者权益总额与年初所有者权益总额的比率，反映医药企业当年资本在企业自身努力下的实际增减变动情况。其计算公式如下：

$$资本保值增值率=\frac{扣除客观因素后的年末所有者权益总额}{年初所有者权益总额}\times 100\%$$

一般认为，资本保值增值率越高，表明医药企业的资本保全状况越好，所有者权益增长越快，债权人债务越有保障。该指标通常应当大于100%。

（3）资本积累率

资本积累率是医药企业本年所有者权益增长额与年初所有者权益总额的比率。它反映医药企业当年资本的积累能力，是评价企业发展潜力的重要指标。其计算公式如下：

$$资本积累率 = \frac{本年所有者权益增长额}{年初所有者权益总额} \times 100\%$$

资本积累率是医药企业当年所有者权益的增长率，反映了企业所有者权益在当年的变动水平，体现了企业资本的积累情况，是企业发展强盛与否的标志，也是企业能否扩大再生产的源泉，展示了企业的发展潜力。资本积累率还反映了投资者投入企业资本的保全性和增长性。该指标若大于0，则指标值越高表明企业的资本积累越多，应对风险能力、持续发展能力越强；该指标若为负值，表明企业资本受到侵蚀，所有者权益受到损害，应予以充分重视。

（4）总资产增长率

总资产增长率是医药企业本年总资产增长额同年初资产总额的比率，反映企业本期资产规模的增长情况。其计算公式如下：

$$总资产增长率 = \frac{本年总资产增长额}{年初资产总额} \times 100\%$$

总资产增长率是从医药企业资产总量扩张方面衡量企业的发展能力，表明企业规模增长水平对企业发展后劲的影响。该指标越高，表明企业一定时期内资产经营规模扩张的速度越快。但在实际分析时，应注意考虑资产规模扩张的质和量的关系，以及企业的后续发展能力，避免资产盲目扩张。

（5）营业利润增长率

营业利润增长率是医药企业本年营业利润增长额与上年营业利润总额的比率，反映企业营业利润的增减变动情况。其计算公式如下：

$$营业利润增长率 = \frac{本年营业利润增长额}{上年营业利润总额} \times 100\%$$

$$本年营业利润增长额 = 本年营业利润总额 - 上年营业利润总额$$

以上各财务分析指标都能从不同角度反映医药企业生产经营的相关状况，在利用相关资料对企业财务状况进行分析时，应结合实际情况，综合相关指标内容进行具体全面分析，这样才能从本质上说明问题。

任务实施

一、组建团队，分配任务

班级同学按3～5人规模，自愿组成若干学习团队，推选负责人。

二、开展案例资料搜集和整理

1. 开展对医药企业财务分析的研讨

团队成员通过阅读相关知识，利用网络搜集关于医药企业财务分析的资料，自我设计不少于2个问题并回答，形成案例资料，保存为WORD格式文档（注明资料出处），作为课程学习资源的组成部分。

2. 制作汇报 PPT

团队成员合理分工，围绕搜集的案例、分析问题、收获体会等方面，制作汇报 PPT。

三、团队汇报案例整理成果

每个团队团 5 ~8 分钟展示搜集的案例资料，汇报成果。

【操作提示】

本任务重点锻炼学生的资料搜集整理能力、分析问题能力、写作和表达能力，教师应加强和团队负责人的沟通交流，保证资料搜集整理和汇报成果效果。

任务测评

序号	考核内容	考核标准	配分	得分
1	案例资料	1. 资料来源权威真实，注明出处 2. 选取的医药企业具有代表性，分析总结准确深刻，能提出建议或应对措施 3. 案例整理清晰，格式规范，可阅读性强	60 分	
2	汇报 PPT	1. 分工明确，全员参与 2. 文档美观，图文并茂 3. 展示详略得当 4. 编排得当，表达流利	40 分	
合计			100 分	

任务四　医药企业纳税管理

学习目标

1. 了解医药企业相关的税种和税率。
2. 掌握不同税务的处理方法。
3. 掌握纳税筹划的基本方法。

【任务引入】

近年来，随着国家医疗体制改革的深入推进，我国医药企业发展逐步科学化与规范化。在税务管理方面，税务筹划的空间也有了发展。为加强医药价格管理，国家已于 2017 年年初落实“两票制”，并于 2018 年在全国推广实施。这些政策的颁布与实施，都为医药企业加强税收筹划管理提出了更高的要求。据此，医药企业应加强对税收政策的把握，不断挖掘与企业实际结合的税收筹划点，促进医药企业税收筹划整体意识与水平的提升，以促进医药企业成本与效益的优化。在“两票制”实行之前，医药企业采用代理销售药品的模式，完成与医药代表之间的利益分配。医药厂家将药品卖给一级代理，一级代理卖给二级代理，在经过N级代理之后，药品通过医院等零售机构，出售给消费者。当然，也正是这个模式，每级代理为了自己利益的最大化，逐级加价，最终导致在终端零售环节药品价格过高，这也是“两票制”出台的重要原因。虽然我国取消了药品代理销售的制度和模式，但医药代表本身在药品推广环节是现实存在的。对于医药行业来说，医药代表的利益分配是一个大问题。

2020年1—2月，我国医药行业营业收入达到3 124.2亿元，同比减少8.6%，行业实现利润总额达到414.9亿元，同比增长10.9%。2019年全年，我国医药行业营业收入达到23 908.6亿元，同比增长7.4%，行业实现利润总额达到3 119.5亿元，同比增长5.9%。咨询专家认为，2020年前两个月在营业收入同比下降的情况下，利润同比增长，主要是新冠肺炎疫情防控相关的医疗物资供不应求，出现价格上涨，在总体销量和营业收入下降的情况下，利润却逆势上涨。

思考问题：

医药企业在纳税方面主要存在什么问题？

请同学们带着这一问题学习下面的内容。

相关知识

一、医药企业相关的税种与税率

1. 税率

税率是指纳税人的应纳税额与征税对象数额之间的比例，是法定的计算应纳税额的尺度。税率又分为定额税率、比例税率、累进税率、个人所得税率、增值税税率等。另外，税收实践中还有复合税率、滑准税率、复式税率等多种特殊税率形式。税率的不同设计，能够反映政府多方面的政策意图，达到特定的调节目的。

（1）定额税率

定额税率，也叫固定税额，是按单位征税对象（如面积、体积、重量等）直接规定其应纳税额，而不是规定应纳税款的比例。定额税率计算简便，适用于从量计征的税种。在通货紧缩或存在商品倾销的情况下，实行定额税率有一定的积极意义。定额税率在具体运用中有单一定额税率、差别定额税率和幅度定额税率等形式。

（2）比例税率

比例税率，即对同一征税对象，不论其征税数额的大小，都采取同一比例的税率征税，一般适用于对流转额等征税对象的征税。比例税率的特点是征收效率高，但税率具有累退性，不符合公平原则的要求。比例税率在具体运用中有单一比例税率、幅度比例税率、差别比例税率（又分为产品差别比例税率、行业差别比例税率、地区差别比例税率）等形式。

（3）累进税率

累进税率，即按照计税依据数额的大小，划分成若干个等级税率，分别运用不同的税率计税。累进税率的特点是：计税依据数额越大，税率越高；计税依据数额越小，税率越低。一般适用于对所得和财产的征税。累进税率的优点是：能体现税收的纵向公平，有利于调节收入分配。其不足是：征收管理相对要复杂一些。累进税率在具体运用时，又分为全额累进税率和超额累进税率两大类。

1）全额累进税率，是指把征税对象按其数额划分成若干个等级，从低到高每一个等级规定一个税率，当计税依据数额增加到应按高一级税率计税时，其全部数额均按高一级税率计征。这种税率因在级距的临界点出现纳税人收入越高，其税后的实质所得反而越小的不合理现象，故现在各国都很少采用。

2）超额累进税率，是指把征税对象按其数额划分成若干个等级，从低到高每一个等级规定一个税率，当计税依据数额增加到按高一级税率计税时，仅就其超额部分按高一级税率计税。在计征实践中，可以采用速算扣除数（即用全额累进税率计算的应纳税额减去用超额累进税率计算的应纳税额之后的余额）计算。超额累进税率在实际运用中还有超倍累进税率和超率累进税率两种特殊形式。

（4）个人所得税率

个人所得税率，是指个人所得税税额与应纳税所得额之间的比例。个人所得税率是由国家相应的法律法规规定的，根据个人的收入计算。缴纳个人所得税是收入达到缴纳标准的公民应尽的义务。

（5）增值税税率

增值税税率，是指增值税税额占货物或应税劳务销售额的比率，是计算货物或应税劳务增值税税额的尺度。我国现行增值税税率属于比例税率，根据应税行为一共分为13%、9%、6%三档税率及5%、3%两档征收率。

税率的高低直接关系到国家财政收入的多少和纳税人负担的轻重，体现了国家对纳税人征税的深度，是税收制度的核心要素。

2. 税种

税种按征税对象分类，可将全部税收划分为流转税类、所得税类、财产税类、行为税类和资源税类五种类型。

（1）流转税类：包括增值税、消费税、关税等。

（2）所得税类：包括企业所得税和个人所得税等。

（3）财产税类：包括房产税、车船税、车辆购置税、契税、耕地占用税等。

（4）行为税类：包括城市维护建设税、印花税等。

（5）资源税类：包括资源税、城镇土地使用税、土地增值税等。

二、纳税处理

1. 医药行业常规的税务处理

（1）增值税：一般纳税人（以下称纳税人）发生增值税应税销售行为或者进口货物，原适用16%税率的，税率调整为13%；原适用10%税率的，税率调整为9%。

（2）企业所得税：利润总额×25%，新所得税法规定法定税率为25%，内资企业和外资企业一致，国家需要重点扶持的高新技术企业为15%，小型微利企业为20%，非居民企业为20%；基本计算公式为：

应纳所得税＝应纳税所得额×税率

应纳税所得额＝收入总额－准予扣除项目金额

（3）个人所得税：按实际个税税率表依超额情况缴纳。

（4）城建税：纳税额（增值税＋消费税）×适用税率。

适用税率，是指根据纳税人所在地适用的税率。如：市区的税率为7%；在县城、镇的税率为5%；不在市区、县城、镇的税率为1%。

（5）教育附加税：纳税额（增值税＋消费税）×3%。

（6）水利建设基金：按照销售收入的0.1%来计提和缴纳。

（7）印花税：按购销金额的万分之三缴纳。

【扩展阅读】

关于深化增值税改革有关政策的公告

（中华人民共和国财政部、国家税务总局、中华人民共和国海关总署公告
2019年第39号）

为贯彻落实党中央、国务院决策部署，推进增值税实质性减税，现将2019年增值税改革有关事项公告如下：

一、增值税一般纳税人（以下称纳税人）发生增值税应税销售行为或者进口货物，原适用16%税率的，税率调整为13%；原适用10%税率的，税率调整为9%。

二、纳税人购进农产品，原适用10%扣除率的，扣除率调整为9%。纳税人购进用于生产或者委托加工13%税率货物的农产品，按照10%的扣除率计算进项税额。

三、原适用16%税率且出口退税率为16%的出口货物劳务，出口退税率调整为13%；原适用10%税率且出口退税率为10%的出口货物、跨境应税行为，出口退税率调整为9%。

2019年6月30日前（含2019年4月1日前），纳税人出口前款所涉货物劳务、发生前款所涉跨境应税行为，适用增值税免退税办法的，购进时已按调整前税率征收增值税的，执行调整前的出口退税率，购进时已按调整后税率征收增值税的，执行调整后的出口退税率；适用增值税免抵退税办法的，执行调整前的出口退税率，在计算免抵退税时，适用税率低于出口退税率的，适用税率与出口退税率之差视为零参与免抵退税计算。

出口退税率的执行时间及出口货物劳务、发生跨境应税行为的时间，按照以下规定执

行：报关出口的货物劳务（保税区及经保税区出口除外），以海关出口报关单上注明的出口日期为准；非报关出口的货物劳务、跨境应税行为，以出口发票或普通发票的开具时间为准；保税区及经保税区出口的货物，以货物离境时海关出具的出境货物备案清单上注明的出口日期为准。

四、适用13%税率的境外旅客购物离境退税物品，退税率为11%；适用9%税率的境外旅客购物离境退税物品，退税率为8%。

2019年6月30日前，按调整前税率征收增值税的，执行调整前的退税率；按调整后税率征收增值税的，执行调整后的退税率。

退税率的执行时间，以退税物品增值税普通发票的开具日期为准。

五、自2019年4月1日起，《营业税改征增值税试点有关事项的规定》（财税〔2016〕36号印发）第一条第（四）项第1点、第二条第（一）项第1点停止执行，纳税人取得不动产或者不动产在建工程的进项税额不再分2年抵扣。此前按照上述规定尚未抵扣完毕的待抵扣进项税额，可自2019年4月税款所属期起从销项税额中抵扣。

六、纳税人购进国内旅客运输服务，其进项税额允许从销项税额中抵扣。

（一）纳税人未取得增值税专用发票的，暂按照以下规定确定进项税额：

1. 取得增值税电子普通发票的，为发票上注明的税额。

2. 取得注明旅客身份信息的航空运输电子客票行程单的，为按照下列公式计算进项税额：

$$\text{航空旅客运输进项税额}=(\text{票价}+\text{燃油附加费})\div(1+9\%)\times 9\%$$

3. 取得注明旅客身份信息的铁路车票的，为按照下列公式计算的进项税额：

$$\text{铁路旅客运输进项税额}=\text{票面金额}\div(1+9\%)\times 9\%$$

4. 取得注明旅客身份信息的公路、水路等其他客票的，按照下列公式计算进项税额：

$$\text{公路、水路等其他旅客运输进项税额}=\text{票面金额}\div(1+3\%)\times 3\%$$

（二）《营业税改征增值税试点实施办法》（财税〔2016〕36号印发）第二十七条第（六）项和《营业税改征增值税试点有关事项的规定》（财税〔2016〕36号印发）第二条第（一）项第5点中“购进的旅客运输服务、贷款服务、餐饮服务、居民日常服务和娱乐服务”修改为“购进的贷款服务、餐饮服务、居民日常服务和娱乐服务”。

七、自2019年4月1日至2021年12月31日，允许生产、生活性服务业纳税人按照当期可抵扣进项税额加计10%，抵减应纳税额（以下称加计抵减政策）。

（一）本公告所称生产、生活性服务业纳税人，是指提供邮政服务、电信服务、现代服务、生活服务（以下称四项服务）取得的销售额占全部销售额的比重超过50%的纳税人。四项服务的具体范围按照《销售服务、无形资产、不动产注释》（财税〔2016〕36号印发）执行。

2019年3月31日前设立的纳税人，自2018年4月至2019年3月期间的销售额（经营期不满12个月的，按照实际经营期的销售额）符合上述规定条件的，自2019年4月1日起适用加计抵减政策。

2019 年 4 月 1 日后设立的纳税人，自设立之日起 3 个月的销售额符合上述规定条件的，自登记为一般纳税人之日起适用加计抵减政策。

纳税人确定适用加计抵减政策后，当年内不再调整，以后年度是否适用，根据上年度销售额计算确定。

纳税人可计提但未计提的加计抵减额，可在确定适用加计抵减政策当期一并计提。

（二）纳税人应按照当期可抵扣进项税额的 10% 计提当期加计抵减额。按照现行规定不得从销项税额中抵扣的进项税额，不得计提加计抵减额；已计提加计抵减额的进项税额，按规定作进项税额转出的，应在进项税额转出当期，相应调减加计抵减额。计算公式如下：

$$\text{当期计提加计抵减额} = \text{当期可抵扣进项税额} \times 10\%$$

$$\begin{matrix}\text{当期可抵减}\\\text{加计抵减额}\end{matrix} = \begin{matrix}\text{上期末加计}\\\text{抵减额余额}\end{matrix} + \begin{matrix}\text{当期计提}\\\text{加计抵减额}\end{matrix} - \begin{matrix}\text{当期调减}\\\text{加计抵减额}\end{matrix}$$

（三）纳税人应按照现行规定计算一般计税方法下的应纳税额（以下称抵减前的应纳税额）后，区分以下情形加计抵减：

1. 抵减前的应纳税额等于零的，当期可抵减加计抵减额全部结转下期抵减；

2. 抵减前的应纳税额大于零，且大于当期可抵减加计抵减额的，当期可抵减加计抵减额全额从抵减前的应纳税额中抵减；

3. 抵减前的应纳税额大于零，且小于或等于当期可抵减加计抵减额的，以当期可抵减加计抵减额抵减应纳税额至零。未抵减完的当期可抵减加计抵减额，结转下期继续抵减。

（四）纳税人出口货物劳务、发生跨境应税行为不适用加计抵减政策，其对应的进项税额不得计提加计抵减额。

纳税人兼营出口货物劳务、发生跨境应税行为且无法划分不得计提加计抵减额的进项税额，按照以下公式计算：

$$\begin{matrix}\text{不得计提加计抵减额的}\\\text{进项税额}\end{matrix} = \begin{matrix}\text{当期无法划分的}\\\text{全部进项税额}\end{matrix} \times \begin{matrix}\text{当期出口货物劳务和}\\\text{发生跨境应税行为的销售额}\end{matrix} \div \begin{matrix}\text{当期全部}\\\text{销售额}\end{matrix}$$

（五）纳税人应单独核算加计抵减额的计提、抵减、调减、结余等变动情况。骗取适用加计抵减政策或虚增加计抵减额的，按照《中华人民共和国税收征收管理法》等有关规定处理。

（六）加计抵减政策执行到期后，纳税人不再计提加计抵减额，结余的加计抵减额停止抵减。

八、自 2019 年 4 月 1 日起，试行增值税期末留抵税额退税制度。

（一）同时符合以下条件的纳税人，可以向主管税务机关申请退还增量留抵税额：

1. 自 2019 年 4 月税款所属期起，连续六个月（按季纳税的，连续两个季度）增量留抵税额均大于零，且第六个月增量留抵税额不低于 50 万元；

2. 纳税信用等级为 A 级或者 B 级；

3. 申请退税前 36 个月未发生骗取留抵退税、出口退税或虚开增值税专用发票情形的；

4. 申请退税前 36 个月未因偷税被税务机关处罚两次及以上的；

5. 自2019年4月1日起未享受即征即退、先征后返（退）政策的。

（二）本公告所称增量留抵税额，是指与2019年3月底相比新增加的期末留抵税额。

（三）纳税人当期允许退还的增量留抵税额，按照以下公式计算：

允许退还的增量留抵税额=增量留抵税额×进项构成比例×60%

进项构成比例，为2019年4月至申请退税前一税款所属期内已抵扣的增值税专用发票（含税控机动车销售统一发票）、海关进口增值税专用缴款书、解缴税款完税凭证注明的增值税额占同期全部已抵扣进项税额的比重。

（四）纳税人应在增值税纳税申报期内，向主管税务机关申请退还留抵税额。

（五）纳税人出口货物劳务、发生跨境应税行为，适用免抵退税办法的，办理免抵退税后，仍符合本公告规定条件的，可以申请退还留抵税额；适用免退税办法的，相关进项税额不得用于退还留抵税额。

（六）纳税人取得退还的留抵税额后，应相应调减当期留抵税额。按照本条规定再次满足退税条件的，可以继续向主管税务机关申请退还留抵税额，但本条第（一）项第1点规定的连续期间，不得重复计算。

（七）以虚增进项、虚假申报或其他欺骗手段，骗取留抵退税款的，由税务机关追缴其骗取的退税款，并按照《中华人民共和国税收征收管理法》等有关规定处理。

（八）退还的增量留抵税额中央、地方分担机制另行通知。

九、本公告自2019年4月1日起执行。

特此公告。

财 政 部

税务总局

海关总署

2019年3月20日

2. 医药企业易出现的纳税问题

（1）销售返利

销售返利是指为激励医药零售企业多销售医药产品，同时为加快货款回收而制定的，当医药零售企业销售达到一定数量或回收货款达到一定金额时，返还一定数量金额给医药零售企业的一种经营策略。作为医药中间商的经销商，当其自身销售达到一定数量或金额时，又可以从医药生产企业或医药进口商处获取一定的返利。这种现象普遍存在于医药流通的各个环节中，由此带来的纳税问题也日渐凸显。

1）医药零售企业取得经销商的返利后，以开具商业零售发票或服务业发票冲抵应付账款。

2）经销商为少报销售收入，将其折扣金额另外开具商业销售折扣发票。

3）经销商将医药生产企业应承担的促销、广告费用作为自己的销售费用入账，同时冲减应付医药生产企业的“应付账款”。

4）经销商隐匿医药生产企业给予经销商的实物折扣等。

（2）隐匿销售收入

医药经营企业因其经营的医药商品种类繁多，进出货频繁，绝大多数医药零售又是针对个人。因此，医药经营企业采取各种手段隐匿销售收入。

1）销售收入不入账。医药经营企业往往将不开发票的销售收入不入账，不如实反映全部收入，造成不能对应结转与不入账收入相匹配的销售成本，已出售的医药商品仍然保留在医药库存商品明细账上。通过实地盘库发现有些医药商品账上有库存而实际却不存在，形成账大于实。

2）根据自定的毛利率任意结转销售成本。有些医药经营企业的库存商品明细账（或库存保管账）与销售成本明细账脱节。在正常情况下，库存商品明细账的本期发出商品成本应等于当期销售成本明细账的借方发生额，但医药经营企业出于调节利润的目的，人为多转销售成本以减少当期毛利率，结果出现了库存商品明细账的发出商品成本小于医药企业的结转销售成本。

3）以现金方式购入的医药存货或以实物返利方式取得的医药存货，在医药经营企业账外循环。如果医药经营企业的购进和销售均是现金方式且不入账，在纳税检查时会比较困难。医药经营企业有时购进医药商品时虽不入账，但却很难保证该批医药商品销售时均是现金销售且同样不入账，这样就会让医药经营企业在做假的同时露出马脚。

4）人为报损医药存货以消除账实不符。如果医药经营企业没有如实反映销售情况，最终会造成医药存货实际已发出但账上仍有记录。有些医药经营企业要消除这种账实不符的情况，往往采用报损部分医药存货的办法，在账务上则在“营业外支出”科目中反映。

5）医药生产企业给予医药经销商实物折扣。经销商取得实物奖励，不需另外付款，往往进入账外循环。

3. 对纳税问题的处理办法

（1）对医药经销企业取得销售折扣单的处理

医药经销企业取得销售折扣单，虽是客观经济现实，但因其不符合税法所规定的销售额与折扣额在同一张发票上注明的要求，因此折扣额不能从销售额中扣除，应缴纳相应的流转税。

（2）医药零售企业开具商业零售发票或服务业发票给医药经销商时区别处理

1）对于医药经销商而言，与商品销售量、销售额挂钩的各种返还收入，往往以“促销费”的名义出现，应开具增值税普通发票，缴纳增值税销项税。虽然医药经销商取得了医药零售企业的商业零售发票，但实质上并未取得医药零售企业的商品销售，属于取得不符合规定的发票，不能在所得税前扣除。

2）医药零售企业向医药经销商提供一定劳务的收入，例如进场费、广告促销费、上架费、展示费、管理费等，应开具服务业发票，缴纳增值税。对于医药经销商而言，虽取得了形式上合法的发票，但从经济业务的实质上讲，是医药经销商给予医药零售企业的销售返利，由医药零售企业以另外一种形式反映营销往来，所以在医药零售企业所得税前仍然不能扣除。

3）医药经销商将应由医药生产企业负担的广告促销费、宣传费作为自己的费用入账在实务中有两种情况：一是医药零售企业开具的发票抬头为医药生产企业；二是医药零售企业开具的发票抬头为医药经销商。

对于发票抬头为医药生产企业的发票，医药经销商往往作了以下会计处理。

借：应付账款——X 医药生产企业

贷：应收账款——X 医药零售企业

从记账处理上看似乎合理，但从税务的角度去看，发现存在大量的平销行为。所谓平销，即医药生产企业以医药经销价或高于医药经销价的价格将货物销售给医药经销商，医药经销商再以进货成本或低于进货成本的价格进行销售，即进销倒挂。医药生产企业则以返还利润等方式弥补医药经销商的进销差价损失。在纳税上最直接的表现是，在增值税的申报上会出现零申报或负申报，造成国家税款的流失。《国家税务总局关于平销行为征收增值税问题的通知》规定：凡增值税一般纳税人，无论是否有平销行为，因购买货物而从销售方取得的各种形式的返还资金，均应依所购货物的增值税税率计算应冲减的进项税金，并从其取得返还资金当期的进项税金中予以冲减。所以，应特别关注医药经营企业以各种形式取得的销售返利，并确定其相应的进项税金是否予以扣除。对医药零售企业开具的发票抬头为医药经销商的，其税务处理办法与前述医药零售企业以开具商业零售发票或服务业发票给医药经销商的相同。

（3）针对不开发票收入未入账的情况

这种情况可以从医药存货入手，在实际盘点医药经营企业期末库存的前提下，依据公式：本期发出商品＝期初库存商品＋本期购入商品－期末库存商品，求出医药经营企业本期发出商品的金额。该公式的局限性在于期初库存商品的金额只能依据医药经营企业自己上期末的账面数，而本期购入商品是根据医药经营企业自己登记的账面数，根据医药经营企业现实经营情况基本可以推定。因为医药经营企业从医药生产企业购入医药商品时往往是取得了增值税专用发票的，由此推算出医药经营企业比较真实的销售成本。

（4）针对医药经营企业根据自定的毛利率任意结转销售成本的情况

可以在测算出医药经营企业现有毛利率的前提下，参照医药行业平均毛利率或国家税务总局公布的分行业核定计税毛利率来核定医药经营企业的毛利水平，这是一种简便且富有成效的方法。

（5）针对医药经营企业以现金方式购入的医药商品或以实物返利方式取得的医药商品在账外循环的情况

这种情况单纯从医药经营企业内部账上去查会有一定的难度。一方面，关注医药经营企业库存商品明细账期末出现红字的异常现象或无进货却开具了发票等异常情况，要求医药经营企业提供其真实的入库和出库资料；另一方面，可以从医药经营企业的上线或下线去查。如通过函询的方式，或直接调取医药生产企业的账簿资料，从上线医药生产企业的销售入手看是否有医药经营企业购入医药商品不入账的情况，或向医药经营企业的下线医药企业查实医药经营企业是否有已销售而不入账的情况。

（6）针对医药经营企业报损医药商品的情况

对这种情况应格外加以关注，审查报损的有关单证及情况说明，一方面，检查报损清单、内部审批单等是否齐备；另一方面，从合理性角度关注报损是否合理。目前在医药经营企业所得税汇算清缴时，税务部门均要求资产的报损需提供中介机构出具的资产损失鉴证报告，否则不得在所得税前扣除。

（7）针对医药经营企业不确认销售收入的情况

医药经营企业销售医药商品后收到现金或银行存款已入账，但是不确认销售收入，而是挂在往来款项其他应付款或其他应收款中，这种往来款项往往频繁发生、单笔金额不是很大，并且长期挂账。在纳税检查中，对于医药经营企业的往来款项应保持合理的谨慎态度，认真审查往来账款，特别是长期挂账的其他应付款或预收账款，确认是医药经营企业真正的往来款还是隐匿的销售收入。

医药经营企业涉税的问题虽多而且较为复杂，但只要认真理解和掌握好纳税政策，深入调查分析，是可以妥善处理和解决好存在的问题的，这样既维护了国家利益，又维护了医药市场的正常秩序。

三、医药企业纳税筹划

医药企业主要包括医药生产企业与医药经营企业。长期以来，医药企业利润比较丰厚，其管理模式比较粗放简单，财务人员记账式管理占据医药企业的主流。随着国家治理与医药行业的发展，医药企业规模不断扩张，国家的行业监管也加大了力度，行业发展更加规范，市场化程度也有了较大提升。当医药企业发展到一定规模时，医药企业纳税筹划将在一定程度上决定医药企业的生存状况，对于医药企业而言，纳税筹划已经到了必须要进行并持续加强的阶段。

1. 医药企业纳税筹划的可行性分析

（1）医药企业的纳税筹划空间大

从理论上分析，不同规模的医药企业都可以进行合理合法的纳税筹划，但对于规模较小的医药企业，其经营业务有限并且比较简单，因此纳税有限，利润空间也有限，纳税筹划也就显得不那么重要。而大多数医药企业属于中型及以上规模的高新技术企业，根据目前我国医药企业的发展情况和高新技术医药企业纳税优惠政策来看，医药企业纳税筹划具有较大的提升空间。

（2）医药企业新医药产品利润普遍偏高

医药企业的长期发展离不开新医药产品的研发和销售，一种具有广阔开发前景的新医药产品在为医药企业的发展注入新鲜血液的同时，往往能大大促进医药企业发展。从医药行业药品价格及成本数据分析来看，新药品往往具有较高的利润，而传统药品的利润往往比较低，甚至会出现利润为负的情况。因此，对医药行业进行纳税筹划是非常必要的，合理的纳税筹划不仅可以增加医药企业的效益，还能促进医药企业的健康发展。由于新旧医药产品对医药企业的所得税及增值税的影响较大，因此，在生产能力不变的情况下，医药企业应协调处理新旧医药产品的生产与销售。

（3）医药企业研发资金比重较大

根据国家鼓励研发的相关税收优惠政策，医药企业进行新医药产品研究开发活动所产生的技术开发费用，在100%扣除的基础上，依据研发费的50%加计扣除。一般情况下，医药企业进行药品的研发需要经过药品理论、立项到研发、临床试验这几个阶段，整个过程耗时长、资金投入大。因此，医药企业进行纳税筹划时可以合理利用研发费加计扣除优惠政策。

2. 医药企业纳税筹划工作

（1）医药企业所得税纳税筹划

1）利用医药企业组织形式开展纳税筹划。在我国市场经济的大环境下，医药企业之间的竞争越来越激烈，医药企业要想在市场中稳步发展，需要不断加大业务宣传力度，开发新市场，扩大市场占有率。在医药企业发展初期，可以将医药企业划分为多个小型分公司，这样可以降低自己的纳税比率，进而减轻医药企业的税负压力。医药企业应与可以开具增值税专用发票的其他医药企业进行产业链合作，这样可以在尽可能降低增值税税负的同时，合法合规的取得医药企业所得税成本费用税前扣除凭证。

2）利用固定资产折旧进行筹划。医药企业拥有较多的固定资产，利用固定资产进行纳税筹划具有重要意义。医药企业成本中的较大部分为固定资产折旧，在医药企业收入不变的情况下，折旧额越小，则缴纳的税额越多。因此，医药企业要及时了解我国的纳税优惠政策，根据医药企业发展的实际情况，尽量避免在纳税优惠期限内加速折旧。在生产设备采购方面，综合考虑设备成本、设备可带来的人力成本节约和加速折旧政策，尽可能降低医药企业成本负担。另外，考虑到物价变动等因素，当物价处于持续上涨的阶段时，可以采用加速折旧的方法。

3）利用费用扣除标准和销售方式进行纳税筹划。医药企业的费用支出是影响医药企业应纳税所得额的重要因素。因此，在国家法律法规规定的范围内，医药企业应尽可能地列支当期费用，获得较多的纳税利益，减少当期应缴纳的所得税。例如，医药企业可以充分利用依据法律法规提取并使用的用于环境保护及生态恢复等方面的专项资金，合理的工资薪金支出等，进而降低医药企业所得税税负。

医药企业在销售方面应加强纳税筹划，可以根据《中华人民共和国企业所得税法》关于收入确认的有关规定，采用有利的销售方式，例如，采取分期收款销售方式在合同中约定收款日期，在一定程度延缓医药企业的税金缴纳时点。

（2）提高医药企业税务会计的综合素质

目前，我国对医药企业的监管力度逐渐加强，对医药企业的要求也越来越高。在这种环境下，提高医药企业税务会计的综合素质是非常有必要的。医药企业可以定期开展培训及再教育活动，并加强对税务会计的考核力度，使得税务会计可以较好地掌握关于税务的法律法规等专业知识，使其努力成为集财务、法务、金融等专业知识于一体的复合型人才。另外，医药企业应制定完善的监督机制与奖惩机制，提高员工的工作积极性，紧跟时代的步伐，在国家法律法规的指导下，确保税务筹划高效运行。

（3）加强与税务部门的联系

为了促进医药企业纳税筹划工作的顺利开展，医药企业应与税务部门建立良好的关系，使医药企业的纳税筹划得到税务部门的指导和认可，进而提高医药企业纳税筹划工作的效率。

任务实施

一、组建团队，分配任务

班级同学按 3～5 人规模，自愿组成若干学习团队，推选负责人。

二、开展案例资料搜集和整理

1. 开展对医药企业纳税筹划方案的分析研讨

团队成员通过阅读相关知识，利用网络搜集关于医药企业纳税筹划的资料，自我设计不少于 2 个问题并回答，形成案例资料，保存为 WORD 格式文档（注明资料出处），作为课程学习资源的组成部分。

2. 制作汇报 PPT

团队成员合理分工，围绕搜集的案例、分析问题、收获体会等方面，制作汇报 PPT。

三、团队汇报案例整理成果

每个团队用 5～8 分钟展示搜集的案例资料，汇报成果。

【操作提示】

本任务重点锻炼学生的资料搜集整理能力、分析问题能力、写作和表达能力，教师应加强和团队负责人的沟通交流，保证资料搜集整理和汇报成果效果。

任务测评

序号	考核内容	考核标准	配分	得分
1	案例资料	1. 资料来源权威真实，注明出处 2. 选取的医药企业具有代表性，分析总结准确深刻，能提出建议或应对措施 3. 案例整理清晰，格式规范，可阅读性强	60 分	
2	汇报 PPT	1. 分工明确，全员参与 2. 文档美观，图文并茂 3. 展示详略得当 4. 编排得当，表达流利	40 分	
合计			100 分	

目标检测

一、单项选择题

1. 长期性筹资一般是指每次所筹资金使用期限至少在（　　）。

A. 半年以上　B. 1 年以上　C. 2 年以上　D. 3 年以上

2. 对数额较小的低值易耗品，可采用（　　）。

A. 一次摊销　B. 二次摊销　C. 三次摊销　D. 四次摊销

3. 对数额较大的低值易耗品，可采用（　　）。

A. 二二摊销　B. 三三摊销　C. 四四摊销　D. 五五摊销

4. 短期负债筹资是指所筹资金使用期限不超过一年的筹资，主要包括（　　）。

A. 商业信用筹资　B. 长期借款筹资　C. 银行投资　D. 国家投资

5. 医药企业研发资金比重（　　）。

A. 较小　B. 较大　C. 很小　D. 为零

二、多项选择题

1. 医药企业采用吸收投资的方式筹集资金一般分为（　　）。

A. 吸收国家投资　B. 吸收法人投资

C. 吸收个人投资　D. 吸收银行投资

2. 吸收国家投资一般具有的特点是（　　）。

A. 产权归属国家　B. 资金的运用受国家约束较大

C. 资金的处置受国家约束较大　D. 在国有医药企业中采用比较广泛

3. 法人投资一般具有以下特点（　　）。

A. 发生在法人单位之间　B. 以参与企业利润分配为目的

C. 出资方式灵活多样　D. 以上不确定

4. 法人是指（　　）。

A. 法国人　B. 自然人

C. 依法成立的机构　D. 依法成立的组织

5. 融资租赁的形式有（　　）。

A. 直接租赁　B. 售后回租　C. 间接租赁　D. 杠杆租赁

三、简答题

1. 医药企业筹资管理应遵循的原则有哪些？

2. 医药企业筹资管理的意义有哪些?
3. 股票发行方式可分哪些?
4. 杠杆租赁业务的程序有哪些?
5. 医药企业确定固定资产使用寿命应当考虑哪些因素?

目标检测单项、多项选择题参考答案

一、单项选择题

1. B　2. A　3. D　4. A　5. B

二、多项选择题

1. ABC　2. ABCD　3. ABC　4. CD　5. ABD

项目八

医药生产企业管理

本项目立足医药生产企业的日常生产管理，以《药品生产质量管理规范》（GMP）为主线，系统介绍医药生产企业生产管理基本理论和基本方法，将企业生产管理的一般原理和方法与药品的具体生产实践相结合，强调实用性和可操作性。

任务一　GMP 对医药生产的管理

学习目标

掌握 GMP 对医药生产的质量管理要求。

【任务引入】

医药企业全方位推行 GMP，其目标是建立科学、严格的无菌药品生产环境，生产出安全、卫生、高品质的医药产品。现代科学技术日新月异，医药行业的新技术、新工艺、新产品不断涌现。物质生活水平提高，医药技术不断发展，同时对医药生产企业的要求也会越来越严格。

2021 年 11 月，辽宁省药品监督管理局对辽宁金丹药业有限公司开展了 GMP 符合性检查，发现该企业合剂生产存在不符合《药品生产质量管理规范》要求的行为。为有效控制药品质量安全风险，根据《中华人民共和国药品管理法》第九十九条第三款的规定，辽宁省药品监督管理局决定暂停辽宁金丹药业有限公司合剂的生产销售。

思考问题：

医药生产企业实施 GMP 的特点和意义是什么？

请同学们带着这个问题学习下面的内容。

相关知识

一、GMP 的概念与特点

1. GMP 的概念

GMP 是药品生产质量管理规范（good manufacturing practices）的缩写，即“生产质量管理规范”“良好作业规范”或“优良制造标准”。GMP 是一套适用于制药、食品等行业的强制性标准，要求企业从原料、人员、设施设备、生产过程、包装运输、质量控制等方面按照国家有关法律法规，达到卫生质量标准，形成一套可操作的作业规范，帮助企业改善企业卫生环境，及时发现生产过程中存在的问题，加以改善。简要的说，GMP 要求制药、食品等生产企业应具备良好的生产设备、合理的生产过程、完善的质量管理和严格的检测系统，确保最终产品质量（包括食品安全卫生等）符合法律法规要求。

2. GMP 的特点

预防为主和全过程的质量管理是 GMP 的核心理念，GMP 有以下特点：融合机构、人员、硬件、软件，构建质量管理体系；强调岗位人员的职责和个人能力培养，特别注重关键人员的资历和经验；所有事务管理程序化、过程标准化；生产过程实施全面质量管理，采取预防污染、交叉污染以及混淆、差错的措施，强调中间控制和风险控制；强调确认和验证，实施严格的审批、审查、审计以及调查；采取经验证的纠正预防偏差和改进变更措施；任何有管理要求的事务均有记录并可追溯。

二、GMP 的要素及意义

1. GMP 的要素

人员、硬件、软件是构成 GMP 的主要要素。

（1）人员

人员是关键，医药生产企业建立从设立企业经营和管理模式，到确立机构与人员职能和职责的质量管理体系，建立药品生产全过程的管理体系，制定规程和标准，以及设计、安装、调试、原料准备、工艺过程控制与完成等，都是通过人员实现的，因此人员是关键要素。

（2）硬件

硬件是基础，良好的生产环境、完善先进的厂房设施、精良的设备和仪器、优质的原料是生产合格优质药品的基础。许多采用先进工艺、高新技术或新型原辅料生产的药品还须使用先进的设施设备，制药工业的发展促进了制药机械的更新换代，硬件系统是企业实力在 GMP 检查时能够凸显的部分。

（3）软件

软件是保障，软件是医药生产企业机构与人员的职能与职责、工艺、标准、程序、过程控制要求和结果的记录。完善及实用的管理系统是药品生产质量的保障，GMP 要求的药品生产管理系统与 ISO 国际标准化管理系统有异曲同工之处。

2. GMP 的意义

（1）有利于医药生产企业提高质量管理水平

医药生产企业实施 GMP，就是完善企业的质量管理体系，进行前瞻性的以预防为主的风险管理，确保生产出合格的药品，对提高企业整体质量管理水平有着积极作用。

（2）有利于标准化管理

医药生产企业全过程运用标准化模式管理，有利于生产过程遵循统一的规范标准。

（3）有利于药品生产质量管理与国际规范接轨

GMP 基本框架与内容采用欧盟 GMP 文本，与美国 GMP（current good manufacture practices，动态药品生产管理规范）相近。因此，GMP 的实施，对我国医药生产企业的质量管理体系与产品质量为国际所认可，将起到非常重要的作用。

（4）有利于提高产品的竞争力

药品质量依赖于企业的技术能力和管理水平，严格执行 GMP，实行全面质量管理，是确保产品质量的基础，是获得企业信誉和产品质量的佐证，也是企业形象的重要标志。

（5）有利于保护消费者的利益

医药生产企业肩负着重大的社会责任，推行 GMP 是医药生产企业保障人民用药安全的体现。

【扩展阅读】

2007 年 7 月，国家药品不良反应监测中心陆续收到广西、上海等地部分医院的药品不良反应病例报告，一些白血病患者在使用上海华联制药厂生产的甲氨蝶呤注射液后出现行走困难等神经损害症状。国家食品药品监督管理局和卫生部随即组织专家对相关不良事件病例进行调查和分析。7 月 30 日，上海华联制药厂 070405B、070502B 两个批号甲氨蝶呤注射液（5mg）被暂停用于鞘内注射。药品检测机构同时对甲氨蝶呤注射液展开分析检验。

但不良事件进一步恶化。8 月，北京、安徽、河北、河南等地医院有关使用上海华联制药厂药品发生不良事件的报告陆续上报到国家药品不良反应监测中心。此时，发生不良事件的药品已涉及上海华联制药厂甲氨蝶呤、盐酸阿糖胞苷两种注射液。8 月 30 日，国家食品药品监督管理局和卫生部决定，暂停上海华联制药厂生产的甲氨蝶呤注射液和盐酸阿糖胞苷注射液用于鞘内注射，被禁范围进一步扩大。而此时，不良事件原因依然没有调查清楚。9 月 5 日，为防止不良事件的进一步扩大，国家食品药品监督管理局和卫生部决定，暂停上海华联制药厂甲氨蝶呤注射液和盐酸阿糖胞苷注射液的生产、销售和使用。9 月 14 日，药监、卫生部门的联合专家组查明，上海华联制药厂甲氨蝶呤注射液、盐酸阿糖胞苷注射液鞘内注射后引起的损害，与两种药品的部分批号产品中混入了微量硫酸长春新碱有关。

任务实施

一、组建团队，分配任务

班级同学按 3 ~5 人规模，自愿组成若干个学习团队，推选负责人。

二、搜集典型知名医药生产企业 GMP 实施现状进行整理

1. 整理医药生产企业实施 GMP 的案例资料

团队成员通过阅读相关知识，利用网络搜索公开的医药生产企业 GMP 实施现况，针对搜集到的案例提出问题，并做出回答形成案例资料，保存为 WORD 格式文档（注明资料出处），作为课程学习资源的组成部分。

2. 制作汇报 PPT

团队成员合理分工，围绕搜集的案例、问题及回答、收获体会等方面，制作汇报 PPT，汇报团队案例成果。

三、团队汇报案例整理成果

每个团队用 5 ~8 分钟展示搜集的案例资料，汇报成果。

【操作提示】

本任务让学生搜集整理网络资料，帮助学生巩固实施 GMP 对医药生产企业的重要性。通过搜集整理典型知名企业 GMP 的实施现状的资料，让学生掌握 GMP 实施要点。教师应加强和学生的沟通交流，保证资料调研整理和汇报成果效果。

任务测评

序号	考核内容	考核标准	配分	得分
1	案例资料	1. 资料来源权威真实，注明出处 2. 选取的医药企业具有代表性，分析总结准确深刻，能提出建议或应对措施 3. 案例设置的问题和答案切合课程学习目标，具有启发性 4. 案例整理清晰，格式规范，可阅读性强	60 分	
2	汇报 PPT	1. 分工明确，全员协作 2. 文档美观，图文并茂，合理使用多媒体技术 3. 展示详略得当，逻辑结构清晰，层次性强，呈现结构合理，具有内聚性 4. 思路清晰，表达流利	40 分	
合计			100 分	

任务二　医药企业生产与运作管理概述

学习目标

掌握 GMP 对医药生产企业的管理。

【任务引入】

阜阳市医药产业规模目前已经达到485亿元。现有医药经营、医药生产规模以上企业96家，而且随着生产品种品类日益丰富，医药商贸更加活跃，如今更是形成了集医药研发、生产、销售“三位一体”的现代医药健康产业体系。

阜阳市政府办公室印发的《阜阳市现代医药产业发展规划（2016—2020年）》更是为当地医药产业的发展提供了政策保障。政策指出，到2020年，全市现代医药产业的产值要达到1 000亿元。阜阳市医药产业基本形成了涵盖生物制药、化学制药、现代中药、营养健康、精准医疗等各个领域的产业体系。目前，阜阳市太和县形成了一个医药产业基地。太和县医药产业基地拥有亚洲最大的医药仓库，更是吸引了抗艾滋病药物研发、基因测序等高端医药产业。

思考问题：

医药企业生产与运作的特点是什么？

请同学们带着这一问题学习下面的内容。

相关知识

一、医药企业生产与运作管理的概念

1. 医药企业生产管理的相关概念

医药企业生产活动是与医药企业产品生产密切相关的各项活动的总和。

广义的医药企业生产管理包括生产过程管理、劳动管理、物资管理、质量管理、成本管理、设备管理、环境和能源管理等。其中生产过程管理是生产管理的基础，质量管理是生产管理的核心。狭义的生产管理则是指以生产过程为对象的管理，以及对企业生产技术的准备、原材料投入、工艺加工直至产品完工的具体活动过程的管理。主要包括生产计划和生产作业计划的编制、生产过程的组织及生产过程的控制等内容。

2. 医药企业生产与运作管理的定义

医药企业生产与运作管理是医药企业对生产与运作过程所进行的规划、设计、组织和控制活动，是一个输入输出的转换过程，即投入一定的资源，经过一系列的转换，最后以某种形式的产出提供给社会的过程，是一个物质形态的转换过程。

二、医药企业生产与运作管理的特点

医药企业生产与运作管理具有以下六个特点。

1. 原辅料品种多

药品生产过程中投入的原料、辅料的种类数要远远超过其他轻化工产品的生产，其范围从无机物到有机物，从植物到动物再到矿物，几乎无所不用，一些原料药所用原料、辅料的消耗很大，1 吨原料只能产出数千克甚至数克原料药。此外，药品生产产生的废气废液废渣相当多，“三废”处理工作量大，投资多。

2. 智能化程度要求高

医药生产企业目前的自动化、智能化程度越来越高，药品生产中新运用的生产设备与其他化工工业有很多不同之处。药品品种多，生产工艺各不相同，产品质量要求很高，而药品产量与其他化工产品相比却少得很。药品生产要求所使用的生产设备要便于变动和清洗，其材料不会使药品产生化学或物理的变化，密封性能好，以防止污染或变质等，这使得其生产线越来越自动化、智能化。

3. 卫生要求严格

生产车间的卫生洁净程度及厂区的卫生状况都会对药品质量产生较大影响，同一品种或不同品种的不同批次的药品之间都互为污染源。因此，药品生产对生产环境的卫生要求十分严格，厂区、路面及运输、生产人员、设备及药品的包装物等不得对药品的生产造成污染。

4. 药品生产的综合性

药品的品种规格、剂型多，其生产技术涉及药学、化学、生物学、医学、化学工程、电气工程等领域的最新成果，对药品生产的技术要求和工艺要求，都不是单一专业领域所能完成的，需要多专业领域技术的综合运用。与其他制造企业相比，药品生产的技术复杂性对医药生产企业的生产管理与技术管理提出了更高的要求。

5. 产品规格多、质量要求严格

由于药品与人们生命安危、身体健康有着密切关系，对药品的质量要求特别严格。世界各国政府都制定有本国生产的每种药品的质量标准以及管理药品品质的制度和方法，使药品的生产经营活动置于国家的严格监督管理之下。由于人体和疾病的复杂性，随着医药学的发展，医药产品的品种和规格日益增多，高效、不良反应小、有效期长、价格低的药品需求在不断增长。

6. 生产管理法制化

药品与人们的健康和生命息息相关，为保证药品的质量，我国专门制定了《中华人民共和国药品管理法》以加强药品质量监督管理，该法律规定了对药品实行许可证制度和准入控制制度；并全面推行《药品生产质量管理规范》，该规范对药品生产系统各环节的质量保证和质量控制做了明确、严格的规定，将药品生产置于法制化管理之下。

三、医药企业生产计划

医药企业生产计划是根据医药企业的需求和生产运行能力的限制，对生产运作系统的产出品种、产出速度、产出时间、劳动力和设备配置以及库存等问题预先进行的考虑和安排。

1. 生产计划的种类

医药企业的生产计划按照时间长短可以分为长期计划、中期计划和短期计划。

（1）长期计划

长期计划一般为3～5年甚至更长时间的计划，是医药企业对生产方面的重大问题的规划，提出医药企业的长远发展目标以及为实现目标所制订的战略计划。

（2）中期计划

中期计划一般为1～2年的计划，即通常所说的年度生产计划，主要包括两种计划，生产计划大纲和产品出产进度计划。生产计划大纲规定医药企业在计划年度内的生产目标，用一系列指标来表示，以规定医药企业在品种、质量、产量和产值等方面应达到的水平。产品出产进度计划将生产计划大纲具体化为按产品品种规格来规定的年度内产品进度安排，在此基础上确定每一具体时间段内的生产数量。因此，产品出产进度计划是联结生产计划大纲和生产作业计划的计划形式，有时也称为主生产计划。

（3）短期计划

短期计划为小于1年的计划，一般为月或跨月计划，其任务是依据客户订单，合理安排生产活动中的每一个细节，以保证按质按量如期交货。它包括物料需求计划、生产能力需求计划、总装配计划（短期作业计划）以及在这些计划实施过程中的车间内的作业进度计划和控制工作。

【扩展阅读】

物料需求计划（material requirement planning，MRP），指根据产品结构各层次物品的从属和数量关系，以每个物品为计划对象，以完工时期为时间基准倒排计划，按提前期长短区别各个物品下达计划时间的先后顺序，是一种工业制造企业内部物资计划管理模式。MRP是根据市场需求预测和客户订单制订产品的生产计划，然后基于产品生成进度计划，组成产品的材料结构表和库存状况表，通过计算机计算所需物料的需求量和需求时间，从而确定材料的加工进度和订货日程的一种实用技术。

编制物料需求计划，涉及数量庞大、多种多样的原材料、零部件和其他资源，需要一种以计算机为手段的生产计划与控制管理系统来处理，20世纪60年代，由美国生产与库存管理协会（APICS）倡导创立的MRP系统应运而生，到了20世纪70年代，随着MRP系统的推广，其内容和技术不断完善。

2. 生产计划指标

生产计划的主要指标包括产品品种、产品质量、产品产量与产值等，它们各有不同的经济内容，从不同的侧面反映了企业计划期内生产活动的要求，一般可以归纳为以下四类。

（1）产品品种指标

产品品种指标是指医药企业在计划期内规定生产的医药产品品种及规格。产品品种指标表明医药企业在品种方面满足市场和医疗需求的程度，反映医药企业的专业、技术和管理水平。努力发展新医药产品，实现医药产品的更新换代，对于满足国家建设和人民生活需要，具有重要意义。

（2）产品质量指标

产品质量指标是指医药企业在计划期内各种医药产品应该达到的质量标准。医药产品是特殊商品，不允许有次品的存在。产品质量指标反映着产品的内在质量（如性能、精度、使用寿命、使用经济性等）及外观质量（如产品外形、颜色、包装等）。产品质量是衡量医药企业的生产技术和经营管理水平的重要指标，是医药企业实现生产任务、满足社会需要的一个十分重要的方面。

（3）产品产量指标

产品产量指标是指医药企业在计划期内产出的符合质量标准的医药产品数量。产品产量指标通常采用实物单位或假定实物单位来计量。产品产量指标是表示医药企业生产成果的一个重要指标。它反映医药企业生产经营活动有效成果的数量和规模，是医药企业进行供、产、销平衡和编制生产作业计划，组织日常生产的重要依据。

（4）产值指标

产值指标是指为了计算不同品种的医药产品总量，用来综合反映医药企业生产成果的价值指标。产值指标包括商品产值、总产值与净产值。

商品产值是商品产量的货币体现，是反映企业生产成果的重要指标，它表明企业在计划期内向社会提供的商品总量。

总产值是总产量的货币体现，它反映企业在计划期内生产发展的总规模和总水平，是以国家制定的不变价格计算的商品产值。

净产值表明企业在计划期内新创造的价值，即从总产值中扣除各种物资消耗后的那一部分产值，也称新增产值。

3. 生产作业计划

（1）生产作业计划的概念

生产作业计划是根据年度生产计划规定的产品品种、数量及大致的交货期的要求，对每个生产单位在每个具体时期内的生产任务作出详细规定，使年度生产计划得到落实的计划。

与生产计划相比，生产作业计划具有计划期短、计划内容具体、计划单位小三个特点。

（2）作业计划标准

作业计划标准又称期量标准，是指为产品在生产期限和生产数量方面所规定的标准数据。制定合理的作业计划标准，对于准确确定产品的投入和产出时间，做好生产过程各环节的衔接，缩短产品生产周期，节约企业在制品占用，都有着重要的意义。先进合理的作业计划标准是编制生产作业计划的重要依据，是保证生产的配套性、连续性，充分利用设备能力的重要条件。有助于建立正常的生产秩序和工作秩序，组织均衡生产，充分利用生产能力，缩短产品生产周期，加速流动资金周转，提高企业经济效益。

值得注意的是，不同类型的企业，由于生产过程的组织形式不同，应采用不同的作业计划标准。大量流水生产的作业计划标准有节拍、标准计划、在制品定额等。成批生产的作业计划标准有批量、生产间隔期、生产周期、生产提前期、在制品定额等。单件小批生产的作业计划标准有生产周期、生产提前期等。

1）批量和生产间隔期

批量是一次投入或产出同种产品的数量。生产间隔期是相邻两批产品或零部件投入或产出的时间间隔。批量与生产间隔期有密切的联系，其关系式为：平均日产量 = 批量 × 生产间隔期。

2）生产周期

生产周期是从原材料或半成品投入生产开始至制品完工入库为止所经历的时间。

3）生产提前期

产品在各工艺阶段的投入和产出时间比成品出产应提前的时间。生产提前期以成品出产为起点，按反工艺顺序的方向加以确定。

4）在制品定额

生产过程各个环节为了均衡组织生产所必需的，在一定技术组织条件下，各生产环节上为保证生产衔接所必需的、最低限度的在制品储备量。在制品定额是在正确划分在制品种类的基础上，通过分析计算，分别制定出来的。

（3）生产作业计划的编制方法

1）生产周期法

根据生产计划的要求和预先制定的产品生产周期图表，通过生产能力的核算来规定各车间的生产任务。这种方法适用于单件小批生产的企业。

2）生产提前期法

生产提前法又称累计编号法，根据生产计划的要求和预先制定的提前期来规定各车间的某种产品的装配生产提前完成的产量。该方法通常用累计编号来表示投入产出的产量任务，常用于多品种成批生产的企业。

3）在制品定额法

根据生产计划的要求将预先制定的在制品定额与预计可能结存的在制品数量作比较，使期末在制品数量保持在规定的定额水平上，并据此来规定各车间的生产任务。这种方法适用于大批量生产的企业。

4）订货点法

这种方法适用于安排生产产量大、品种稳定、价值低、结构简单的小型零件。

5）成组技术的计划方法

这种方法打破产品界限，把工艺相似的零件组织成组生产，适用于多品种、中小批量生产的企业。

6）网络法

这是一种逻辑性的计划手段，其典型的方法是计划评审法。这种方法主要用于复杂的一次性产品（或工程）的生产。

7）准时生产制

这种方法的内容要点可总结为在必要的时候，按必要的数量，把生产所必要的物料送到必要的地方。它的目的是把在制品储备压缩到最低限度，尽可能地节约流动资金。

8）混流生产法

在生产条件和生产能力一定的情况下，经过科学逻辑的运算，制定出在同一生产线上最优品种搭配的生产方案，达到品种、产量、工时的均衡，最大限度地节约资源。这种方法主要用于工艺相似的系列化产品的流水生产企业。

任务实施

一、组建团队，分配任务

班级同学按 3 ~ 5 人规模，自愿组成若干个学习团队，推选负责人。

二、设计一份医药企业生产计划方案

1. 整理某医药企业的生产计划方案

团队成员通过阅读相关知识，利用网络搜集公开的医药企业生产作业计划方案，并设计一张生产作业计划流程图，形成案例资料，保存为 WORD 格式文档（注明资料出处），作为课程学习资源的组成部分。

2. 制作汇报 PPT

团队成员合理分工，围绕搜集的案例、生产作业计划流程图、收获体会等方面，制作汇报 PPT。

三、团队汇报案例整理成果

每个团队用 5 ~ 8 分钟展示搜集的案例资料，汇报成果。

【操作提示】

本任务重点强化学生的网络信息检索能力、信息的归纳和总结能力，巩固生产作业计划的知识点。在绘制生产作业计划流程图时，教师要运用脑图、思维导图等技术指导学生开展工作，保证流程图绘制思路清晰，提高汇报成果效果。

任务测评

序号	考核内容	考核标准	配分	得分
1	案例资料	1. 资料来源权威真实，注明出处 2. 生产作业计划方案具有代表性、指导性和科学性，格式规范 3. 绘制的流程图页面美观、思路清晰 4. 分析总结准确深刻，能提出建议或应对措施	70 分	

续表

序号	考核内容	考核标准	配分	得分
2	汇报 PPT	1. 分工明确，组间协作 2. 文档美观，图文并茂 3. 展示详略得当 4. 编排得当，表达流利	30 分	
合计			100 分	

任务三　医药生产企业厂址选择与供应链管理

学习目标

1. 了解医药生产企业厂址选择应注意的问题和厂址选择方法。
2. 掌握供应链管理方法。

【任务引入】

某制药企业创办于1994年，注册资本10万元，主要从事医疗器械和药品的生产。经过十几年的发展，该企业现有固定资产3.6亿元，企业的年销售超过1.1亿元，企业在全国各地设有办事处21个，目前的主要客户为医院和药店。为了开拓OTC（非处方药）市场，该企业在2001年引进了一条先进的OTC生产线，以推出多款OTC产品，现已成为该企业的一个新的经济增长亮点。随着企业发展规模的进一步扩大，面临的国内外竞争也日趋激烈，企业的销售额虽然上去了，但利润却在下降，并且市场份额也在呈下降趋势，竞争力也开始下降。这一切变化使企业管理层敏锐地意识到，企业要想在21世纪赢得市场竞争优势，依靠传统的管理模式是不可行的，必须采用一套基于计算机技术的管理方案，即倍受企业界和学术界推崇的供应链管理模式。而实践也证明了供应链管理模式的成功实施确实能够提升企业的运营效率，降低经营成本，并提升企业在市场中的核心竞争力。

通过实施供应链管理模式，该企业的运营成本比上年降低了5%，利润率也比上年有了一定程度的上升，在同类产品中的市场份额也扩大了，从而在一定程度上提升了该企业的市场竞争力。

思考问题：

通过本案例的分析，我们能得到什么启示？

请同学们带着这一问题学习下面的内容。

相关知识

一、医药生产企业厂址选择

医药生产企业在厂址选择过程中，需要结合企业的性质、运营模式等权衡利弊，综合考虑各方面因素，选择适合企业发展的合理区域和位置，完成新厂建设，助力企业发展。影响医药企业厂址选择的因素多种多样，可分为社会环境因素和资源配套因素这两大类。

社会环境因素主要有国家、地方政府的法律法规政策，劳动力资源丰富程度，外协厂家、科研机构的相对位置，市场空间，公众态度，生活条件等。资源配套因素包括环境、供水、能源、交通运输、自然条件等。

医药企业厂址选择是选择工厂在拟建地区或地点的坐落位置，是医药企业设计和基本建设的一个基础环节，对工厂的投资额度、建设进度、产品质量、经济效益、安全生产以及环境保护等方面有很大影响。医药企业厂址确定后，需要根据制药工程项目的生产品种、规模、GMP 和城市规划的要求，结合厂区的地理环境、卫生、防火技术、环境保护等进行综合考量，缜密设计和总体解决工厂内部所有建筑物和构筑物在平面和纵向上的相对位置，正确处理建筑物、交通运输、管路和管线、人流和物流、厂区绿化等布置问题，做到总体布置有序，工艺流程规范合理，以达到项目投资少、建设周期短、生产成本低、经济效益和社会效益高的效果。

1. 医药生产企业厂址选择应注意的问题

医药生产企业在进行厂址选择时，不但要满足《药品生产质量管理规范》第三十八条和第三十九条的规定，同时还需要考虑安全因素、经济因素、政治因素和社会因素等。厂址选择时必须仔细权衡所列出的各种因素，通过分析选出与厂址选择紧密相关的因素，以便在决策时分清主次，抓住关键。

按照《药品生产质量管理规范》的要求，厂址选择应当最大限度地避免污染、交叉污染、混淆和差错，便于清洁、操作和维护，厂房所处的环境应当最大限度地降低物料或产品遭受污染的风险，因此医药企业的厂址选择需要注意以下四个方面的因素。

（1）安全因素

由于医药企业生产产品的特殊性，其产品安全成为企业发展的重要因素。综合分析安全因素，涉及政治、环境、生产过程等多个方面。在厂址选择阶段，除政治因素外，环境因素成为主要安全因素。环境因素包括外界环境与厂址选择之间的相互影响两个方面，环境因素对厂址选择的影响，需要根据生产产品类型、生产特点等，综合考虑厂址选择区域的环境是否满足安全生产的需要。

1）厂址选择区域的地质情况对选址的影响：应当考虑选址区域是否存在地震频发、山体滑坡、泥石流和火山等风险。

2）厂址选择区域的气候条件对选址的影响：应当考虑选址区域是否存在沙尘频发，龙卷风、酷热或严寒等不利于生产运行的气候条件。

3）周边企业对厂址选择的影响：应当考虑厂址选择区域周边（特别是上风位置）是否存在影响产品安全的高粉尘、高污染企业。

（2）经济因素

经济因素包括一次性投入和企业运营两个方面。一次性投入决定了厂区建设的投入成本，包括土地费用、建设费用等设施建设期间所发生的直接费用。企业运营决定了厂区建成后企业生产产品的直接成本，包括运输条件与费用、劳动力可获取性与费用、能源可获取性与费用、厂址条件与相关费用以及产品销售条件等诸多因素。

企业运营经济因素中需要特别关注的有以下三点。

1）运输条件与费用：在企业运营过程中，有大量的物料进出。根据生产类别的差异，有的企业输入运输量大，有的企业输出运输量大。在厂址选择时，需要根据生产类别的特点，决定选择接近原材料供应地，还是接近消费市场。

2）劳动力可获取性与费用：企业运营的人工费用占产品成本的大部分，因此必须考虑劳动力成本。企业的生产性质决定了企业是属于劳动密集型企业还是高度自动化运营企业。对于劳动密集型企业，厂址选择在劳动力资源丰富、工资低廉的地区，可以降低人工成本；对于高度自动化运营企业，厂址选择在技术人才丰富的区域，可以降低人才引入的难度，提高企业稳定运行的效率。

3）能源可获取性与费用：企业运营离不开能源的使用，因此厂址选择区域需要具有丰富稳定的水、电、蒸汽资源，为企业的正常运营提供稳定保障。我国幅员辽阔，各区域能源状况也不尽相同，有的地区水利资源充沛，水利发电提供的能源充足；有的地区盛产煤炭，火力发电提供的电力和蒸汽资源丰富；有的地区盛产燃气，燃气发电提供的电力和蒸汽资源丰富。这些区域主要能源和附属能源的使用成本将远远低于不盛产这些资源的区域。

（3）政治因素

政治因素是企业运营环境的重要组成部分。政治因素会给企业运营带来显著影响，影响企业生存和发展的其他因素也会因为政治因素的不同而对企业产生不同影响。政治因素主要包括政治局面是否稳定，法制是否健全，税收是否公平，国家相关部门是否对企业运营提供相应优惠政策等。对于境外厂址选择，政治局面是否稳定是一项十分重要的因素，这将直接决定企业能否正常运营和持续发展。

（4）社会因素

社会因素包括居民生活环境、文化教育水平、宗教信仰、收入水平等。厂址选择区域的居民的接受程度和宗教信仰、建厂地点的生活条件和水平决定了企业对员工的吸引力，以及当地能否提供保障企业正常运营的人力和人才。

2. 医药生产企业厂址选择的方法

医药生产企业厂址选择的方法有加权评分法、盈亏分析法、线性规划法等，这里主要介绍医药生产企业厂址选择最常用的加权评分法。

加权评分法的具体操作步骤如下：

1）决定一组相关的厂址选择决策因素；

2）对每一因素赋予一个权重以反映这个因素在所有权重中的重要性。每一因素的分值根据权重来确定，权重要根据成本的标准差来确定，而不是根据成本值来确定；

3）对所有因素的打分设定一个共同的取值范围，一般是 1 ~ 10 分或 1 ~ 100 分；

4）对每一个备选地址，对所有因素按设定范围打分；

5）用各个因素的得分与相应的权重相乘，并把所有因素的加权得分相加，得到每一个备选地址的最终得分；

6）选择总得分最高的备选地址作为最佳选址。

例：某医药企业有甲、乙、丙、丁四个备选地址，其影响因素有 7 个，被其影响的重要程度分为 5 个等级，分别给予一定权重，采用 10 级评分制评分，见表 8－1。

表 8－1　　某医药企业选址决策加权评分汇总表

影响因素	权重	甲方案		乙方案		丙方案		丁方案	
		得分	加权得分	得分	加权得分	得分	加权得分	得分	加权得分
厂址位置	9	4	36	3	27	2	18	2	18
原材料供应条件	6	4	24	4	24	3	18	0	0
交通运输条件	2	1	2	3	6	2	4	2	4
人力资源条件	5	3	15	3	15	2	10	2	10
铁路接轨条件	7	2	14	3	21	2	14	4	28
气候条件	3	2	6	1	3	3	9	4	12
环境保护条件	10	4	40	3	30	3	30	2	20
合计			137		126		103		92

由计算结果可知，甲方案得分最高，因此选择甲方案。在进行评分时需要注意，由于得分和权重的确定是人们主观判断得出的，为了尽可能地保证其客观和准确性，通常使用层次分析法确定权重。

二、厂区总平面设计

厂区总平面设计是在已选定厂址的位置上，根据工厂的组成内容及使用功能要求，结合厂址条件及有关技术要求，协调研究建筑物、构筑物以及各项设施之间的相互空间关系和平面关系，正确处理建筑物、交通运输、管路和管线、人流和物流、厂区绿化等布置问题，充分利用地形，节约场地，使所建工厂布局合理、协调一致，生产井然有序，从而有效协调和顺利实现企业生产与运营目标。

医药生产企业的工厂主要由以下系统组成：主要生产车间（制剂生产车间、原料药生产车间等）、辅助生产车间（机修车间、仪表车间等）、仓库（原料库、辅料库、包装材料库、成品库等）、动力设施（锅炉房、压缩空气站、变电所、配电房等）、公用工程（水塔、冷却塔、泵房、消防设施等）、环保设施（污水处理设施、绿化设施等）、全厂性管理设施和生活设施（厂部办公楼、中心化验室、药物研究所、计量站、动物房、食堂、医院等）。

设计时需考虑的基本要求如下：

1）一般在厂区中心布置主要生产车间，辅助生产车间布置在主要生产车间附近；

2）生产性质相类似或工艺流程相联系的车间要靠近或集中布置；

3）生产车间布局时应考虑工艺特点和生产时的交叉污染问题；

4）办公楼、质检室、食堂、仓库等管理设施和生活设施布置在厂前区，并处于全年主导风向的上风侧或全年最小频率风向的下风侧；

5）车库、仓库、堆场等布置在邻近生产车间的货运出入口及主干道附近，应避免人流、物流交叉，并使厂区内外运输短捷顺直；

6）锅炉房、冷却塔、机修车间、水塔、配电房等严重噪声及电污染源布置在厂区主导风向的下风侧；

7）危险品库应设于厂区安全位置，并有防冻、降温、消防等措施，麻醉产品、剧毒药品应设专用仓库，并有防盗措施；

8）考虑工厂建筑群体的空间处理及绿化环境布置，符合当地城镇规划要求；

9）考虑企业发展需要，留有余地（即发展预留生产区），使近期建设与远期的发展相结合，以近期为主。

工厂布置设计的合理性很重要，应给生产及生产管理、产品质量检验工作带来方便和保证，目前国内不少中小医药生产企业工厂都采用大块式组合式布置，这种布局方式能满足生产并缩短生产工序的路线，方便管理和提高工效，节约用地，并能将零星的间隙地合并成较大面积的绿化区。

三、车间布置设计

厂区总平面设计对企业的各个生产单位之间进行了总体安排，确定了相互之间的位置，是对厂房配置和设备排列作出合理的安排。

车间布置设计是车间工艺设计的重要环节之一，是工艺专业向其他非工艺专业提供开展车间设计的基础资料之一，有效的车间布置将会使车间内的人、设备和物料在空间上实现最合理的组合，以降低劳动成本，减少事故发生，增加地面可用空间，提高材料利用率，改善工作条件，促进生产发展。布置不合理的车间，基建时工程造价高，施工安装不便；车间建成后又会带来生产和管理问题，造成人流和物流紊乱，设备维护和检修不便等，同时也可能埋下较大的安全隐患。

1. 制药车间布置设计的特点

原料药工业包括化学合成药、抗生素、中草药和生物药品等的生产。原料药作为精细化学品，属于化学工业的范畴，在车间布置设计上与一般化工车间具有共同特点。但医药产品（原料药及制剂）是特殊商品，必须保证药品质量。因此，原料药生产的成品工序（包括精、烘、包工序）与制剂生产的罐封、制粒、干燥、压片等工序一样，其作业车间的新建、改造必须符合《药品生产质量管理规范》，这是药品生产特殊性的体现。

2. 制药车间的组成

制药车间一般由生产部分（一般生产区及洁净区）、辅助生产部分、管理及生活部分和通道四部分组成。辅助生产部分包括物料净化用室、原辅料外包装清洁室、包装材料清洁室、灭菌室、称量室、配料室、设备容器具清洁室、清洁工具洗涤存放室、洁净工作服洗涤干燥室、动力室（真空泵和压缩机室）、配电室、分析化验室、维修保养室、通风空调室、冷冻机室、仓库等。管理及生活部分由人员净化用室（包括雨具存放间、管理间、换鞋室、存外衣室、洁净工作服室、空气吹淋室等）和生活用室（包括办公室、会议室、厕所、淋浴室、休息室、保健室等）组成。

3. 制药车间布置设计的内容

1）按《药品生产质量管理规范》确定车间各工序的洁净等级（见表8－2）和确定车间的火灾危险类别、爆炸与火灾危险性场所等级及卫生标准；

2）生产工序、生产辅助设施、管理及生活辅助设施的平面立面布置；

3）车间场地和建筑物、构筑物的位置和尺寸；

4）设备的平面、立面布置；

5）通道、物流运输系统设计；

6）安装、操作、维修的平面和空间设计。

表8－2　　药品生产洁净室（区）空气洁净度级别表

洁净度级别	悬浮粒子最大允许数/m³			
	静态		动态	
	≥0.5μm	≥5.0μm	≥0.5μm	≥5.0μm
A级	3 520	20	3 520	20
B级	3 520	29	352 000	2 900
C级	352 000	2 900	3 520 000	29 000
D级	3 520 000	29 000	不作规定	不作规定

洁净厂房内采用何种等级的洁净空气主要取决于药品的类型和生产工艺要求。《药品生产质量管理规范》对不同等级洁净厂房的适用范围有明确规定。

四、供应链管理

1. 供应链的概念与特征

（1）供应链的概念

供应链（supply chain）是指生产及流通过程中，涉及将产品或服务提供给最终用户的上游与下游企业所形成的网链结构，集成物流、资金流、信息流、商流，以实现在恰当的时候以合适的成本，及时准确地将产品送达到末端需求客户。简言之是将产品从商家送到消费者手中的整个链条。

（2）供应链的特征

通过对供应链基本内涵的分析，可以归纳出供应链具有以下四个特征：

1）复杂性。供应链涵盖了多种类、多类型、多地域的企业，与单个企业相比，在结构、规模、管理模式等诸多方面，供应链更为复杂。

2）动态性。由于市场环境的复杂多变，供应链上的企业需要实时动态更新，以适应多变的环境，实现供应链的整体最优。

3）交叉性。供应链的节点企业可能为多个供应链上的节点企业提供产品或服务，形成了众多供应链相互交叉的特征。

4）以满足客户需求为目标。在运作过程中，供应链在计划的指导下，实现物流、资金流、信息流、商流的集成都是基于末端需求拉动的，都是以满足末端客户需求为目标的。

2. 供应链管理

供应链管理（supply chain management，SCM），是指使供应链运作达到最优化，以最少成本，使供应链从采购开始到满足最终客户需求的所有过程；是指在满足一定客户服务水平的条件下，为了使整个供应链系统成本达到最小而把供应商、制造商、仓库、配送中心和渠道商等有效地组织在一起，进行产品制造、转运、分销及销售的管理方法。

3. 供应链管理的主要内容

供应链管理主要涉及供应、生产计划、物流、需求四方面内容。它是以同步化、集成化生产计划为指导，以各种技术为支持，尤其以 Internet/Intranet（互联网/内联网）为依托，围绕供应、生产计划、物流（主要指制造过程）、需求来实施的。供应链管理的目标在于提高对客户的服务水平和降低总的交易成本，并寻求两个目标之间的平衡。

4. 供应链管理方法

（1）快速反应

快速反应（quick response，QR）是指物流企业面对多品种、小批量的买方市场，不是储备了“产品”，而是准备了各种“要素”，在客户提出要求时，能以最快速度抽取“要素”、及时“组装”来提供所需服务或产品。QR 是美国纺织服装业发展起来的一种供应链管理方法。

（2）有效客户反应

有效客户反应（efficient consumer response，ECR）是 1992 年从美国食品杂货业发展起来的一种供应链管理策略。它是一个由生产厂家、批发商和零售商等供应链成员组成的，各方相互协调和合作，以更好、更快和更低成本满足客户需要为目的的供应链管理解决方案。有效客户反应以满足客户要求和最大限度降低物流过程费用为原则，能及时作出准确反应，使提供的物品供应或服务流程最优化。

五、物流管理

1. 物流管理的概念

物流管理（logistics management）是为了以最低的物流成本达到客户所满意的服务水平，

而对物流活动进行的计划、组织、协调与控制。

2. 物流的基本功能

（1）运输

运用工具将商品从一地点运送至另一地点的物流活动。物流被称为“第三利润源”，而运输则是第三利润源的源泉，其中包括集货、分配、搬运、中转、装上、卸下和分散等一系列操作。高效低价的运输能力，是企业实现高效生产和大量销售的必备条件。运输通过改变商品的地点或位置所创造出价值并使商品能够在适当的时间到达客户手中，这就产生了空间效用和时间效用。运输使得商品扩大了市场范围，企业通过运输将商品运送到更远的地方销售，大大增加了企业的发展机会；运输可以保证商品市场价格的稳定性，实现供求平衡，稳定市场经济；运输还能够促进社会分工的发展，在商品的生产和销售两大功能分开之后，运输成为这两方面相互连接的必不可少的纽带。

（2）存储

存储是对商品进行保存以及对其数量、质量进行管理控制的活动。存储起到缓冲和调节供求平衡及平衡价格的作用，被称作“蓄水池”和“调节阀”。

（3）装卸搬运

装卸搬运的目的是改变商品的存放状态和空间位置。含装上、卸下、移送、拣选、分类、堆垛、入库、出库等活动。

（4）包装

包装的作用是保护商品、方便储运、促进销售。可分为工业包装及商业包装，工业包装主要是保护商品，便于集中运输而节约成本。

（5）流通加工

流通加工包括根据需要对商品进行包装、分割、分拣、刷标志、拴标签、组装等作业活动。

（6）配送

配送包括对商品进行拣选、加工、包装、分割、组配等作业。目的是将商品按时送达指定地点。

（7）信息处理

信息处理是与上述各项活动有关的计划、预测以及采购、生产、市场、成本等方面的信息。方便企业对物流活动产生的成本进行核算，并对今后的物流活动进行优化，更多地节约物流成本。

六、库存管理

1. 库存的概念和分类

库存是仓库中实际储存的物资。库存可以分两类：一类是生产库存，即直接消耗物资的基层企业、事业单位的库存物资，是为了保证企业、事业单位所消耗的物资能够不间断地供应而储存的；另一类是流通库存，即生产企业的原材料或成品库存、生产主管部门的库存和各级物资主管部门的库存。此外，还有特殊形式的国家储备物资，它们主要是为了保证及时齐备地将物资供应或销售给基层企业、事业单位的供销库存。

根据生成原因的不同，可以将库存分为周期库存、在途库存、安全库存（缓冲库存）、投资库存、季节性库存、闲置库存六种类型。

1）周期库存。补货过程中产生的库存。周期库存用来满足确定条件下的需求，其生成的前提是企业能够正确地预测需求和补货时间。

2）在途库存。从一个地方到另一个地方处于运输路线中的物资。在没有到达目的地之前，可以将在途库存看作是周期库存的一部分。需要注意的是，在进行库存持有成本的计算时，应将在途库存看作是运输出发地的库存。因为在途的物资还不能使用、销售或随时发货。

3）安全库存（缓冲库存）。由于生产需求存在着不确定性，企业需要持有周期库存以外的安全库存（缓冲库存）。持有这个观点的人普遍认为企业的平均库存水平应等于订货批量的一半加上安全库存。

4）投资库存。持有投资库存不是为了满足目前的需求，而是出于其他原因，如因价格上涨、物料短缺或是为了预防停工等囤积的库存。

5）季节性库存。季节性库存是投资库存的一种形式，是指生产季节开始之前累积的库存，目的在于保证稳定的劳动力和稳定的生产运行。

6）闲置库存。在某些具体的时间内不存在需求的库存。

2. 库存的作用

（1）维持销售产品的稳定

销售预测型企业对最终销售产品必须保持一定数量的库存，其目的是应对市场的销售变化。这种方式下，企业并不预先知道市场真正需要什么，只是依据对市场需求的预测进行生产，因而产生一定数量的库存是必要的。但随着供应链管理的形成，这种库存也在减少或消失。

【扩展阅读】

销售预测

销售预测是指对未来特定时间内，全部产品或特定产品的销售数量与销售金额的估计，是根据以往的销售情况以及使用系统内部内置或客户自定义的销售预测模型获得的对未来销售情况的预测。销售预测可以直接生成同类型的销售计划。销售计划的中心任务之一就是销售预测，无论企业的规模大小、销售人员多少，销售预测都影响到包括计划、预算和销售额确定在内的销售管理的各方面工作。

（2）维持生产的稳定

企业按销售订单与销售预测安排生产计划，并制订采购计划，下达采购订单。由于采购材料需要一定的提前期，这个提前期是根据统计数据或是在供应商生产稳定的前提下制定的，存在一定的风险，有可能拖后而延迟交货，最终影响企业的正常生产，造成生产的不稳定。为了降低这种风险，企业就会增加材料的库存量。

（3）平衡企业物流

企业在采购材料、生产用料、在制品以及销售产品的物流环节中，库存起着重要的平衡作用。采购的材料会根据库存能力（资金占用等），协调来料收货入库。同时，对生产部门的领料应考虑库存能力、生产线物流情况（场地、人力等）平衡物料发放，并协调在制品的库存管理。此外，对销售产品的库存也要视情况进行协调（各个分支仓库的调度与进货速度等）。

（4）平衡流通资金的占用

库存的材料、在制品及成品是企业流通资金的主要占用部分，因而库存量的控制实际上也是流通资金的平衡。例如，加大订货批量会降低企业的订货费用，保持一定的在制品库存与材料会节省生产交换次数，提高工作效率，在这两方面都要寻找最佳控制点。

3. 库存成本的构成

库存成本是指存储在仓库里的货物所需的成本，是在整个库存过程中所发生的全部费用。

（1）货物成本

货物成本即货物本身的价值，分为采购成本和制造成本。采购成本针对从企业外部购买的产品，主要包含采购费用、运输费用、关税和保险费用等；制造成本针对企业内部生产的产品，主要包含直接原料费用、直接人工费用和管理费用等。

（2）持有成本

持有成本即获取产品后产生的相关费用。企业的资金用于购买或生产库存后，这些资金就无法用于其他投资，也无法从其他投资中获利。用于存储货物的仓库、负责管理库存的人工、管理和存储库存所需的设备（叉车、货架等）都视为持有成本。此外，持有成本还包括在货物存储过程中存在的报废、损坏、丢失、过期等风险，以及预防这类风险所采取的手段，如购买保险等产生的费用。持有成本如图 8－1 所示。

（3）下单成本

下单成本分为采购下单成本和生产下单成本两种。无论哪种订单，下单次数越多，下单成本越高。采购下单成本主要包含管理订单、跟踪订单、催货等活动所产生的费用；生产下单成本主要包含生产控制、设备安装和拆卸、产能损失等相关费用。

（4）缺货成本

缺货成本也称断货成本，即客户订单无法按时交付所导致的损失。

（5）产能成本

产能成本即中长期内增加或减少产能所产生的费用。任何一家企业，在面对长期变化的客户需求时，都会调整产能和生产计划来达成客户订单的交付。

4. 库存控制的基本方法

库存控制方法很多，包括物资卡片控制法、物资预算控制法、定期控制法、定量控制

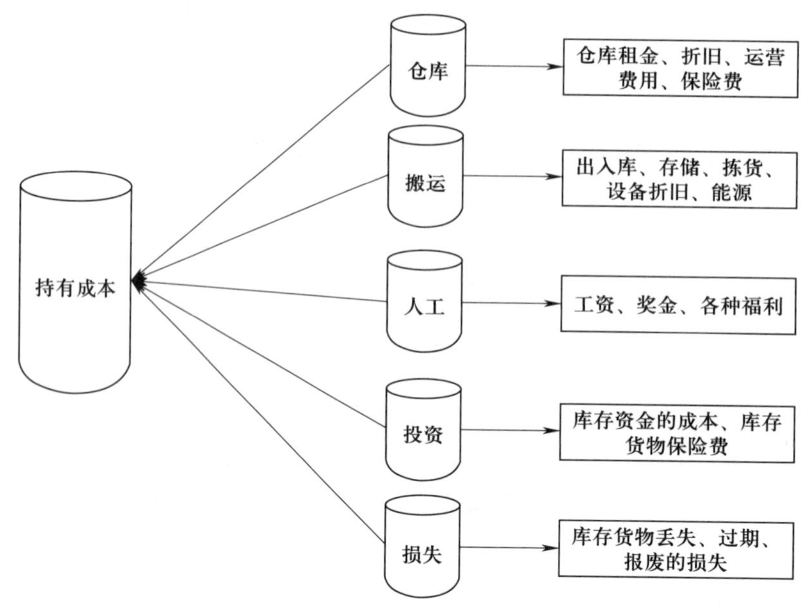

图 8－1　持有成本示意图

法、ABC 分类控制法、双堆法及物资需求计划（MRP）法等。这里重点介绍定期控制法、定量控制法、ABC 分类控制法和双堆法。

（1）定期控制法

定期控制法就是首先确定一个订货间隔期 M，每当经过一个订货间隔期后，就对存储状况进行检查，并预测未来一段时间内的需求情况，据此计算订货量并发出订单，新的供货于订货周期 L 时间后到达。定期控制法需解决两个问题，一个是确定订货间隔期，一个是计算订货数量。

一般来讲，订货间隔期 M 越短，库存检查的频率就越高，对库存的控制精度也就越高。但同时库存管理的工作量也就越大，尤其在库存项目很多而订货间隔期又不同的情况下更是如此。因此，可以区分不同存储项目，对少数重要的存储项目，比如缺货损失大或存储费用高的项目，制定较短的订货间隔期。对相对不太重要的存储项目则可适当延长订货间隔期。同时，可以将订货间隔期分为几个标准值，以简化库存管理工作。需要注意的是，订货间隔期的缩短不是无限度的，它受订货周期以及其他一些因素的影响。对于订货数量，可以采用下面公式计算求得：

$$订货数量 = 平均日需求量 \times (M + L) - 现有存储 + 保险储备定额$$

（2）定量控制法

定量控制法就是事先确定一个具体的订货点 R，每当存储水平降低到订货点时，就立即发出一个订购批量为 Q 的订单。订单发出后，经过订货提前期 L，货物到达。

定量控制法需要确定两个数量参数，即订货点 R 和订购批量 Q。订货点是指订货时的库存量。它应满足这样的条件：在新的订货没有到达之前，现有库存能够保证对需求的供应。因此，订货点存储量就是订货提前期内预计需求数量。一般用以下公式来计算订货点：

$$订货点 R = 平均日需求量 \times 订货提前期 L$$

订货提前期可以根据运输距离和供货厂家的生产周期等条件，加上适当的保险时间来确定。订购批量可用经济订购批量的公式求得。需要注意的是，定量控制法的订货提前期是不一样的，新的供货到达时，库存可能大于保险库存量或小于保险库存量，也可能已经发生缺货。

（3）ABC 分类控制法

库存物资品种多、数量大、占用资金多，但每种物资重要性不同，占用金额也不同，企业应区别对待，分类管理。ABC 分类控制法是将一般的 ABC 分析法应用于库存管理。将物资按品种及资金占用大小，划分为 A、B、C 三类。其中，A 类物资品种数少，只占品种总数的 10% 左右，但其资金却占资金总额的 70% 以上；B 类物资的品种数及资金占用额均占总数的 20% 左右；C 类物资品种数占品种总数的 70% 左右，但资金占用只占资金总额的 10% 以下。

（4）双堆法

双堆法也叫复式库存管理法。这种库存物资控制法，要为同一种物资准备两个容器（货堆），如果一个容器（货堆）里的物资用完了，就去订货，这样在另一个容器（货堆）里的物资用完之前，新货就可入库。由于这两个容器（货堆）是交替使用的，所以也称复式库存管理法。用这种方式管理的物资，一般不需要库存台账、出库传票，大多属于现场管理。对库存中单价很低的物资可采用双堆法。

任务实施

一、组建团队，分配任务

班级同学按 3 ~5 人为一小组，自愿组成若干个学习团队，推选负责人。

二、开展 ABC 分类控制法应用

1. 任务描述

按照所占库存金额对物资进行汇总排列。将该企业所需物资的原始数据（见下表）进行整理，并按需求物资的主要加工类别进行计算，包括品种数量、库存数量、库存金额等。在总品种数不多的情况下，可以用大排队的方法将全部品种逐个列表，并按库存金额的大小由高到低对所有品种顺序排列；如果品种数很多，无法全部排列在表中或没有必要全部排列出来，可以采用分层的方法，即先按物料类型进行分层，以减少品种栏内的项目数，再根据分层的结果将关键的 A 类品种逐个列出来进行重点管理。

物资名称	品种数量/箱	占总品种百分数/%	累计品种百分数/%	库存金额/元	占总库存金额百分数/%	库存金额累计百分数/%	分类
1	136	2. 55	2. 55	13 289 778. 8	25. 52	25. 52	

续表

物资名称	品种数量/箱	占总品种百分数/%	累计品种百分数/%	库存金额/元	占总库存金额百分数/%	库存金额累计百分数/%	分类
2	55	1. 03	3. 58	6 890 674. 21	13. 23	38. 75	
3	95	1. 78	5. 36	6 691 005. 98	12. 85	51. 60	
4	87	1. 63	6. 99	4 571 994. 95	8. 78	60. 38	
5	43	0. 81	7. 80	3 203 353. 24	6. 15	66. 53	
6	188	3. 52	11. 32	2 984 680. 78	5. 73	72. 26	
7	256	4. 8	16. 12	2 798 270. 08	5. 37	77. 63	
8	614	11. 51	27. 63	2 521 401. 33	4. 84	82. 47	
9	98	1. 81	29. 44	2 385 858. 44	4. 58	87. 05	
10	1 125	21. 08	50. 52	1 359 080. 13	2. 61	89. 66	
11	1 413	26. 48	77. 00	1 208 781. 68	2. 32	91. 98	
12	145	2. 72	79. 72	665 519. 37	1. 28	93. 26	
13	242	4. 54	84. 26	655 855. 33	1. 26	94. 52	
14	497	9. 31	93. 57	649 777. 78	1. 25	95. 77	
15	497	0. 36	93. 93	643 744. 38	1. 24	97. 01	
16	17	0. 32	94. 25	578 688. 44	1. 11	98. 12	
17	46	0. 86	95. 11	447 187. 44	0. 86	98. 98	
18	7	0. 13	95. 24	330 890. 31	0. 64	99. 62	
19	253	4. 76	100. 00	202 556. 72	0. 38	100. 00	

2. 任务要求

1）掌握 ABC 分类控制法，能对库存物资进行分类；

2）能够对各项库存物资制定不同的库存管理方法；

3）制作汇报 PPT。

3. 团队汇报成果

每个团队用 8～10 分钟汇报团队应用成果。

任务测评

序号	考核内容	考核标准	配分	得分
1	考核方案资料	1. 能正确解读库存的相关资料 2. 能正确计算相关库存数据 3. 能对库存状况进行正确的分析判断 4. 实训过程态度良好、小组团结协作 5. 实训过程严谨细致、精益求精	60 分	

续表

序号	考核内容	考核标准	配分	得分
2	汇报 PPT	1. 分工明确，全员参与 2. 文档美观，图文并茂 3. 展示详略得当 4. 编排得当，表达流利	40 分	
合计			100 分	

目标检测

一、单项选择题

1. GMP 是指（　　）。

A. 药品不良反应　　B. 药品生产质量管理规范

C. 国家药品监督管理局　　D. 药品生产管理规范

2. 药品生产洁净室（区）空气洁净度划分为（　　）级别。

A. 三个　　B. 四个　　C. 两个　　D. 五个

3. （　　）是物流的主要功能。

A. 包装　　B. 装卸搬运　　C. 流通加工　　D. 储存与运输

4. 供应链是（　　）结构。

A. 直链　　B. 支链　　C. 网链　　D. 环状

5. （　　）是供应链的驱动因素，一条供应链正是从此开始，逐步向上延伸的。

A. 生产计划　　B. 安全库存

C. 战略需要　　D. 客户需求

二、多项选择题

1. 供应链追求（　　）的集成。

A. 物流　　B. 信息流　　C. 资金流　　D. 商流

2. 库存成本的构成包括（　　）。

A. 持有成本　　B. 下单成本　　C. 缺货成本　　D. 货物成本

三、简答题

1. 简述 GMP 的特点。

2. 简述药品生产企业的厂址选择需要注意的问题。

目标检测单项、多项选择题参考答案

一、单项选择题

1. B　2. B　3. D　4. C　5. D

二、多项选择题

1. ABCD　2. ABCD

项目九

医药经营企业管理

医药经营企业，是指在医药商品流通过程中，从事医药商品批发、零售或者批零兼营的企业。通过本项目的学习，了解《药品经营质量管理规范》（GSP）对医药批发、零售企业管理机构及人员的有关规定，掌握GSP对医药批发、零售企业人员的资质要求和医药批发、零售企业管理机构的职责；了解医药商品购销合同的概念与作用，掌握签订医药商品购销合同的相关内容。

任务一　医药经营企业人员管理

学习目标

1. 了解GSP对医药批发、零售企业人员的有关规定。
2. 掌握GSP对医药批发、零售企业人员的资质要求。

【任务引入】

GSP违规案例

某药品监督管理部门在一次飞行检查中发现，某医药连锁有限公司的某门店，店内药师未在岗，查阅资料发现，原药师已离职，公司计算机系统内该用户的权限设置仍为可用状态。新药师尚未有公司记录。公司负责人解释："由于原药师临时离职，新来的药师两天前已到岗，今天体检去了。"

思考问题：

根据《药品经营质量管理规范》，你认为该公司存在哪些违规问题？

请同学们带着这一问题学习下面的相关知识。

相关知识

《药品经营质量管理规范》（good supply practices，GSP）是规范药品经营质量的基本准则。执行 GSP，旨在提高药品经营企业素质，规范药品经营行为，保障药品质量安全。GSP 对医药经营企业在职和在岗人员做出了明确要求，其中第一百七十八条对“在职”和“在岗”做出了明确定义：在职，是指与企业确定劳动关系的在册人员。在岗，是指相关岗位人员在工作时间内在规定的岗位履行职责。

一、GSP 对医药批发、零售企业人员的有关规定

1. GSP 对医药批发企业人员的规定条款

第十二条规定，企业应当全员参与质量管理。各部门、岗位人员应当正确理解并履行职责，承担相应质量责任。

第十四条、第十五条规定，企业负责人是药品质量的主要责任人，全面负责企业日常管理，负责提供必要的条件，保证质量管理部门和质量管理人员有效履行职责，确保企业实现质量目标并按照本规范要求经营药品。企业质量负责人应当由高层管理人员担任，全面负责药品质量管理工作，独立履行职责，在企业内部对药品质量管理具有裁决权。

第十八条规定，企业从事药品经营和质量管理工作的人员，应当符合有关法律法规及本规范规定的资格要求，不得有相关法律法规禁止从业的情形。

第二十二条规定，企业应当配备符合资格要求的质量管理、验收及养护等岗位人员。

第二十三条规定，从事质量管理、验收工作的人员应当在职在岗，不得兼职其他业务工作。

第二十五条至第二十八条对有关培训作了规定。明确要求，企业应当对各岗位人员进行与其职责和工作内容相关的岗前培训和继续培训，以符合本规范要求。培训内容应当包括相关法律法规、药品专业知识及技能、质量管理制度、职责及岗位操作规程等。企业应当按照培训管理制度制订年度培训计划并开展培训，使相关人员能正确理解并履行职责。培训工作应当做好记录并建立档案。从事特殊管理的药品和冷藏冷冻药品的储存、运输等工作的人员，应当接受相关法律法规和专业知识培训并经考核合格后方可上岗。

第二十九条规定，企业应当制定员工个人卫生管理制度，储存、运输等岗位人员的着装应当符合劳动保护和产品防护的要求。

第三十条规定，质量管理、验收、养护、储存等直接接触药品岗位的人员应当进行岗前及年度健康检查，并建立健康档案。患有传染病或者其他可能污染药品的疾病的，不得从事直接接触药品的工作。身体条件不符合相应岗位特定要求的，不得从事相关工作。

第一百一十五条规定，企业应当配备专职或者兼职人员负责售后投诉管理，对投诉的质量问题查明原因，采取有效措施及时处理和反馈，并做好记录，必要时应当通知供货单位及药品生产企业。

第一百一十九条规定，企业质量管理部门应当配备专职或者兼职人员，按照国家有关规定承担药品不良反应监测和报告工作。

2. GSP 对医药零售企业人员的规定条款

第一百二十二条、第一百二十四条规定，企业负责人是药品质量的主要责任人，负责企业日常管理，负责提供必要的条件，保证质量管理部门和质量管理人员有效履行职责，确保

企业按照本规范要求经营药品。企业从事药品经营和质量管理工作的人员，应当符合有关法律法规及本规范规定的资格要求，不得有相关法律法规禁止从业的情形。

第一百二十七条规定，企业各岗位人员应当接受相关法律法规及药品专业知识与技能的岗前培训和继续培训，以符合本规范要求。

第一百三十条规定，在营业场所内，企业工作人员应当穿着整洁、卫生的工作服。

第一百三十一条规定，企业应当对直接接触药品岗位的人员进行岗前及年度健康检查，并建立健康档案。患有传染病或者其他可能污染药品的疾病的，不得从事直接接触药品的工作。

第一百六十六条规定，营业人员应当佩戴有照片、姓名、岗位等内容的工作牌，是执业药师和药学技术人员的，工作牌还应当标明执业资格或者药学专业技术职称。在岗执业的执业药师应当挂牌明示。

二、GSP 对医药批发、零售企业人员的资质要求

1. GSP 对医药批发企业人员的资质要求

第十九条至第二十一规定了企业负责人、企业质量负责人和企业质量管理部门负责人的资质要求。企业负责人应当具有大学专科以上学历或者中级以上专业技术职称，经过基本的药学专业知识培训，熟悉有关药品管理的法律法规及本规范。企业质量负责人应当具有大学本科以上学历、执业药师资格和 3 年以上药品经营质量管理工作经历，在质量管理工作中具备正确判断和保障实施的能力。企业质量管理部门负责人应当具有执业药师资格和 3 年以上药品经营质量管理工作经历，能独立解决经营过程中的质量问题。

第二十二条规定，企业应当配备符合以下资格要求的质量管理、验收及养护等岗位人员：①从事质量管理工作的，应当具有药学中专或者医学、生物、化学等相关专业大学专科以上学历或者具有药学初级以上专业技术职称。②从事验收、养护工作的，应当具有药学或者医学、生物、化学等相关专业中专以上学历或者具有药学初级以上专业技术职称。③从事中药材、中药饮片验收工作的，应当具有中药学专业中专以上学历或者具有中药学中级以上专业技术职称；从事中药材、中药饮片养护工作的，应当具有中药学专业中专以上学历或者具有中药学初级以上专业技术职称；直接收购地产中药材的，验收人员应当具有中药学中级以上专业技术职称。从事疫苗配送的，还应当配备 2 名以上专业技术人员专门负责疫苗质量管理和验收工作。专业技术人员应当具有预防医学、药学、微生物学或者医学等专业本科以上学历及中级以上专业技术职称，并有 3 年以上从事疫苗管理或者技术工作经历。

第二十四条规定，从事采购工作的人员应当具有药学或者医学、生物、化学等相关专业中专以上学历，从事销售、储存等工作的人员应当具有高中以上文化程度。

第二十八条规定，从事特殊管理的药品和冷藏冷冻药品的储存、运输等工作的人员，应当接受相关法律法规和专业知识培训并经考核合格后方可上岗。

2. GSP 对医药零售企业人员的资质要求

第一百二十五条规定，企业法定代表人或者企业负责人应当具备执业药师资格。企业应当按照国家有关规定配备执业药师，负责处方审核，指导合理用药。

第一百二十六条规定，质量管理、验收、采购人员应当具有药学或者医学、生物、化学等相关专业学历或者具有药学专业技术职称。从事中药饮片质量管理、验收、采购人员应当具有中药学中专以上学历或者具有中药学专业初级以上专业技术职称。营业员应当具有高中以上文化程度或者符合省级食品药品监督管理部门规定的条件。中药饮片调剂人员应当具有中药学中专以上学历或者具备中药调剂员资格。

第一百六十九条规定，药品拆零销售应当符合以下要求：负责拆零销售的人员经过专门培训。

任务实施

【背景资料】

连经理为某生物科技有限公司人力资源部经理，接到总公司任务，总公司需要在西北某城市新成立一家经营分公司，主营体外诊断试剂，要求人力资源部为该经营分公司招聘相关质量管理人员。因此，连经理要求人力资源部小李尽快拟订一份招聘计划书。

请同学们思考：如果你是小李，你认为该经营分公司招聘计划书中应该包括哪些质量管理方面的人员？这些计划招聘人员应具备怎样的条件？

请同学们拟订一份招聘计划书。

一、组建团队，分配任务

班级同学按 3 ~5 人规模，自愿组成若干个学习团队，推选负责人。

二、根据 GSP 有关条款起草招聘计划书

参考相关资料起草招聘计划书并汇报，保存为 WORD 格式文档，作为课程学习资源的组成部分。

三、团队汇报成果

每个团队用 5 ~8 分钟介绍招聘计划书。

【操作提示】

引导学生复习 GSP 有关规定。本任务重点训练学生的分析、写作和表达能力，教师应加强和学生的沟通交流和指导，保证招聘计划书符合有关要求。

任务测评

序号	考核内容	考核标准	配分	得分
1	招聘计划书	1. 内容符合有关规定，分析准确，具有操作性 2. 结构清晰，格式规范，可阅读性强	40 分	

续表

序号	考核内容	考核标准	配分	得分
2	汇报 PPT	1. 分工明确，全员参与 2. 文档美观，图文并茂 3. 展示详略得当 4. 编排得当，表达流利	60 分	
合计			100 分	

任务二　医药经营企业机构管理

学习目标

1. 了解医药经营企业机构管理的有关规定。
2. 掌握医药批发、零售企业的管理机构。

【任务引入】

小邵是某大型医药批发公司质管部经理。最近市场上小型家用制氧机畅销，价格上涨，货源紧张。小邵的大学同学小洪找上门来，想通过小邵批发十台小型家用制氧机，销售给相熟的零售药店赚取差价。小邵了解到小洪大学毕业后开了一家小型贸易公司，但主营业务范围未包含医疗器械，因此拒绝了小洪的请求，小洪很生气，觉得小邵不愿意帮自己，没有同学情。小邵觉得很委屈。

思考问题：

1. 你觉得小邵做得对吗？
2. 小邵拒绝帮这个忙的理由是什么？他应该怎样向小洪做好解释？

请同学们带着这些问题学习下面的内容。

相关知识

一、医药批发、零售企业的管理机构

1. 医药批发企业和医药零售企业

（1）医药批发企业

医药批发企业是指将购进的医药商品销售给医药生产企业、医药经营企业、医疗机构的医药商品经营企业。医药批发企业从医药生产企业或其他医药批发企业购进医药商品，供应给医药生产企业用于生产，供应给其他医药批发企业用于转卖，供应给医药零售企业用于销

售，供应给医疗机构用于使用。医药批发企业主要由各级各类医药商品经营批发公司组成，是医药商品流通的纽带。

（2）医药零售企业

医药零售企业是指从医药生产企业或医药批发企业购进医药商品，销售给消费者防病、治病的商业零售企业。其主要的存在形式是各类药店和医疗器械商店。

2. 医药批发企业管理机构和医药零售企业管理机构

无论是医药批发企业还是医药零售企业，作为有经营目的的经济组织实体，企业内外部管理工作错综复杂，如企业内部的人、财、物管理，企业外部的与其他企业、政府之间的关系。因此，企业必须有完善的管理机构和健全的管理制度体系，才能在适应市场经济规律的前提下，协调企业经营过程中各环节的正常运转，实现企业的经营目标。

（1）医药批发企业管理机构

医药批发企业管理机构是指医药批发企业经营管理模式和企业领导制度的表现形式。

（2）医药零售企业管理机构

医药零售企业管理机构是指医药零售企业经营管理模式和企业领导制度的表现形式。

二、《中华人民共和国药品管理法》对医药经营企业的管理规定

1. 开办医药经营企业必须具备的条件

《中华人民共和国药品管理法》第五十二条规定，从事药品经营活动必须具备以下条件：

1）有依法经过资格认定的药师或者其他药学技术人员；

2）有与所经营药品相适应的营业场所、设备、仓储设施和卫生环境；

3）有与所经营药品相适应的质量管理机构或者人员；

4）有保证药品质量的规章制度，并符合国务院药品监督管理部门依据本法制定的药品经营质量管理规范要求。

以上从四个方面原则性规定了开办医药经营企业的条件，其中“依法经过资格认定”的药师或其他药学技术人员，是指依照国家有关规定，取得执业药师资格，具有药品经营所需的专业技术知识的人员。

执业药师是指经全国统一考试合格，取得执业药师资格证书并经注册登记，在药品生产、经营、使用单位中执业的药学技术人员。我国自 1994 年开始实施执业药师资格制度，纳入全国专业技术人员执业资格制度统一规划的范围。

执业药师是保障人民用药安全、有效的不可缺少的药学技术力量，是关系人民生命健康的特殊职业。对从事关键药学技术业务的药学技术人员依法实行职业准入控制，是世界各国普遍施行的制度，是保障人民用药安全、有效的必要手段。目前，我国执业药师管理体系基本建立，执业药师管理政策不断完善，执业药师逐步得到社会认同，地位不断提高，队伍不断壮大，对人民防病治病、康复保健发挥着重要作用。

随着我国处方药与非处方药分类管理制度的实施，为了加强管理，国家规定经营处方

药、甲类非处方药的药品零售企业，应当配备执业药师或者其他依法经资格认定的药学技术人员。经营乙类非处方药的药品零售企业，应当配备经设区的市级药品监督管理机构或者省、自治区、直辖市人民政府药品监督管理部门直接设置的县级药品监督管理机构组织考核合格的业务人员。

2. 开办药品经营企业的法定程序

开办药品批发企业，申办人应当向拟办企业所在地省、自治区、直辖市人民政府药品监督管理部门提出申请，经其批准发给药品经营许可证；开办药品零售企业，应当向拟办企业所在地设区的市级药品监督管理机构或者省、自治区、直辖市人民政府药品监督管理部门直接设置的县级药品监督管理机构提出申请，经其批准发给药品经营许可证。无药品经营许可证的，不得经营药品。药品经营许可证标明有效期和经营范围，到期须重新审查发证。

三、GSP对医药批发企业机构管理的有关规定

第十三条规定，企业应当设立与其经营活动和质量管理相适应的组织机构或者岗位，明确规定其职责、权限及相互关系。

第十六条规定，企业应当设立质量管理部门，有效开展质量管理工作。质量管理部门的职责不得由其他部门及人员履行。

第十七条规定，质量管理部门应当履行以下职责：①督促相关部门和岗位人员执行药品管理的法律法规及本规范；②组织制订质量管理体系文件，并指导、监督文件的执行；③负责对供货单位和购货单位的合法性、购进药品的合法性以及供货单位销售人员、购货单位采购人员的合法资格进行审核，并根据审核内容的变化进行动态管理；④负责质量信息的收集和管理，并建立药品质量档案；⑤负责药品的验收，指导并监督药品采购、储存、养护、销售、退货、运输等环节的质量管理工作；⑥负责不合格药品的确认，对不合格药品的处理过程实施监督；⑦负责药品质量投诉和质量事故的调查、处理及报告；⑧负责假劣药品的报告；⑨负责药品质量查询；⑩负责指导设定计算机系统质量控制功能；⑪负责计算机系统操作权限的审核和质量管理基础数据的建立及更新；⑫组织验证、校准相关设施设备；⑬负责药品召回的管理；⑭负责药品不良反应的报告；⑮组织质量管理体系的内审和风险评估；⑯组织对药品供货单位及购货单位质量管理体系和服务质量的考察和评价；⑰组织对被委托运输的承运方运输条件和质量保障能力的审查；⑱协助开展质量管理教育和培训；⑲其他应当由质量管理部门履行的职责。

第三十七条规定，部门及岗位职责应当包括：①质量管理、采购、储存、销售、运输、财务和信息管理等部门职责；②企业负责人、质量负责人及质量管理、采购、储存、销售、运输、财务和信息管理等部门负责人的岗位职责；③质量管理、采购、收货、验收、储存、养护、销售、出库复核、运输、财务、信息管理等岗位职责；④与药品经营相关的其他岗位职责。

四、GSP对医药零售企业机构管理的有关规定

第一百二十一条规定，企业应当具有与其经营范围和规模相适应的经营条件，包括组织

机构、人员、设施设备、质量管理文件，并按照规定设置计算机系统。

第一百二十三条规定，企业应当设置质量管理部门或者配备质量管理人员，履行以下职责：①督促相关部门和岗位人员执行药品管理的法律法规及本规范；②组织制订质量管理文件，并指导、监督文件的执行；③负责对供货单位及其销售人员资格证明的审核；④负责对所采购药品合法性的审核；⑤负责药品的验收，指导并监督药品采购、储存、陈列、销售等环节的质量管理工作；⑥负责药品质量查询及质量信息管理；⑦负责药品质量投诉和质量事故的调查、处理及报告；⑧负责对不合格药品的确认及处理；⑨负责假劣药品的报告；⑩负责药品不良反应的报告；⑪开展药品质量管理教育和培训；⑫负责计算机系统操作权限的审核、控制及质量管理基础数据的维护；⑬负责组织计量器具的校准及检定工作；⑭指导并监督药学服务工作；⑮其他应当由质量管理部门或者质量管理人员履行的职责。

五、医药批发、零售企业管理机构设置的原则

医药批发、零售企业管理机构设置，既要保证企业全部经济活动的正常运行，又要有利于企业内部的管理，因此需要遵循一定的设置原则。

1. 核心原则

医药批发、零售企业的核心任务是做好医药商品流通，取得一定的经济效益。因此，管理机构的设置必须坚持围绕经营需要的重点，实现经济效益。合理的设置有利于更好地组织医药商品流通，提高企业的经济效益，如业务机构、财务机构、人力资源机构的设置等。

2. 高效原则

医药批发、零售企业管理机构的设置要遵循高效原则。通过管理现代化和组织科学化，力求管理机构精简、人员精干、工作高效。可根据企业规模大小和专业分工粗细，设置合理的管理机构，保证完成核心任务高质量，运行高效率。经济合理地设置管理机构和配备各类人员，能够较好地控制经营成本，提高企业经济效益。

3. 有效管理幅度原则

由于一个人的知识、经验、能力、精力及时间等的局限性，一个管理者直接有效领导与指挥的下属人数也是有限的。管理幅度太小，管理者无法达到满负荷工作；管理幅度太大，会产生管不过来、管不到位的问题。因此，管理机构的设置必须要使管理幅度是有效的。

4. 目标统一原则

管理机构层次的设置和企业组织结构的建立要以实现组织目标为导向，各层次都要以企业总目标为目标，把各自的目标置于总目标的统一之下。

六、医药批发企业管理机构的模式

医药批发企业的管理机构由若干职能不同的部门和管理权力不同的管理层次组成，通过

这种固定领导从属关系的形式可以正确处理各部门和管理层次之间的关系，保证企业管理的正常运转。按照企业组织结构形式，最常见的管理机构模式是，自上而下的高度集权管理，决策权集中于最高层的直线制模式；按职能进行分工管理，对下级没有指挥和命令的权力，只提供建议和业务上的指导的职能制模式；直线制与职能制相结合，以直线为基础，在各级行政负责人之下设置相应的职能部门，分别从事专业管理的直线职能制模式；多个为完成专门任务而由各职能部门派人联合组成的专门小组形成的横向系统组成的矩阵模式等，有关内容在项目一中有阐述，在此不再赘述。

七、医药零售企业管理机构的模式

1. 医药零售连锁企业的经营模式

医药零售连锁企业是由一个连锁经营总部和众多分店所构成的一种企业联合体。其经营呈现产销一体化或批零一体化的流通格局。最常见是直营连锁、加盟连锁和自由连锁。

（1）直营连锁

连锁企业的所有门店由总部直管经营，以独资、控股或兼并等方式对各连锁分店拥有全部所有权、经营权、监督权，总部决定各连锁分店的经营品种、采购、价格、销售方式等，实施人、财、物、购、库、销等方面的统一管理。

（2）加盟连锁

加盟连锁又指特许经营，总部通过与加盟店之间签订合同，将自己拥有的产品、商标、专利技术、经营模式等，授予加盟店在规定区域内的经销权和营业权。加盟店按照合同规定从事经营活动，同时向总部支付相应费用并承担规定义务。加盟者拥有对门店的除生产经营权外的所有权，包括具有独立的企业法人资格和人事、财务权。

（3）自由连锁

企业之间为了共同利益而结成联合体，各成员店是独立法人，合作经营部分业务，以共享规模效益。

2. 零售药店市场经营模式

随着医药市场的不断发展，医药零售企业朝着集中化和连锁化方向发展，不断进行经营机制改革，催生出各具特色的市场经营模式。

（1）药品超市或大卖场

主要以货全、低价销售吸引消费者，其目标消费群体以老年人和家庭主妇等社区居民为主。

（2）店中店药店

主要设置在商场或大型超市内，消费者一般是商业区内的流动消费者，特点是可以满足消费者“一站式”购买需求，节省其精力和时间。药店与超市伴生共存，相互借力，超市借药店丰富了商品线，药店借超市吸引了人气。

（3）DTP 药房

DTP 指“直接面向患者”（direct to patient），DTP 药房是为患者提供更有价值的专业服务的药房。患者在医院开具处方后，药房根据处方按照患者或其家属指定的时间和地点送药上门，并且为患者提供用药咨询等专业服务。DTP 药房也被称为高值新特药直送平台。其优势在于方便患者。由于这类药店的专业性服务，往往能够获得消费者信赖，其经营模式趋于高毛利、低流量。

(4) 社区便利药店

主要销售药品和日用品，最大特点是便利性。

(5) 药店 + 诊所

主要销售药品及提供一些专业的健康诊疗服务。

(6) 药妆店

主要销售药品与化妆品，以中青年女性为主要消费群体，是国内药品零售新模式。

(7) 网上药店

申办企业必须是连锁企业，有多家实体连锁药房，具备专业的信息化设备及完善的仓储和物流体系。

任务实施

一、组建团队，分配任务

班级同学按 3 ~5 人规模，自愿组成若干个学习团队，推选负责人。

二、根据案例资料整理企业管理模式

1. 开展对医药经营企业管理机构的分析研讨

团队成员通过网络查阅或调查，选取具有代表性的两家医药经营企业，查询其管理机构，并画出其结构图，分析其经营模式与管理机构设置，形式案例资料保存为 WORD 格式文档（注明资料出处），作为课程学习资源的组成部分。

2. 制作汇报 PPT

团队成员合理分工，围绕搜集的案例、分析问题、收获体会等方面，制作汇报 PPT。

三、团队汇报案例整理成果

每个团队用 5 ~8 分钟展示搜集的案例资料，汇报成果。

任务测评

序号	考核内容	考核标准	配分	得分
1	案例资料	1. 资料来源权威真实，注明出处 2. 选取的医药经营企业管理机构具有代表性，结构图清晰明确，一目了然 3. 案例整理清晰，格式规范，可阅读性强	60 分	

续表

序号	考核内容	考核标准	配分	得分
2	汇报 PPT	1. 分工明确，全员参与 2. 文档美观，图文并茂 3. 展示详略得当 4. 编排得当，表达流利	40 分	
合计			100 分	

任务三　医药商品购销合同

学习目标

1. 了解医药商品购销合同的概念与作用。
2. 掌握签订医药商品购销合同的原则与程序。
3. 掌握医药商品购销合同的条款与文本格式。

【任务引入】

医药商品购销合同纠纷案

甲、乙两医药公司是长期的合作伙伴，李某是甲医药公司的一名业务员，一直负责与乙医药公司进行接洽并签订医药商品购销合同。2019 年 8 月，乙医药公司交付的一批药品质量不合格，按照双方在合同中的事先约定，甲医药公司有权扣除 20% 货款。但李某于 2019 年 3 月 15 日与乙医药公司签署了货款确认书，其中未扣款。不久后，乙医药公司向甲医药公司出示该货款确认书，要求甲医药公司支付全部货款。甲医药公司以李某的行为超越了代理权限且代理书上未加盖公司印章为由拒绝清偿应扣除的货款。乙医药公司遂诉至法院，要求甲医药公司立即清偿全部货款。

思考问题：

乙医药公司要求甲医药公司清偿全部货款的诉求是否合理？

请同学们带着这一问题学习下面的内容。

相关知识

一、医药商品购销合同概述

1. 医药商品购销合同的概念

医药商品购销合同，是指双方当事人为实现一定的经济目的，而明确双方权利和义务的书面协议，医药商品购销合同双方，是指卖方（或称乙方）和买方（或称甲方）。

2. 医药商品购销合同的特点

医药商品购销合同具有以下三个特点。

（1）合同体现平等主体

平等主体指签订医药商品购销合同的当事人双方权利平等，互不隶属，在法律上具有独立平等资格。双方之间不分大小强弱，没有上下级之分。任何一方都享有经济权利，同时也必须承担经济义务。

（2）合同是为实现一定的经济目的

医药商品购销合同是经济合同，与其他合同的区别是经济合同确认了合同当事人之间在生产、经营领域中发生的经济业务关系，当事人订立和履行合同，都是为了满足生产经营的需要，获得一定的经济效益。

（3）合同明确当事人之间的权利义务

医药商品购销合同对双方当事人的经济权利、义务和违约责任进行具体明确规定。权利与义务是相互的，任何一方在享有经济权利的同时，必须承担相应的经济义务，如果不履行或违反购销合同，必须承担相应的法律责任。任何一方不能擅自变更或解除购销合同。

3. 医药商品购销合同的作用

医药商品购销合同在医药商品的市场经营中起着重要作用。通过履行合同，保证了医药商品的生产和市场流通，促进了医药产业的发展。

（1）合同是促进医药商品市场流通的有效手段

通过签订医药商品购销合同，将医药商品供应者与购买者联系起来，双方在自愿合作的基础上，使医药商品在品种、规格、数量、质量上得到保证，使物流运输环节在时间和空间上得到衔接，既保证了企业经营计划和企业任务的顺利完成，也以利益约束和法律保障来完成医药商品的市场流转，满足了人民群众健康的需要。

（2）合同是提高企业经济效益的有效途径

通过签订医药商品购销合同来影响企业的经济活动。从某种程度上说，合同是一种计划，也是一种约束。企业在签订合同前，必须对所要履行的义务有细致深入的了解，对购销医药商品的品种、规格、数量、价格、交货时间、物流运输方式、货款承付等一系列内容都要了如指掌，进行合理分析、周密计划，以防签订无法履行的合同，造成企业的后期经营出现问题。签订合同后，企业按合同规定去经营，可以避免医药商品积压或脱销，以最少的医药商品储存保证流通，合理组织医药商品运输，降低医药商品运输费用，合理使用资金，加速资金周转，节约流动资金，在降低经济成本的基础上尽可能提高经济效益。

二、签订医药商品购销合同的原则与程序

1. 签订医药商品购销合同的原则

在签订医药商品购销合同时，需要遵循一定的原则，保证合同的合理性和可行性。

（1）守法原则

医药商品购销合同的内容和签订程序必须符合有关法律法规的规定，符合国家相关政策的规定。任何单位或个人都不得利用合同违法经营，扰乱社会经济秩序，损害国家利益和社会公共利益。医药商品作为一种特殊商品，与人民生命安全息息相关，其市场流通需要受到比一般商品更严格的约束。

（2）平等原则

平等原则实际上有两层含义，包括平等和平等上的互利。合同双方当事人的法律地位平等，同时双方当事人在经济利益上又相互兼顾。双方当事人为了各自的经济利益，协商达成一致意见，订立经济合同，因此合同应体现双方的利益和要求。合同双方当事人付出等量劳动或支付相应的代价，不允许一方损害另一方的利益。订立合同时平等互利、协商一致。

（3）书面原则

医药商品购销合同的订立，应当采用书面形式，但可以先进行要约。

2. 签订医药商品购销合同的程序

医药商品购销合同的订立，是双方当事人在平等的基础上经过充分协商达成协议的过程，签订合同的主要程序是：

1）进行市场调查和可行性研究；

2）对对方进行资信审查；

3）发出要约，即一方当事人以缔结合同为目的，向对方当事人提出合同条件，希望对方当事人接受；

4）双方洽谈协商，达成一致；

5）承诺，即受要约人同意要约，若是受要约人对合同条款部分同意或附加条件地同意，就不是承诺，而是提出新的要约，需要进一步协商；

6）拟定合同文书；

7）双方当事人签字或盖章，履行合同生效手续，合同订立的程序完成。

三、医药商品购销合同的主要条款与文本格式

1. 医药商品购销合同的主要条款

医药商品购销合同的主要条款，即主要内容，是合同双方当事人权利和义务的具体体现。

（1）当事人姓名或名称

合同的当事人是具有相应民事能力的自然人、法人或者其他组织。

（2）标的

标的是指经济合同双方当事人的权利和义务关系指向的对象，即合同所要达到的目的。标的是订立经济合同的前提。标的可能是物、成果、行为等。其中，标的物是具体法律关系中所涉及的物。一个经济合同必须有标的。例如，医药商品购销合同的标的是医药商品。

（3）数量和质量

标的的具体化规定就是数量和质量。数量，是标的量的规定，数量确定了经济合同权利义务的大小或多少。例如医药商品购销合同中有些医药商品有明确的自然损耗率。质量是检验标的内在素质和外观形态优劣的标准。

（4）价款

医药商品购销合同中的价款是取得标的的一方以货币形式支付给另一方的代价，包括货款、运费、手续费、租金、利息等。凡国家定价的，必须严格遵守国家价格；国家未定价格和政策上允许议价的，由当事人协商确定，并明确计算标准、结算方式和流程。

（5）履约期限

履约期限即当事人履行义务的时间界限，逾期即构成违约。主要包括：签订期限，即要约人接到承诺的时间；合同有效期限，即合同有法律效力的时间范围，过期合同即为无效；合同履行期限，即合同当事人承担义务和享受权利的时间范围。

（6）履约方式

当事人以怎样的方法履行各自的义务，在经济合同中应有明确规定，违反规定应承担违约责任。

（7）履约地点

履行义务和接受履行的场所。标的不同，履行地点也不同。例如，医药商品购销合同的履行地，可以是医药商品发运地或买方自提的医药商品提货地。

（8）违约责任

合同当事人，全部不履行合同或不完全履行合同，都属于违约，要承担违约责任。这一规定是对不按合同规定履行义务的制裁，也是维护合同当事人合法权益的保证。违约经济责任通常是偿付违约金和赔偿金，具有惩罚性。

2. 医药商品购销合同的文本格式

以下是药品购销合同的示例，供参考。

药品购销合同

合同编号：

甲方（买方）：

乙方（卖方）：

甲乙双方本着平等、诚实信用的原则，根据《中华人民共和国民法典》等法律、法规、规章、规范性采购文件，经双方协商一致，就有关事项达成如下具体协议。

一、基本情况

1. 标的

标的是合同双方当事人权利和义务共同指向的对象，即合同所要达到的目的。标的是订立经济合同的前提，没有标的，双方当事人的权力义务就无法落实，合同也就无法履行。

2. 品名

品名是产品或商品的名称，是指能使某种商品区别于其他商品的一种称呼或概念。

3. 数量

数量是“标的”量的具体化，是衡量标的大小或多少的尺度。为了使标的数量准确无误，便于履行，合同中要明确规定计量标准和计量方法。有的药品还应有明确的自然损耗率。

4. 价格与货款

价格是单位金额，凡国家规定了价格的，必须遵守国家价格；国家未定价格和政策上允许议价的，当事人协商而定，并明确它们的计算标准，结算方式和程序。货款是取得标的的一方支付给另一方表现为货币的代价。

二、质量标准

质量标准是检验“标的”内在素质和外观形态优劣的尺度。当事人执行的标准，必须符合国家最新药典或国家药品监督管理部门规定的标准，并必须在合同中明确规定，双方还要明确质量的验收方法和程序。

三、药品有效期

乙方交付的药品有效期应与合同中规定的有效期一致，且所提供药品的有效期不得少于12 个月，特殊品种双方另行商定。

四、包装标准

乙方提供的全部药品均应按国家规定的标准保护措施进行包装，每一个包装箱内应附有一份详细装箱数量单和该药品生产企业同批号的出厂药品检验记录或合格证（进口药品应提供进口药品注册证和口岸药检所的进口药品检验报告书复印件，并加盖经营企业公章）。如为拼装箱件，箱内应按前述要求附有各种药品数量单和药品质量证明材料复印件，并加盖配送企业公章。

五、特殊要求

特殊要求是根据合同“标的”或“条款”的需要，特别提出的要求。

例如：药品的包装按规定或甲方要求加以明确。

六、配送服务

配送由乙方提供或组织提供，乙方按合同要求对甲方提供或组织配送服务，每次配送的时间和数量以乙方收到甲方的供货通知为准。原则上在乙方收到供货通知后（　　）小时内送达，属急救及加急供货的应在（　　）小时内送达。

七、双方的权利义务

甲方应当按照约定全面履行自己的义务。应当遵循诚信原则，根据合同的性质、目的和交易习惯履行通知、协助、保密等义务。

乙方应当履行向甲方交付药品或者交付提取药品的单证，并转移药品所有权的义务。

药品数量、规格与随货同行单不符及有效期有问题，甲方在验收乙方货物有异议的，应在收货之日起（　　）日内提出，否则视为验收合格。

八、违约责任

合同当事人，全部不履行合同或不完全履行合同，都属于违约，要承担违约责任。这一规定是对不按合同规定履行义务的制裁措施，也是维护双方合法权益的一种保证。违约经济责任主要指偿付违约金和赔偿金，具有惩罚性质。违约责任是经济合同的重要条款，没有违约责任规定的经济合同，是难以正常履行的。

九、合同生效及合同有效期

本合同自双方签字盖章后生效，有效期自合同生效之日起至（　　）年（　　）月（　　）日止，共（　　）天。

十、合同争议解决方式

本合同在履行过程中发生争议，由双方协商解决；协商不能解决的，选定下列第（　　）种方式解决。

1. 提交（　　）市仲裁委员会仲裁。

2. 依法向（　　）人民法院提起诉讼。

十一、合同效力

本合同一式两份，甲乙双方各执一份，自双方签字、盖章之日起生效。

十二、其他约定

根据具体情况由甲乙双方填写。

十三、附则

本合同如有未尽事宜，经双方协商可以签订补充协议，补充协议不得违背采购文件及本合同的实质性内容。补充协议与合同具有同等的法律效力。

甲方（买方）：盖章
单位名称：
法定代表人：
委托代理人（签字）：
联系方式：
开户银行：
账号：
税号：
邮编：
传真：
签约日期：

乙方（卖方）：盖章
单位名称：
法定代表人：
委托代理人（签字）：
联系方式：
开户银行：
账号：
税号：
邮编：
传真：
签约日期：

四、医药商品购销合同的代订与无效

1. 医药商品购销合同的代订

代订合同，实际上是一种委托代理。通常订立医药商品购销合同时，企业单位法定代表人亲自参加有困难，这时企业单位及其法定代表人可委托他人代为办理，最常见的是授权本单位的有关业务工作人员代为办理。代订医药商品购销合同，若符合法律规定，则对委托单位直接产生权利和义务，委托单位必须全面、认真地履行合同，否则要承担法律责任。代理人在代订合同时，必须符合以下三个条件：

1）代理人必须事先取得委托单位的委托证明，即委托书。委托书的内容包括代理人姓名和单位、住址、职务、代理事项和权限、委托日期和期限，并由委托单位的法定代表人签名盖章。对于授权本单位的业务人员签订合同，但未给予正式授权委托书的，合同签订人必须使用委托单位的合同专用章或者加盖公章的空白合同书签订合同，或者持有委托单位出具的介绍信签订合同。若合同签订人未持委托单位出具的任何证明签订合同，委托单位未予盖章，但委托单位已经开始履行合同，应视为对合同签订人的行为已经予以追认，因而对该项合同应当承担责任，需要继续履行的应当补办盖章手续。

2）代理人必须根据委托单位的授权范围订立经济合同。

3）代理人必须以委托单位的名义订立合同。

2. 医药商品购销合同无效

（1）无效合同的相关规定

根据《民法典》规定，下列情形订立的合同为无效：

1）违反法律、行政法规的强制性规定订立的合同无效；

2）行为人与相对人以虚假的意思表示订立的合同无效；

3）行为人与相对人恶意串通，损害他人合法权益订立的合同无效；

4）一方以欺诈或胁迫手段，使对方在违背真实意思的情况下订立的合同无效。

（2）确认是否无效合同的依据

1）主体是否合格。经济合同的主体即合同当事人必须合格，合同才有效。例如，法人资格是否合格，是否有违规经营或超范围经营，代理是否越权等。

2）内容是否合法。内容合法，合同才具有法律效力。合同标的物是否属于法律法规和国家政策、计划禁止经营的物品；合同中规定的具体条款是否违反国家法律、行政法规，或损害国家利益、社会公共利益、他人利益。

3）形式是否完整。医药商品购销合同应为书面形式，不应采用口头形式。除非双方当事人已自觉履行完毕的例外。合同主要条款必须完整而清晰。当事人在履行过程中或纠纷产生后对条款进行了补充的除外。

4）表述是否真实。合同的签订是为了保护双方当事人的合法权益，各种欺骗、威胁、强迫命令等手段所订立的合同或弄虚作假订立的合同都是无效的。

五、医药商品购销合同的变更、解除与仲裁

1. 医药商品购销合同的变更、解除

医药商品购销合同的变更、解除是指有效订立的医药商品购销合同在尚未履行或未履行完毕之前，由于一定法律事实的出现而使合同内容发生改变或需要终止整个合同的履行。

（1）变更和解除合同的条件

药品购销合同订立后，一般当事人一方不得擅自变更和解除合同，除非具备以下情形：

1）当事人协商一致，可以变更或解除合同。

2）当事人对合同变更的内容约定不明确的，推定为未变更。

3）当事人可以约定一方解除合同的事由。解除合同的事由发生时，解除权人可以解除合同。

4）因不可抗力致使不能实现合同目的，可以解除合同。

5）在履行期限届满前，当事人一方明确表示或者以自己的行为表明不履行合同，可以解除合同。

6）当事人一方迟延履行合同，经催告后在合理期限内仍未履行，可以解除合同。

7）当事人一方迟延履行合同或者有其他违约行为致使不能实现合同目的，可以解除合同。

（2）合同解除程序

当事人一方依法主张解除合同的，应当通知对方。合同自通知到达对方时解除；通知载明债务人在一定期限内不履行债务则合同自动解除，债务人在该期限内未履行债务的，合同自通知载明的期限届满时解除。

（3）变更和解除合同的权利义务

对解除合同有异议的，任何一方当事人均可以请求人民法院或者仲裁机构确认解除行为的效力。当事人一方未通知对方，直接以提起诉讼或者申请仲裁的方式依法主张解除合同，人民法院或者仲裁机构确认该主张的，合同自起诉状副本或者仲裁申请书副本送达对方时解除。合同解除后，尚未履行的，终止履行；已经履行的，根据履行情况和合同性质，当事人可以请求恢复原状或者采取其他补救措施，并有权请求赔偿损失。合同因违约解除的，解除权人可以请求违约方承担违约责任，但是当事人另有约定的除外。合同的权利义务关系终止，不影响合同中结算和清理条款的效力。

2. 医药商品购销合同的仲裁

（1）合同的仲裁机构

《民法典》第五百三十三条规定，合同成立后，合同的基础条件发生了当事人在订立合同时无法预见的、不属于商业风险的重大变化，继续履行合同对于当事人一方明显不公平的，受不利影响的当事人可以与对方重新协商；在合理期限内协商不成的，当事人可以请求人民法院或者仲裁机构变更或者解除合同。人民法院或者仲裁机构应当结合案件的实际情况，根据公平原则变更或者解除合同。

医药商品购销合同发生争议时，合同双方当事人应秉承实事求是、互谅互让的原则，及时自行协商解决争议。

（2）合同的仲裁原则

1）仲裁机构在其职权范围内处理合同纠纷，实行一裁终局制度。当事人在接到仲裁机构裁决书六个月内，如提出证据证明裁决有《中华人民共和国仲裁法》第五十八条规定的情形之一的，可直接向人民法院申请撤销裁决。

2）仲裁机构对受理的合同纠纷，根据国家的法律、行政法规和政策的规定以及合同条文规定的权利、义务为判断依据进行处理。合同双方当事人在适用法律上一律平等，保障当事人平等地行使权利。

3）仲裁庭在作出裁决前，可以先行调解。

任务实施

一、组建团队，分配任务

班级同学按 3～5 人规模，自愿组成若干个学习团队，推选负责人。

二、搜集典型医药商品购销合同纠纷案例资料并进行整理

1. 搜集整理真实医药商品购销合同纠纷案例资料

团队成员通过阅读相关知识，利用网络搜集公开的医药商品购销合同纠纷案例，包括案件基本情况、仲裁机构或人民法院裁定判决结果等，形成案例资料，保存为 WORD 格式文档（注明资料出处），作为课程学习资源的组成部分。

2. 制作汇报 PPT

团队成员合理分工，围绕搜集的案例、问题及回答、收获体会等方面，制作汇报 PPT。

三、团队汇报案例整理成果

每个团队用 5～8 分钟展示搜集的案例资料，汇报成果。

【操作提示】

团队的组建建议延续任务一所组成的团队。本任务重点锻炼学生的资料搜集整理能力、写作和表达能力，教师应加强和团队负责人的沟通交流，保证资料搜集整理和汇报成果效果。

任务测评

序号	考核内容	考核标准	配分	得分
1	案例资料	1. 资料来源权威真实，注明出处 2. 案例具有代表性，反映的问题切合课程学习目标，具有启发性 3. 案例整理清晰，格式规范，可阅读性强 4. 分析总结准确深刻	60 分	
2	汇报 PPT	1. 分工明确，全员参与 2. 文档美观，图文并茂 3. 展示详略得当 4. 编排得当，表达流利	40 分	
合计			100 分	

目标检测

一、单项选择题

1. 对医药批发企业负责人的资质要求是（　　）。
A. 大学专科以上学历或者中级以上专业技术职称，经过基本的药学专业知识培训
B. 大学本科以上学历或者中级以上专业技术职称，经过基本的药学专业知识培训
C. 大学专科以上学历或者高级专业技术职称，基本的药学专业知识培训
D. 大学本科以上学历或者高级专业技术职称，不需要经过基本的药学专业知识培训
2. 在职人员是指（　　）。
A. 在岗工作的人员
B. 与企业确定劳动关系的在册人员
C. 由单位支付工资的人员
D. 离开岗位但尚保留劳动关系的人员
3. 患有传染病或者其他可能污染药品的疾病的，（　　）。
A. 不得从事直接接触药品的工作
B. 可以从事直接接触药品的工作
C. 不得从事接触药品的工作
D. 可以从事药品物流工作
4. 从事质量管理工作的，应当具有（　　）。
A. 药学大专或者医学、生物、化学等相关专业大学专科以上学历或者具有药学中级以上专业技术职称
B. 医学、生物、化学等相关专业中专以上学历或者具有药学初级以上专业技术职称
C. 药学中专或者医学、生物、化学等相关专业大学本科以上学历或者具有药学中级以上专业技术职称
D. 药学中专或者医学、生物、化学等相关专业大学专科以上学历或者具有药学初级以上专业技术职称
5. 医药商品购销合同无效的情况不包括（　　）。
A. 违反法律法规和国家政策、计划的合同
B. 代理人根据代理权限签订的合同
C. 采取欺诈、胁迫等手段所签订的合同
D. 根据《中华人民共和国民法典》的规定为无效合同的

二、多项选择题

1. 签订医药商品购销合同的原则是（　　）。
A. 守法原则　　B. 平等原则　　C. 互相制约原则　　D. 书面原则

2. 医药批发企业质量管理部门的职责有（　　）。
A. 组织制订质量管理体系文件，并指导、监督文件的执行
B. 负责对供货单位和购货单位的合法性、购进药品的合法性进行审核
C. 负责质量信息的收集和管理
D. 负责假劣药品的报告
3. 医药商品购销合同变更和解除的条件有（　　）。
A. 当事人双方经过协商一致，并且不因此损害国家利益
B. 当事人约定的一方解除合同的事由发生
C. 因不可抗力致使不能实现合同
D. 当事人一方延迟履行合同，经催告后在合理期限仍未履行
4. 医药批发、零售企业管理机构设置的原则有（　　）。
A. 核心原则　　B. 高效原则
C. 有效管理幅度原则　　D. 全面原则
5. 签订医药商品购销合同的程序包括（　　）。
A. 进行市场调查和可行性研究　　B. 对对方进行资信审查
C. 发出要约　　D. 拟订合同文书

三、简答题

1. 简述医药零售企业人员的资质要求。
2. 简述医药商品购销合同的主要条款。
3. 简述医药批发、零售企业管理机构的常见管理模式。

目标检测单项、多项选择题参考答案

一、单项选择题

1. A　2. B　3. A　4. D　5. B

二、多项选择题

1. ABD　2. ABCD　3. ABCD　4. ABC　5. ABCD